Philosophie des Rechts und das Recht der Philosophie

Festschrift für Hermann Klenner

AF837141

PHILOSOPHIE UND GESCHICHTE DER WISSENSCHAFTEN

STUDIEN UND QUELLEN

Herausgegeben von
Michael Otte (Bielefeld) und Hans Jörg Sandkühler (Bremen)

Band 16

PETER LANG
Frankfurt am Main · Berlin · Bern · New York · Paris · Wien

VOLKMAR SCHÖNEBURG
(Hrsg.)

PHILOSOPHIE DES RECHTS UND DAS RECHT DER PHILOSOPHIE

FESTSCHRIFT FÜR HERMANN KLENNER

PETER LANG
Frankfurt am Main · Berlin · Bern · New York · Paris · Wien

Die Deutsche Bibliothek - CIP-Einheitsaufnahme

Philosophie des Rechts und das Recht der Philosophie : Festschrift für Hermann Klenner / Volkmar Schöneburg (Hrsg.). - Frankfurt am Main ; Berlin ; Bern ; New York ; Paris ; Wien : Lang, 1992
(Philosophie und Geschichte der Wissenschaften ; Bd. 16)
ISBN 3-631-44546-6

NE: Schöneburg, Volkmar [Hrsg.]; Klenner, Hermann: Festschrift; GT

ISSN 0724-4479
ISBN 3-631-44546-6

© Verlag Peter Lang GmbH, Frankfurt am Main 1992
Alle Rechte vorbehalten.

Das Werk einschließlich aller seiner Teile ist urheberrechtlich geschützt. Jede Verwertung außerhalb der engen Grenzen des Urheberrechtsgesetzes ist ohne Zustimmung des Verlages unzulässig und strafbar. Das gilt insbesondere für Vervielfältigungen, Übersetzungen, Mikroverfilmungen und die Einspeicherung und Verarbeitung in elektronischen Systemen.

Vorbemerkung

Der vorliegende Band beinhaltet die Beiträge, die anläßlich des Ehrenkolloquiums zum 65. Geburtstag von Prof. Dr. Hermann Klenner zum Thema 'Philosophie des Rechts und das Recht der Philosophie' am Zentralinstitut für Philosophie der ehemaligen Akademie der Wissenschaften der DDR am 10. Januar 1991 gehalten oder eingereicht worden sind. Das Kolloquium fand einen Tag nach der 'Evaluierung' des Zentralinstituts für Philosophie statt und zählt zu den letzten größeren wissenschaftlichen Veranstaltungen dieser Einrichtung. Das Zentralinstitut für Philosophie, dem Hermann Klenner angehörte, wird mit dem 31.12.1991 aufgelöst

Volkmar Schöneburg

Inhalt

PETER RUBEN

Laudatio

Meine Damen und Herren,

Hermann Klenner, dem wir anläßlich seines 65. Geburtstages dieses Kolloquium widmen, beendet, wie gewiß die Mehrheit der Anwesenden weiß, mit Sicherheit nur die Dauer seines durch Arbeitsverträge und von Rechts wegen gebotenen Wirkens, doch mitnichten sein wirkliches Produzieren, dem er mit Leidenschaft und besonders in der Frühe des Morgens ergeben ist. Ich wenigstens bin dessen so sicher, weil ich fasziniert erleben durfte, wie er Sitzungstermine selbst des weiland Sektionsrat für Sozial- und Geisteswissenschaften in quasi axiomatischer Anforderung auf den Nachmittag zu legen, widerspruchslos hat durchsetzen können, wie er die Zeit für Telefonate mit ihm strikt von seiner Produktionszeit subtrahierte mit fast allgemeiner Zustimmung, versteht sich, wie er also summa summarum das Exempel schuf, die Produktion unantastbar zu machen, ja zu heiligen. Nicht etwa einem vollendeten Werk gilt daher diese Laudatio, sondern einem Kollegen in der Fülle seines Schaffens, das durch den 65. Geburtstag wohl wesentlich nur eine mehr oder weniger willkürliche Phaseneinteilung erfährt, einen arbeitsrechtlichen Fixpunkt zwar, aber keinen Endpunkt rechtstheoretischer Erwägung oder rechtsphilosophischer Reflexion.

Es sind die Zeitläufe, die das Jubiläum in einen wahrhaft historischen Kontext stellen und unseren Jubilar in seiner Persönlichkeit zum getreuen Spiegel ihrer selbst gemacht haben. Geboren im schönen Odenwald als Angehöriger eines Jahrgangs noch, den der verfluchte Hitlerkrieg als Kanonenfutter ergriff, hat Hermann Klenner sein Arbeitsleben in der werdenden, der daseienden und in der schließlich untergehenden Deutschen Demokratischen Republik verwirklicht - und verwirklicht in der Thematisierung dessen, was sich schließlich und endlich in diesem Staate, so müssen wir heute nüchtern zugestehen, als unthematisierbar experimentell erwiesen hat, des Rechtes nämlich. 1946-1949 Student der Jurisprudenz in der alten Hallorenstadt, dann für zwei Jahre wissenschaftlicher Aspirant mit der faszinierenden Aufgabe, an der Verwaltungsakademie Forst Zinna in einer Arbeitsgruppe Staats- und Rechtstheorie Vorlesungen für die neu zu gestaltende rechtswissenschaftliche Ausbildung zu erarbeiten, wird Hermann Klenner mit Wirkung zum 1. September 1951, also im ungestümen Alter, in dem man die Epoche in die Schranken fordert, mit der Wahrnehmung einer Dozentur für das Fach Theorie des Staates und des Rechts an der Juristischen Fakultät der Berliner Humboldt-Universität beauftragt. So hält er mit 25 Jahren Hauptvorlesungen über Staats- und Rechtstheorie wie zur Geschichte eben dieser Lehre. Und was das über die Zeitläufte aussagt, kann man so recht genießen im Bedenken des baren Faktums, daß wir soeben der Gutachterkommission des Wissenschaftsrats unsere sogenannten 'jungen Leute' mit der Bedingung vorgestellt haben, keinem älteren Jahrgang als dem des Jahres 1952 anzugehören, d.h. noch mit 38 Jahren die Aufgabe vor sich zu haben, die die Gunst der Stunde unserem Jubilar bot, als sein 26. Geburtstag für ihn gewiß noch kein Thema war. In dieser Differenz von 13 Jahren erscheint auch das Resultat eines Experiments, das durch den Herbst 1989 beendet worden ist.

Als das Experiment begann, stand es allerdings unter anderen Vorzeichen. Tabula rasa hier im Bereich einer Disziplin, deren Vertreter in der Nazizeit den hohen Begriff des Rechts nicht zu wahren vermochten, die junge Generation dort, die nach den schrecklichen Erfahrungen mit der Vergangenheit brechen wollte und im Marxismus die Lehrmeinung fand, die jenen Bruch konstruktiv zu sichern schien. Was ist einfacher in der Trümmerlandschaft der Nachkriegszeit als diese Entscheidung? Und was ist attraktiver für einen jungen Studenten, der das Kriegsende verwundet im Lazarett überstand, als die gebotene Chance zu nutzen, selbst zu bestimmen, was künftig Studenten im eigenen Fach hören sollten? Die Studentenbewegung der sechziger Jahre setzte gegen das alte Ordinariatsprinzip die Mitbestimmung durch. Die Studenten der Gründerjahre der DDR waren angesichts der Nazikatastrophe zur Selbstbestimmung gezwungen. Ihnen fiel eine Freiheit zu, die spätere Generationen so nie mehr erfahren konnten.

Ich weiß natürlich nicht, ob unser Jubilar heute noch seine Vorlesungen präsentieren wollte, die er sich anfangs der fünfziger Jahre erarbeitete. Aber des darin realisierten Bildungsgangs wird er sich mit Vergnügen erinnern und als conditio sine qua non seiner gegenwärtigen Produktivität zu Recht erkennen. Ebensowenig weiß ich zu sagen, ob er seine Dissertation noch mag, aber er hat sie schon 1952 verteidigt und ist cum laude promoviert worden - vor nun mehr als 39 Jahren. Prompt beginnt das Jahr 1953 mit der ordentlichen Dozentur, und ein Jahr darauf wird der Rektor der Humboldt-Universität gebeten, Herrn Dozent Dr. Klenner als stellvertretenden Direktor des Instituts für Theorie des Staates und des Rechts vorzuschlagen, was der Staatssekretär im Mai 1954 akzeptiert. Zwei Jahre darauf wird unser Jubilar Professor mit Lehrauftrag und obendrein Prodekan der juristischen Fakultät. Es ist unmöglich, hier nicht den Gemeinplatz von der Bilderbuchkarriere zu gebrauchen.

Und dann geschieht es. In einer Schrift unter dem Titel 'Staat und Recht im Lichte des Großen Oktober' publiziert Hermann Klenner 1957 einen Aufsatz 'Zur ideologischen Natur des Rechts', der jener Bilderbuchkarriere ein Ende setzt, was unser Jubilar dadurch erfährt, daß er sein abonniertes 'Neues Deutschland' am 26. Februar 1958 dem Postkasten entnimmt, aufschlägt und die Schlagzeile 'Professor Klenner und der Revisionismus' wahrnimmt. Aus dem 'Licht des Großen Oktober' auf deutschem Boden ist der Blitz geschlagen, der das Gewitter der Babelsberger Konferenz ankündigt. Dies verläuft denn auch programmgemäß. Der erste Mann des Staats, nicht Pieck, sondern Ulbricht, hat Klenner als Exempel auserkoren, die Intellektuellen Mores zu lehren - unter der parteiamtlichen Bedingung selbstverständlich, daß der

Angeklagte dem Kläger nicht ins Blickfeld geraten darf. "Das ist dem Genossen Ulbricht nicht zuzumuten", wissen dessen Lakaien genau. Und so wird der Professor mit Lehrauftrag für Staats- und Rechtstheorie zur Konferenz über das Thema 'Die Staatslehre des Marxismus-Leninismus und ihre Anwendung in Deutschland' nicht zugelassen, vielmehr dem obligaten Parteiverfahren unterworfen und der bekannten "Bewährung in der Produktion", die er dann als Bürgermeister in Letschin im Kreise Seelow für zwei Jahre absolviert - übrigens nicht zu seinem Verdruß, wie ich überzeugt bin.

Den langen Schatten Ulbrichts ist unser Jubilar dann nicht mehr losgeworden. Zwar gibt ihm die Hochschule für Ökonomie in Karlshorst im September 1960 eine neue Chance. Und 1965 ist wieder ein Jahr glanzvoller wissenschaftlicher Respektabilität: Unser Jubilar wird kommissarischer Leiter des Instituts für Staat und Recht, habilitiert sich mit 'Studien über die Grundrechte' und erhält die Berufung zum Professor mit vollem Lehrauftrag. Ja, die Deutsche Akademie der Wissenschaften betraut ihn mit Wirkung zum 1. Januar 1967 mit der neu eingerichteten Arbeitsstelle für Staats- und Rechtstheorie unter der definierten Arbeitsaufgabe, die philosophisch-, staats- und rechtstheoretischen Fragen, die Entwicklung der sozialistischen Demokratie und die methodologischen Fragen der Staats- und Rechtswissenschaft zu bearbeiten. Aber das ist ein produktives Idyll, das eben zwei Jahre währt, weil der Produzent so vermessen ist, die ihm gewährten Bedingungen tatsächlich als Produktionsbedingungen zu behandeln. Gemeinsam mit Kollegen Mollnau verfaßt er 'Konzeptionelle Gedanken zu einem Lehrbuch Rechtstheorie Sozialismus' im Frühjahr 1968 und erntet damit im Herbst desselben Jahres die Attacke des Generalstaatsanwalts Streit, der auf einer Tagung des ZK der SED Klenners Produkt als 'Schmutz' und 'Verzicht auf die sozialistische Staatsmacht' denunziert, die Herstellung ordentlicher Rechtsbeziehungen als "schrittweisen Abbau der Diktatur des Proletariats" identifiziert. Damit ist es um die akademische Arbeitsstelle für Staats- und Rechtstheorie geschehen. Sie wird 1969 geschlossen, abgewickelt, muß man heute wohl sagen. Und unser Jubilar hat immerhin Glück im Unglück. Er fällt in den Schoß der Mutter Philosophie, die in Gestalt des Zentralinstituts der Akademie auch so oder so Gestrauchelten eine Heimstatt bietet. Hier erfährt er in einem kurzen Intermezzo als Vorsitzender der Gewerkschaftsleitung, daß die nach dem Abgang Ulbrichts beschworene kollektive Führung nichts anderes als die Weise ist, dem Leitsatz des Leiters: "Das Kollektiv bin ich", Geltung zu verschaffen. Dies emanzipiert unseren Jubilar von noch verbliebenen Ambitionen, einer Gemeinschaft zu dienen, die parteihierarchisch verfaßt ist, daher an sich den selbstlosen Dienst gar nicht kennt, sondern bestenfalls Bedienstete, denen privat- und schattenwirtschaftliche Attitüden augenzwinkernd nachgesehen werden.

Diese Emanzipation ist nun, List der Vernunft, Bedingung für einen wahrhaft sprudelnden Quell philosophischer Publikation und Edition geworden: Rechtsphilosophie in der Krise, 1976; Marxismus und Menschenrechte, 1982; Vom Recht der Natur zur Natur des Rechts, 1984; Deutsche Rechtsphilosophie im 19. Jahrhundert, 1991; um nur die für mich wichtigsten Schriften unseres

Jubilars zu nennen. Dazu Editionen von Hobbes, 1978; Locke, 1980; Hegel, 1981; Winstanley, 1983; W. v. Humboldt, 1985; Milton und Kant, 1987. Herz, was willst du mehr, möchte man fragen. Wenn auch die Institutionen der Rechtswissenschaft in der vergangenen DDR Hermann Klenner keine Produktionssicherheit bieten konnten, unsere Institution der Philosophie darf es sich zur Ehre anrechnen, daß sie diese Sicherheit geboten hat. Das vorliegende, sinnlich wahrnehmbare Produkt beweist das.

Es ist aber auch ein Beweis der Tragödie, die wir erlebt haben und noch erleben. Denn was ist einsichtiger als der einfache Gedanke unseres Jubilars, daß sich keine Gemeinschaft die Instrumentalisierung des Rechts durch den Staat leisten kann, daß die Totalität der Rechtsverhältnisse unmöglich unter der Dominanz des Strafrechts identifiziert werden kann, daß jede Gemeinschaft ihr historisch überliefertes Recht als ein im Sinne Hegels aufzuhebendes Erbe behandeln müsse und nicht etwa mit dem Satze: "Da ist nichts zu beerben" tatsächlich die Rechtlosigkeit zum Prinzip erheben dürfe? Aber die wirkliche Geschichte der untergegangenen DDR ist die Geschichte der ignorantenhaften Negation dieser Einsicht gewesen. Wir haben zu erklären, warum das so war. Wir haben zu erklären, warum die Intention der Arbeiteremanzipation mit der Ersetzung selbst des formellen Rechts durch die vorgestellte brüderliche Genossenschaftlichkeit die faktische Rechtlosigkeit mit der ungeheuerlichen Implikation des Archipel GULAG zur Folge gehabt hat. Hermann Klenner weiß um diese Pflicht. In seiner neuen Veröffentlichung stellt er auf Seite 241 die Frage: "Ist [...] der aus seiner Juristenlaufbahn geschleuderte Kirchmann [...] eine gescheiterte Existenz?" Und wer von Kirchmann kennt, weiß, daß unser Jubilar einen Parallelfall seines eigenen Lebens befragt, einen Juristen also, der uns Philosophen als Editor von Werken unseres Fachs bedeutend geworden ist. Ob nun dieser Kirchmann eine gescheiterte Existenz gewesen sein mag oder nicht, sei dem kompetenten Urteil unseres Jubilars überlassen. Dagegen ist die Frage nach den Gründen des wirklichen Scheiterns der kommunistischen Intention eine uns alle bewegende Frage. Und sie kann nur beantwortet werden, wenn wir uns nicht mit wendigen Phrasen der Wende zufrieden geben, sondern den wirklichen geschichtlichen Vorgang studieren, in dem Hermann Klenner auf seine je eigene Weise gestanden und bestanden hat.

Und wie er bestanden hat, wissen wir aus eigener Anschauung der demokratischen Umwälzung in unserem Teil Deutschlands. Ich kann mir den Runden Tisch der Akademie der Wissenschaften, der die Bedingungen für die Wahl ihres neuen Präsidenten definiert und gesichert hat, ohne Hermann Klenner nicht vorstellen. Sein an der Rechtskunde gebildetes Talent, selbst bedrohliche Konflikte zu zivilisieren und produktiv zu machen, ist eine existentielle Bedingung der Befreiung gewesen. Und über die Frage, lieber Hermann, ob die Deutschen an sich dazu verurteilt seien, die Freiheit immer nur am Tage ihrer Beerdigung zu erleben, ist die letzte Entscheidung, wie ich wenigstens hoffe, noch nicht gefallen. Wenn auch die Tage der Existenz zentralistischer Wissenschaftsorganisation gezählt sind, so ist doch die Erfahrung des Aufbruchs aus einer hierarchischen Diktatur in die demokratische Anerkennung der Person gewonnen und damit als Bedingung künftiger Lebensgestaltung virulent. Ein Tor, der darauf verzichtet. Und ich bin sicher, daß unser Jubilar für jeden ein offenes Ohr hat, der diesen Verzicht nicht zu leisten bereit ist.

Von Hermann Klenner als dem Vorsitzenden unseres wissenschaftlichen Rates zu erzählen, hieße, Eulen nach Athen zu tragen. Darum zum Schluß allein den schlichten Satz:

Hermann, wir danken Dir!

ARTHUR KAUFMANN

Es ist das Recht der Fische zu schwimmen, und das der größeren Fische, die kleineren zu fressen

Eigentlich wollte ich Hermann Klenner anläßlich des Kolloquiums zu seinem 65. Geburtstag einen kleinen improvisierten Vortrag zum Thema "Recht und Macht" darbringen. Aus mancherlei Gründen konnte ich das nicht in die Tat umsetzen. Nun ist die Situation vorbei, und ich kann das Rad der Zeit nicht zurückdrehen. Die Situation war:

Mitte des vorigen Jahres [der Brief enthält kein Datum] schrieb mir Hermann Klenner auf meine Frage, wie es denn ginge in der damals sich im Endstadium befindenden DDR und ob er keine Angst vor der Zukunft habe: "Ich habe keine Angst mehr. Ich sehe, was kommt. Wir werden besetzt. Aber haben wir Besseres verdient? Ich arbeite wie der 'Teufel'". Das ist bezeichnend für Hermann Klenner. Was immer auch kommt, er arbeitet wie der "Teufel" - wobei ich allerdings nicht genau weiß, wie der Teufel arbeitet, zumal ich nicht ganz sicher bin, daß es ihn überhaupt gibt.

Aber da ist noch das andere Wort: "Wir werden besetzt". Als ich diesen Satz las, erschrak ich zutiefst. Gewiß, auch mir erschien die Einverleibung der DDR in die Bundesrepublik Deutschland gemäß Art. 23 Satz 2 GG als der verfehlte Weg, und das haben mittlerweile auch alle ehrlichen und klugen Menschen eingesehen. Aber ist die DDR "besetzt" worden? Die allermeisten DDR-Bürger wollten es ja nicht anders. Inzwischen sind ein paar Monate 'einig Vaterland' verstrichen. Natürlich kann in der ehemaligen DDR nicht von heute auf morgen alles anders, alles besser werden. Im Hinblick darauf jedoch, wer bei dem Prozeß der Veränderung der Verhältnisse in Ostdeutschland, der politischen, der ökonomischen, der rechtlichen, der sozialen, der kulturellen Verhältnisse, das Sagen hat, kann ich den Satz Hermann Klenners durchaus nachvollziehen [Einfügung vom 20. 6. 91: Etwas versöhnt hat mich jetzt die Entscheidung des Bundestags, daß Berlin als Hauptstadt auch Sitz des Parlaments und der Regierung sein soll]. Und beim Nachgrübeln darüber fiel mir eine Stelle aus dem Naturrecht des Rationalismus ein, und zwar eine Stelle bei Spinoza: Es ist das Recht der Fische zu schwimmen, und das Recht der größeren Fische, die kleineren aufzufressen (das steht in Spinozas 'Theologisch-politischem Traktat' von 1670, 16. Kapitel). Im Zusammenhang lautet das Zitat: "Unter Recht und Gesetz der Natur verstehe ich nichts anderes als die Regeln der Natur bei jedem einzelnen Individuum, gemäß denen wir jedes naturgemäß bestimmt sehen, auf eine gewisse Weise zu existieren und zu wirken. Die Fische zum Beispiel sind von der Natur bestimmt zu schwimmen, die großen die kleineren zu fressen, und darum bemächtigen sich die Fische mit dem höchsten natürlichen Recht des Wassers und fressen die großen die kleineren (pisces a natura determinati sund ad natandum, magis ad minores comedentum, adeoque pisces summo naturali jure aqua potiuntur et magni minores comedunt). Denn es ist gewiß, daß die Natur an sich betrachtet das höchste Recht zu allem hat, was sie vermag, das heißt, daß sich das Recht der Natur so weit erstreckt, wie sich ihre Macht erstreckt."[1]

Der größere Fisch hat wieder einmal den kleineren gefressen. Na und? Das ist Naturrecht! Und war das nicht schon immer so? Schon vor Spinoza hat Hobbes den vielzitierten, vielgescholtenen, aber eigentlich nie widerlegten Satz geprägt: "Auctoritas non veritas facit legem"[2].

Freilich muß man bei Spinoza weiterlesen. Direkt im Anschluß an die oben angeführte Stelle sagt er: "Denn die Macht der Natur ist Gottes Macht selber, der das höchste Recht zu allem hat. Weil aber die gesamte Macht der ganzen Natur nichts ist als die Macht aller Individuen, so folgt, daß jedes Individuum das höchste Recht zu allem hat, was es vermag, oder daß sich das Recht eines jeden so weit erstreckt, wie seine bestimmte Macht sich erstreckt [...] Denn was jedes Ding nach den Gesetzen seiner Natur tut, das tut er mit höchstem Recht, weil es nämlich handelt, wie es von der Natur bestimmt ist, und nicht anders kann [...] Das natürliche Recht jedes Menschen wird daher nicht durch die gesunde Vernunft, sondern durch die Begierde und die Macht bestimmt [...] Darum sind sie ebensowenig verpflichtet, nach den Gesetzen der gesunden Vernunft zu leben, als die Katze verpflichtet ist, nach den Gesetzen der Löwennatur zu leben. Was also jeder, soweit er als bloß unter der Herrschaft der Natur stehend betrachtet wird, als nützlich für sich erachtet, sei es durch die Leistung der gesunden Vernunft, sei es auf den Antrieb der Affekte, das darf er mit dem höchsten Recht der Natur erstreben und auf jede Weise, durch Gewalt, durch List, durch Bitten oder wie er es am leichtesten vermag, in seinen Besitz bringen und demgemäß jeden für seinen Feind halten, der ihn an der Ausführung seiner Absicht hindern will [...] Daß es aber für die Menschen viel nützlicher ist, nach den Gesetzen und bestimmten Vorschriften unserer Vernunft zu leben, die, wie gesagt, nur den wahren Nutzen der Menschen zum Ziele haben, kann niemand bezweifeln. Zudem gibt es keinen Menschen, der nicht soweit wie möglich sicher und ohne Furcht zu leben wünschte [...] Zieht man in Betracht, daß die Menschen ohne wechselseitige Hilfe höchst elend und ohne Pflege der Vernunft leben müssen [...], so wird man klar einsehen, daß die Menschen, um sicher und gut zu leben, sich notwendig vereinigen mußten, wodurch sie bewirkten, daß sie das Recht, das von Natur jeder zu allem hatte, nun gemeinsam besitzen und daß es nicht mehr von dem Vermögen und der Begierde des einzelnen, sondern von der Macht und dem Willen der Gesamtheit bestimmt wird."[3]

Auch hier hatte Thomas Hobbes schon vorgedacht. In der irdischen Herrschaft des Staates sah er eine 'Nachahmung' der Macht Gottes, vom Deus aeternis schloß er auf den Deus mortalis. Der Staat ist gegenüber der aus dem 'status naturalis', in dem es keinen Unterschied zwischen 'gerecht' und 'ungerecht' gibt, resultierenden anarchischen Freiheit der Individuen das kleinere Übel, denn er gewährt Rechtssicherheit und Frieden. Daher hat im 'status civilis' der

Staat das größte Recht. Er tut, gerade so wie Gott, kein Unrecht, was immer er tut - indessen nur solange, wie er Ordnung und Frieden stiftet; wird er dieser Aufgabe nicht gerecht, so kann jeder sich von ihm lossagen und sich auf seinen 'status naturalis' berufen: "Prima et fundamentalis lex naturae est, quaerendam esse pacem, ubi habere potest; ubi non potest, quaerenda esse belli auxilia"[4].

Aber ich möchte jetzt diesen Faden nicht weiterspinnen, sondern mich einer Teilfrage des Komplexes 'Recht und Macht' zuwenden, die immer noch viele als marginal abtun (es herrscht noch der Geist Montesquieus, wonach die rechtsprechende Gewalt eigentlich gar keine Gewalt, sondern ein "pouvoir neutre" sei[5]), indessen ganz zu Unrecht. Und zwar geht es um die Machtstrukturen, die jedem Akt der Rechtsverwirklichung, Gesetzgebung und Rechtsprechung, innewohnen. Speziell geht es um eine Auseinandersetzung zwischen Hermann Klenner und mir, die viele Jahre zurückreicht, und die meine eigene Position sehr befruchtet hat[6].

Diese Kontroverse hat sich ursprünglich entzündet an einem Artikel von mir, den ich 1963 publiziert habe und der den Titel trägt: "Zur rechtsphilosophischen Situation der Gegenwart"[7]. Ich habe darin einen sehr scientistischen L'art-pour-l'art-Standpunkt eingenommen und als 'Quintessenz' die berühmte 11. These von Karl Marx über Ludwig Feuerbach umgedreht: "Bisher ging es den Philosophen darum, die Welt zu verändern; nunmehr kommt es darauf an, sie neu zu interpretieren". Dagegen hat Hermann Klenner opponiert. Ich meine, zu Recht. Ich würde diesen Aufsatz auch nicht noch einmal veröffentlichen, denn ich halte ihn für einen Fehltritt. Allerdings muß ich für mich in Anspruch nehmen, was Hermann Klenner jedem, selbst dem Genie (und ich bin kein solches), zugesteht, daß nämlich niemand am Punkt Null beginnen kann[8]. Ich habe von ganz bestimmten Voraussetzungen aus begonnen, und diese dürften in der Fachwelt hinreichend bekannt sein (wenn ich atheistisch erzogen worden wäre, so wäre ich wohl kaum je ein Christ geworden, führen doch rationale Überlegungen allein weder zu einem Gottesglauben noch zum Atheismus, sondern allenfalls zu der gläubigen Skepsis eines Gustav Radbruch[9]).

Daß es mit meiner Umkehrung der Marxschen These nicht ganz stimmen kann, dämmerte mir schon bald. In einer Neuveröffentlichung des besagten Artikels habe ich deshalb die Anmerkung hinzugefügt: "Versteht man 'Interpretation' jedoch nicht positivistisch, sondern hermeneutisch, dann schließt die Interpretation der Welt deren Veränderung notwendig ein"[10]. Hermann Klenner hat das indessen nicht überzeugt. Er sagt: "Hermeneutik bietet höchstens ein Verstehen des bereits Getanen, ein Selbstverständnis vielleicht, nie aber eine Tat; ihre Philosophie *analysiert*, aber sie *produziert* nicht, und das mit Absicht." Das ist indessen ein Mißverständnis, das freilich ich selbst gefördert habe. Ich habe nicht klar genug gesagt, was Hermeneutik ist, vielmehr habe ich der Auffassung Vorschub geleistet, Hermeneutik sei eine besondere Art von Methode. Doch eben das ist sie nicht. Hermeneutik ist, wie vor allem Hans-Georg Gadamer dargetan hat[11], Transzendentalphilosophie[12].

Volle Übereinstimmung besteht zwischen Hermann Klenner und mir darin, daß Rechtsfindung keine wertneutrale Subsumtion, kein formallogischer Syllogismus ist, sondern daß es sich dabei stets, auch bei der 'bloßen Rechtsanwendung', um einen wirklichkeitsgestaltenden Akt handelt. Es gibt daher auch keinen Dissenz, wenn Klenner im Anschluß an Ulrich Schroth[13] sagt, richterliche Tätigkeit sei alles andere als neutral[14]. Und ebenso richtig erscheint mir seine Feststellung, daß das Gerichtsverfahren kein herrschaftsfreier Dialog zwischen den Prozeßbeteiligten ist[15].

Aber warum leugnet Hermann Klenner den produktiven Charakter des Verstehensprozesses, warum nennt er die Hermeneutik rein analytisch (schließlich kommen die heftigsten Angriffe gegen die Hermeneutik aus dem Lager der Analytiker)? Ist es nicht so, daß wir immer nur ein Bild von der 'Welt' haben und daß dieses Bild hervorgebracht wird durch Sprache, durch Verstehen, durch Interpretation, so daß mit jedem Akt des Verstehens von 'Sinn' sich die 'Welt' verändert und damit auch der Verstehende selbst? Natürlich, wenn der Einwand gegen meine Theorie besagen soll, sie sei nicht revolutionär, so kann ich nur sagen: dem ist so.

In aller Rechtsfindung steckt eine Gleichsetzung von Fall und Norm und damit immer ein Stück Machtausübung. Denn Fall und Norm sind im 'Rohzustand' nicht gleich, sie stehen auf kategorial verschiedenen Ebenen: derjenigen des konkreten Seins und derjenigen des abstrakten Sollens. Will man sie einander zuordnen, so müssen sie *gleichgesetzt* werden ('Gleichsetzungstheorie'), und zwar durch einen konstitutiven Akt, der dialektischen Charakter hat: einerseits 'Konstruktion' des Falles an der Norm zu einem 'Sachverhalt', andererseits 'Interpretation' der Norm am Fall zu einem 'Tatbestand', wobei diese Akte nicht hintereinander, sondern im Modus des Zugleich vonstatten gehen. Ist also auch Rechtsprechung nicht rein rezeptiv, sondern immer und notwendig auch eine Äußerung von Macht, so gilt das erst recht für die Gleich- und Ungleichsetzungen, die der Gesetzgeber vornimmt. Zum andern gilt aber auch, was schon Hobbes erkannt hat, nämlich daß "Gesetzgeber nicht der ist, durch dessen Autorität das Gesetz zuerst gemacht wurde, sondern der, durch dessen Autorität es fortfährt, Gesetz zu sein"[16].

Die Hermeneutik ist, es wurde schon gesagt, Transzendentalphilosophie. Sie beschreibt die Bedingungen der Möglichkeit von Sprach- und Sinnverstehen überhaupt. In diesem Verstande ist sie universal (aber nicht absolut!), sie betrifft jedes Verstehen, das Verstehen des Rechts genauso wie das Verstehen der Physik. Wohlgemerkt, sie beschreibt die Bedingungen der Möglichkeit von Verstehen, sie sagt aber nichts über die Wirklichkeit von Verstehen. Sie ersetzt darum auch keine Methode, und sie beinhaltet nicht das 'Kriterium' für eine kritische Betrachtung des Rechts, das Hermann Klenner vermißt.

So erweisen sich auch 'Vorverständnis' (diese Bezeichnung ist besser als das negativ besetzte Wort 'Vorurteil') und 'hermeneutischer Zirkel' als das, was sie sind: transzendentale Bedingungen jedes *inhaltlichen* Sinnverständnisses, und sie bleiben es, auch wenn man sie leugnet.

Von hier aus wird des weiteren einsichtig, daß bei der Hermeneutik das Subjekt-Objekt-Schema in der Erkenntnis nicht gelten kann. In den 'Verstehenshorizont' ist immer das Subjekt mit einbezogen. Doch ist die Hermeneutik nicht subjektivistisch, denn, wie Gadamer sagt, wer verstehen will, ist mit der Sache, die mit der Überlieferung zur Sprache kommt, verbunden, und er hat Anschluß an die Tradition, aus der die Überlieferung spricht[17].

Damit ist natürlich eingestanden, daß die Hermeneutik als solche in der Tat nicht die 'objektiven', 'absoluten' Maßstäbe und auch nicht eine 'ontologische Wahrheitsbegründung', wie Hermann Klenner sie einklagt, liefern kann. Ich wüßte auch nicht, wie man eine solche Objektivität von einem nichtdogmatischen Standpunkt aus gewinnen könnte. Indessen sehe ich nicht ein, warum die Hermeneutik alsdann "im bloß Meinungsmäßigen" verharre und daher "mehr Kunst als Wissenschaft" sei. Nun ist die Bezeichnung der Rechtswissenschaft als "Kunst" keine Schelte (schon in der Antike nannte man sie die "ars boni et aequi"), nur muß man hinzufügen, daß sie *nicht nur* Kunst ist. Doch will ich mich in den Streit um die Wissenschaftlichkeit der Rechtswissenschaft hier nicht einmischen, denn diesem Streit liegt recht eigentlich ein Scheinproblem zugrunde, nämlich ein Definitionsproblem von Wissenschaft[18]. Entscheidend ist, daß es bei der Hermeneutik keineswegs um rein subjektive Meinungen geht, daß sie zwar nicht objektive, eindeutige, zwingende Erkenntnisse liefert, aber doch intersubjektiv gültige, plausible, stimmige, konsensfähige Erkenntnisse. Wem das zu wenig ist, muß sich aufmachen, eine andere Welt zu entdecken, als es die unsrige ist.

Und so erscheint mir auch nicht als richtig, wenn gesagt wird, die Hermeneutik basiere auf einer "irrationalen Grundhaltung". Die Hermeneutik selbst ist nicht irrational, allenfalls das Verfahren, das die Hermeneutik beschreibt, ist es. So ist ja gewiß eine wissenschaftliche Untersuchung des Rechtsgefühls nicht deshalb irrational, weil das Rechtsgefühl irrational ist. Ganz im Gegenteil, die Hermeneutik orientiert sich an der Devise, daß man "rational mit dem Irrationalen rechnen" muß[19].

Als Fazit schlage ich eine neue Variante von Marxens 11.These über Feuerbach vor:

Schon bisher haben die Philosophen, Juristen [...] die Welt durch ihr Weltverstehen ('Interpretation') verändert, ja 'Welt' allererst hervorgebracht, wobei das freilich in unreflektierter und irrationaler Weise geschah (und auch noch geschieht), weil Weltverstehen ('Interpretation') fälschlich als ein rezeptiver Vorgang aufgefaßt wurde (und wird). Nunmehr kommt es darauf an, die wirklichkeitsverändernde Kraft des Weltverstehens (damit auch Rechtsverstehens) ins Bewußtsein zu heben und sie rational einzusetzen.

Anmerkungen

1 Spinoza, B., Theologisch-politischer Traktat, 16. Kapitel.

2 Hobbes,Th., Leviathan, Kapitel 14. Zu ihm neuestens H. Klenner, Hobbes - Der Rechtsphilosoph in Zeiten von Revolution und Konterrevolution. In: Staat und Recht, 1991, S. 173 ff.

3 Spinoza, B., wie Fn. 1.

4 Hobbes, Th., Leviathan, Kapitel 13, 14, 21.

5 Vgl. Montesquieu, Ch.L., De l'esprit des lois, XI. Buch, 6. Kapitel.

6 Vgl. Klenner, H., Rechtsphilosophie in der Krise, Berlin 1976; zum folgenden siehe S. 77-94.

7 In: Juristenzeitung (JZ), 1963, S. 137 ff.

8 Vgl. Klenner, H., Hobbes (Fn. 2), S. 174.

9 Vgl. dazu Kaufmann, A., Gustav Radbruch - Rechtsdenker, Philosoph, Sozialdemokrat, München 1987, S. 168 ff.

10 Kaufmann, A., Rechtsphilosophie im Wandel, Frankfurt a. M. 1972, S. 206; 2. Aufl. 1984, S. 199.

11 Vgl. Gadamer, H.-G., Wahrheit und Methode. Grundzüge einer philosophischen Hermeneutik, 5. Aufl., Tübingen 1986.

12 Vgl. u.a. Kaufmann, A., Problemgeschichte der Rechtsphilosophie. In: A. Kaufmann/W. Hassemer (Hg.), Einführung in Rechtsphilosophie und Rechtstheorie der Gegenwart, 5. Aufl., Heidelberg 1989, S. 126 ff.; Rechtsphilosophie in der Nach-Neuzeit, Heidelberg 1990, S. 24 ff. - Sehr klar neuestens J. Stelmach, Die hermeneutische Auffassung der erscheint 1991.

13 Vgl. Schroth, U., Zum Problem der Wertneutralität richterlicher Tatbestandsfestlegung im Strafrecht. Zugleich ein Beitrag zur allgemeinen juristischen Hermeneutik. In: A. Kaufmann (Hg.), Rechtstheorie. Ansätze zu einem kritischen Rechtsverständnis, Karlsruhe 1971, S. 103 ff.; ders., Philosophische und juristische Hermeneutik. In: A. Kaufmann/W. Hassemer (Hg.), Einführung [...], (Fn. 12); S. 306 ff.

14 Näher Kaufmann, A., Richterpersönlichkeit und richterliche Unabhängigkeit. In: Einheit und Vielfalt des Strafrechts. Festschrift für Karl Peters, Tübingen 1974, S. 295 ff.

15 Eingehend Kaufmann, A., Läßt sich die Hauptverhandlung in Strafsachen als rationaler Diskurs auffassen? In:H. Jung/H. Müller-Dietz (Hg.), Dogmatik und Praxis des Strafverfahrens, Köln 1989, S. 15 ff.

16 Zitiert nach Radbruch, G., Rechtsphilosophie, 8. Aufl., Stuttgart 1973, S. 208.

17 Vgl. Gadamer, H.-G., Wahrheit [...], (Fn. 11), S. 300.

18 Vgl. Neumann, U., Wissenschaftstheorie der Rechtswissenschaft. In: A. Kaufmann/W. Hassemer (Hg.), Einführung [...], (Fn. 12), S. 376.

19 Hassemer, W., Theorie und Soziologie des Verbrechens, Frankfurt a. M. 1973, S. 244.

RALF DREIER

Zum Verhältnis von Rechtsphilosophie und Rechtstheorie[1]

I.

Als ich Hermann Klenner im April 1990 fragte, ob er bereit sei, auf dem 15. Weltkongreß der Internationalen Vereinigung für Rechts- und Sozialphilosophie im August 1991 in Göttingen einen Vortrag über das Thema 'Was bleibt von der marxistischen Rechtstheorie?' zu halten, antwortete er, nach kurzem Zögern: Ja, aber bitte unter dem Titel 'Was bleibt von der marxistischen Rechts*philosophie?*'. Als es im nächsten Programmentwurf infolge eines Versehens wiederum hieß 'Was bleibt von der marxistischen Rechts*theorie?*', bat er postwendend, höflich aber bestimmt, um Korrektur. Warum dieses Insistieren auf der Vokabel 'Rechtsphilosophie'?

Es liegt nahe, darin eine Distanzierung von der dogmatisierten Form marxistischer Rechtstheorie zu erblicken, wie sie sich, unter dem Titel "marxistisch-leninistische allgemeine Theorie des Staates und des Rechts", in den Jahrzehnten zuvor herausgebildet hatte. Gewiß war - und ist - Klenner selbst ein herausragender Repräsentant marxistischer Rechtstheorie. Aber es dürfte sich inzwischen auch in Westdeutschland herumgesprochen haben, daß er mit der parteioffiziellen Version jener Theorie mehr als einmal in Konflikt geraten war. Von der berühmt-berüchtigten Babelsberger Konferenz im Oktober 1958, auf der Walter Ulbricht die totale Instrumentalisierung des Rechts und des Rechtsdenkens im Dienst der Parteidiktatur proklamierte, wurde er wegen 'Revisionismusverdachts' ausgeschlossen. Anschließend wurde er für zwei Jahre zum Dorfbürgermeister degradiert. 1968 legte er, gemeinsam mit seinem Schüler Karl A. Mollnau, "Konzeptionelle Gedanken zu einem Lehrbuch Rechtstheorie/Sozialismus" vor, die der damalige Generalstaatsanwalt der DDR, Josef Streit, als "antimarxistisches Machwerk" qualifizierte. "Der Inhalt dieses Pamphlets", so begründete Streit sein Verdikt, "besteht aus massiven Versuchen,

- der imperialistischen Konvergenztheorie das Wort zu reden;
- revisionistische Auffassungen über das sozialistische Recht zu verbreiten;
- den Klasseninhalt des Rechts zu verneinen und eine 'wertfreie' Theorie des Rechts zu propagieren;
- die Bedeutung des sozialistischen Strafrechts der DDR zu leugnen;
- die enorme wissenschaftliche Arbeit der Partei bei der Gestaltung des sozialistischen Rechts der DDR zu bestreiten und die parteimäßigen

Auseinandersetzungen zur Theorie des sozialistischen Rechts zu diskriminieren"[2]. Eine von Klenner 1967 an der Akademie gegründete Arbeitsstelle für Rechtswissenschaft wurde geschlossen. Karl Mollnau, wurde die Zuendeführung seines Habilitationsverfahrens untersagt.

Klenner hätte also allen Anlaß, sich von der parteioffiziellen marxistischen Rechtstheorie, auch terminologisch, zu distanzieren. Ob dies bei der eingangs erwähnten Bitte um Themenänderung seine Absicht war, mag dahinstehen. Seine Schriften jedenfalls bekunden schon seit Beginn der 7Oer Jahre eine deutliche Bevorzugung des Ausdrucks "Rechtsphilosophie"[3]. Dies kann, gewissermaßen unterschwellig, auch dadurch bedingt sein, daß er seit 1969 am Zentralinstitut für Philosophie der Akademie der Wissenschaften der DDR tätig war, also in einer Institution, die nicht der juristischen, sondern der philosophischen Forschung gewidmet war und in der er sich vor allem mit der Geschichte der Rechtsphilosophie befaßt hat[4].

In dieser Befassung läßt sich ein weiterer Grund für seine Abneigung gegenüber dem Ausdruck 'Rechtstheorie' ausmachen, und dieser Grund ist für das Thema des vorliegenden Beitrages von besonderem Interesse. Er liegt in Verengungstendenzen der 'bürgerlichen' Rechtstheorie, die Klenner immer wieder, mit der ihm eigenen polemischen Feder, gegeißelt hat. Als Beleg sei eine Passage aus seiner jüngsten Monographie, seinen Studien zur 'Deutschen Rechtsphilosophie im 19. Jahrhundert' zitiert. Im Blick auf die 2. Hälfte jenes Jahrhunderts heißt es dort: "Es triumphierte vielmehr der Gesetzespositivismus, die blanke Unterordnung des Juristendenkens unter das staatlich gesetzte Recht, die Unterwerfung des ökonomisch herrschend gewordenen Bürgertums unter den preußischdeutschen, junkerlichen, militär-despotischen Obrigkeitsstaat widerspiegelnd. Diese von ihren Adepten übrigens kaum mehr als Rechts*philosophie* (schon eher als Rechts*theorie* oder als Allgemeine Rechts*lehre*) bezeichnete Weltanschauung stand erklärtermaßen zur rechtsphilosophischen Aufklärung in keinem geringeren Gegensatz als zu den Restbeständen feudalklerikalen Rechtsdenkens. Was etwa könnte die von Adolf Merkel (1836-1896) systematisch betriebene Reduktion des Aufgabenbereichs der Rechtsphilosophie auf die 'geistige Beherrschung des sogenannten positiven Rechts', auf die 'logische Bearbeitung dessen, was den verschiedenen Teilen des Rechts gemeinsam ist', was könnte das von ihm fixierte Ziel der philosophischen Arbeit im Gebiet des Rechts: einen allgemeinen Teil der Gesamtdisziplin Rechtswissenschaft zu konstruieren, mit den großartigen Versuchen von Kant, Fichte und Hegel, von Anselm Feuerbach und Eduard Gans, Recht und Rechtswissenschaft in die Fortschrittsgeschichte der Menschheit zu integrieren, wohl Gemeinsames haben? Außer ihrem nichtfeudalen, nichtklerikalen Inhalt wohl kaum etwas"[5].

Über den marxistischen Bezugsrahmen dieser Passage kann man streiten. Unabhängig davon wird in ihr ein wichtiger Punkt des Verhältnisses von Rechtstheorie und Rechtsphilosophie berührt, nämlich der historische Befund, daß sich die disziplinäre Verselbständigung der Rechtstheorie gegenüber der

Rechtsphilosophie über weite Strecken in den Bahnen des juristischen Positivismus vollzogen hat. Dieser Befund führt in gewisser Weise zu dem zuerst genannten Punkt zurück. Denn auch die dort angesprochene Instrumentalisierung der marxistischen Rechtstheorie im Dienst der Parteidiktatur hatte rechtspositivistische Konsequenzen, und es waren nicht zuletzt sie, denen die Kritik Klenners galt[6].

Läßt sich also das Verhältnis von Rechtsphilosophie und Rechtstheorie dadurch bestimmen, daß die Rechtstheorie eine positivistische und die Rechtsphilosophie eine nichtpositivistische Disziplin ist? Das ist schon deshalb zweifelhaft, weil es prominente rechtsphilosophische Konzeptionen gibt, etwa die von Hobbes und Spinoza, die rechtspositivistische Implikationen haben. Außerdem wäre es eine unzulässige Vereinfachung, die Rechtstheorie, unbeschadet des erwähnten historischen Befundes, generell als rechtspositivistisch zu definieren. Das wird deutlich, wenn man einen Blick auf die Problem- und Wortgebrauchsgeschichte wirft.

II.

Die klassische Rechtsphilosophie war von Platon und Aristoteles bis zu Kant und Hegel ein konstitutiver Bestandteil der praktischen Philosophie und als solcher eine vorwiegend außerjuristische Disziplin. Erst im 17. Jahrhundert faßte sie institutionell, in Gestalt von Naturrechtslehrstühlen, auch an den juristischen Fakultäten Fuß[7]. Innerhalb dieser kam es um die Wende vom 18. zum 19. Jahrhundert zu einem juristischen Grundlagenstreit, in dem es gegenständlich und das Verhältnis des Naturrechts zum positiven Recht und methodologisch um das Verhältnis empirisch-historischer zu philosophisch-systematischen Elementen in der Rechtswissenschaft ging[8]. Das Fazit dieses Streits hat mit gesamteuropäischer Wirkung Savigny gezogen. Danach ist die Rechtswissenschaft gegenständlich Theorie des positiven Rechts und methodologisch eine Disziplin, die empirisch-historische und philosophisch-systematische Elemente in sich vereinigt.

Folgenreich für das Selbstverständnis der Rechtswissenschaft und die weitere Entwicklung des Systems der juristischen Disziplinen wurde insbesondere das systematische Element[9]. Es forderte die Herausbildung eines allgemeinen Teils der Rechtswissenschaft und einer hierfür zuständigen Disziplin, für die zunächst verschiedene Bezeichnungen gebräuchlich wurden: Enzyklopädie und Methodologie der Rechtswissenschaft[10], allgemeine Rechtswissenschaft, Philosophie des positiven Rechts, juristische Prinzipienlehre u.ä.[11] Erst in der zweiten Hälfte des 19. Jahrhunderts kam der Ausdruck 'Allgemeine Rechtslehre' auf, der - neben 'Rechtstheorie' - bis heute in Gebrauch geblieben ist (im Englischen: 'Jurisprudence', im Sinne von general jurisprudence und im Unterschied zur particular jurisprudence, d.h. zur Rechtsdogmatik). Der Ausdruck 'Rechtstheorie' wurde im 19. Jahrhundert zwar unendlich oft verwendet, aber, soweit ich sehe, noch nicht in der heute üblichen Bedeutung, also im Sinne von "Allgemeine Rechtslehre", sondern zur Bezeichnung der Rechtswissenschaft überhaupt, im Unterschied zur Rechtspraxis.

Die neue Disziplin war, jedenfalls ihrem Ursprung nach, keineswegs einem rechtspositivistischen Programm verpflichtet. Ihre Aufgabe war die Erarbeitung einer allgemeinen, spezifisch juristischen Theorie des Rechts und der Rechtswissenschaft. In dieser Aufgabe lag aber keine Festlegung auf die positivistische These, daß kein notwendiger Zusammenhang zwischen positivem Recht und Gerechtigkeit bestehe, oder anders ausgedrückt, daß der Begriff des positiven, d.h. des rechtlich geltenden Rechts so zu definieren sei, daß er keine moralischen Elemente enthält[12]. In der Tat ist etwa die Rechtstheorie Savignys, der wegen seines prägenden Einflusses als einer der Hauptbegründer des Fachs betrachtet werden kann, keineswegs eine positivistische Theorie. Zu ihr gehört eine Theorie der "sittlichen Natur" des Rechts und der Wirksamkeit eines "sittlichen Prinzips" und "leitender Grundsätze" im positiven Recht, die mit der positivistischen Trennungsthese unvereinbar ist[13]. Und auch noch für die Rechtstheorie Puchtas, des "Vaters" der Begriffsjurisprudenz, wird man bezweifeln dürfen, ob sie im Sinne dieser These als rechtspositivistisch charakterisiert werden kann[14].

In dem Maße freilich, in dem die neue Disziplin in der 2. Hälfte des 19. Jahrhunderts unter die Vorherrschaft des juristischen Positivismus geriet, wurde für sie ein positivistisches Selbstverständnis bestimmend. Praktisch bedeutete dies vor allem die Ausklammerung des Gerechtigkeitsproblems aus ihrem Aufgabenbereich. In diesem Sinne hat dann später Gustav Radbruch die Allgemeine Rechtslehre als "Euthanasie der Rechtsphilosophie" bezeichnet[15], und in diesem restriktiven Sinne ist im 2O. Jahrhundert der Ausdruck 'Rechtstheorie' als Synonym für 'Allgemeine Rechtslehre' in Gebrauch gekommen. Maßgebend dafür dürfte das 1926 erschienene Vorwort zu Band 1 der von Hans Kelsen, Léon Duguit und Franz Weyr herausgegebenen 'Internationalen Zeitschrift für Rechtstheorie' geworden sein, in dem es heißt: "Wenn von einer 'Theorie des Rechts' und *nicht von Rechtsphilosophie* gesprochen wird, so soll damit angedeutet werden, daß jenes Problem, dessen spekulative Lösung man für gewöhnlich in erster Linie unter der Bezeichnung der 'Rechtsphilosophie' zu verstehen pflegt: das Problem der *Gerechtigkeit*, des richtigen, gerechten, des natürlichen oder absoluten Rechts, in den Kreis der Erörterungen *nicht* einbezogen werden soll, denen die neue Zeitschrift gewidmet ist. [...] Ihre Aufgabe ist jene Theorie des Rechts, die nur eine Theorie des positiven Rechts sein kann und will"[16].

Was die Rechtsphilosophie betrifft, so hatte sich die Fachphilosophie von ihr seit Mitte des 19. Jahrhunderts fast völlig zurückgezogen. Sie wurde für mehr als hundert Jahre zu einer Domäne der Juristen, von denen sie in der Regel nebenberuflich, d.h. neben einem dogmatischen Hauptfach, mehr oder weniger als "Sonntagsphilosophie", betrieben wurde[17]. An den juristischen Fakultäten kam es so zu einem Nebeneinander (und nicht selten auch Gegeneinander) von

Rechtsphilosophie und Rechtstheorie, zu denen im 2O. Jahrhundert noch die Rechtssoziologie trat. Die Rechtstheorie entwickelte sich - vom Sonderweg der marxistischen Rechtstheorie abgesehen - in der Zweigleisigkeit analytischer und "realistischer", d.h. empirischer (soziologischer und psychologischer) Richtungen, wobei das Verhältnis von soziologischer Rechtstheorie und theoretischer Rechtssoziologie in bemerkenswertem Maße ungeklärt blieb.

Ein weiterer Verengungsschub, der im Zeichen eines restriktiven, 'szientistischen' Wissenschaftsbegriffs stand, sei nur noch am Rande erwähnt. Er betraf im Grunde nicht das Verhältnis von Rechtstheorie und Rechtsphilosophie, sondern das Verhältnis von Wissenschaftlichkeit und Unwissenschaftlichkeit. M.a.W.: Er stellte Anforderungen an die Rechtstheorie *und* die Rechtsphilosophie - Anforderungen, die sich allerdings in erster Linie an die Rechtsphilosophie, insbesondere an die standpunktliche Bekenntnis-Rechtsphilosophie von Juristen richteten und die daher zeitweilig doch dazu geführt haben, die Differenz zwischen Rechtstheorie und Rechtsphilosophie eben doch als Differenz zwischen Wissenschaftlichkeit und Unwissenschaft-lichkeit zu definieren. Die Bestrebungen radikaler 'Szientisten', vor allem aus dem Umkreis des logischen Positivismus und des skandinavischen Rechtsrealismus, Metaphysik und materiale Ethik aus dem Kreis der Disziplinen, die Anspruch auf Wissenschaftlichkeit erheben können, auszuschließen, haben sich jedoch nicht durchgesetzt. Was die Ethik betrifft, so hat sich vielmehr inzwischen eine 'Rehabilitierung der praktischen Philosophie' vollzogen, in deren Rahmen die Rechtsphilosophie auch innerhalb der Fachphilosophie eine gewisse Renaissance erlebt hat. Der Streit um den Rechtspositivismus ist noch immer unausgetragen, und obwohl der juristische Positivismus die Geschichte der Rechtstheorie über mehr als hundert Jahre wesentlich bestimmt hat, kann man nicht sagen, daß sich terminologisch und sachlich eine Übereinkunft dahin gebildet hätte, daß die Rechtstheorie eine positivistische und die Rechtsphilosophie eine nichtpositivistische Disziplin sei.

Die Fächertrias Rechtsphilosophie/Rechtstheorie/Rechtssoziologie ist mittlerweile in den meisten Ländern der Bundesrepublik auch ausbildungsrechtlich festgeschrieben. Über die Abgrenzung und Verhältnisbestimmung dieser Disziplinen besteht aber alles andere als Einigkeit. Zur Vereinfachung klammere ich im folgenden die Rechtssoziologie weitgehend aus, ebenso die Verdoppelung der genannten Disziplinen in bezug auf den Staat.

III.

Systematisch lassen sich die Rechtstheorie und die Rechtsphilosophie, wie hier nur kurz angedeutet sei, weder gegenständlich noch methodologisch streng voneinander abgrenzen. Zwar liegt eine gegenständliche Unterscheidung in dem Sinne nahe, daß die Rechtstheorie allgemeine Theorie des *positiven* Rechts und die Rechtsphilosophie Theorie des *richtigen* oder *gerechten* Rechts sei. Diese Unterscheidung trifft traditionelle und sachgemäße Schwerpunktbildungen. Zur systematischen Fächerabgrenzung ist sie aber schon deshalb ungeeignet, weil sie sich im strengen Sinne unter der rechtspositivistischen Voraussetzung durchführen läßt, daß kein notwendiger Zusammenhang zwischen positivem Recht und Gerechtigkeit besteht, also einer Voraussetzung, die streitig ist. Teilt man sie nicht, bejaht man also einen notwendigen Zusammenhang zwischen positivem Recht und Gerechtigkeit, so gehört zur Rechtstheorie als Theorie des positiven Rechts um dieses Zusammenhangs willen auch eine Theorie der Gerechtigkeit. Und jedenfalls wäre es unzweckmäßig, über die Frage jenes Zusammenhangs, also über eines der Hauptprobleme der Rechtstheorie, durch eine rechtspositivistische Definition des Fachs vorab zu entscheiden.

Daß sich Rechtstheorie und Rechtsphilosophie methodologisch nicht streng voneinander unterscheiden lassen, ergibt sich schon daraus, daß es *die* rechtstheoretische Methode ebenso wenig gibt wie *die* rechtsphilosophische. Weit verbreitet ist allerdings die Auffassung, die Rechtstheorie sei eine *analytische* und die Rechtsphilosophie eine *normative* Disziplin[18]. Diese Unterscheidung stellt auf den Status von Aussagen und mittelbar auf das zu ihrer Gewinnung erforderliche methodologische Instrumentarium ab. Auch sie trifft traditionelle und bis zu einem gewissen Grade sachgemäße Schwerpunktbildungen. Zur systematischen Fächerabgrenzung ist aber auch sie ungeeignet; dies schon deshalb, weil sie weder der analytischen Rechtsphilosophie noch der empirischen Rechtstheorie gerecht wird.

Sollte man also die in Rede stehende Unterscheidung ganz preisgeben und die Rechtstheorie in der Rechtsphilosophie aufgehen lassen? Dafür scheint Klenner zu plädieren, wenn er, ohne die Rechtstheorie zu erwähnen, die Rechtsphilosophie, die Rechtssoziologie und die Rechtsgeschichte als Basisdisziplinen der Rechtswissenschaft benennt[19]. Die Rechtsgeschichte als historische Grundlagendisziplin kann hier außer Betracht bleiben. Was die theoretischen Grundlagenfächer anbelangt, so spricht gegen die Preisgabe der Rechtstheorie als eigenständiger Disziplin, daß es innerhalb der Rechtswissenschaft das Bedürfnis nach einer spezifisch *juristischen* Grundlagendisziplin gibt, das weder von der Rechtsphilosophie als *philosophischer* noch von der Rechtssoziologie als *soziologischer* Disziplin angemessen erfüllt werden kann. Dieses Bedürfnis ist seit der juristischen Grundlagendebatte um die Wende vom 18. zum 19. Jahrhundert, von der im vorigen Abschnitt die Rede war, eher noch gestiegen. Denn die wachsende Fülle des positiven Rechtsstoffs und die zunehmende Verzweigung der juristischen Einzeldogmatiken läßt es heute dringlicher als früher erscheinen, für die Theorie der Grundbegriffe des Rechts ebenso wie für die juristische Methodenlehre und die Theorie der Rechtswissenschaft eine selbständige Disziplin auszubilden, die ihren Gegenstandsbereich unter einem spezifisch juristischen Forschungsaspekt untersucht. Geht man davon aus, daß die juristische Methodenlehre der Sache nach teils der Theorie der Grundbegriffe des Rechts und teils der Theorie der Rechtswissenschaft zugeordnet werden kann, so läßt sich die Rechtstheorie, wie oben bereits angedeutet, als *allgemeine juristische Theorie des Rechts und der Rechtswissenschaft* definieren - im Unterschied zur Rechtsphilosophie als *philosophischer* und zur Rechtssoziologie als *soziologischer* Theorie des Rechts und der Rechtswissenschaft.

Hier soll zunächst nur die Definition der Rechtstheorie interessieren. Sie hat einen deskriptiven und einen normativen Gehalt. Ihr deskriptiver Gehalt gibt an, wie die Rechtstheorie, unbeschadet aller Verengungen und Abgrenzungsprobleme, im allgemeinen tatsächlich verstanden und betrieben wurde und wird. Ihr normativer Gehalt gibt an, wie sie richtigerweise verstanden und betrieben werden sollte. Im folgenden wird in erster Linie auf ihren normativen Gehalt abgestellt. Das entscheidende Abgrenzungsmerkmal der Definition ist der Begriff juristisch. Er läßt sich durch eine Theorie des juristischen Forschungsaspekts explizieren, wofür hier auf anderwärts Gesagtes verwiesen werden darf[20]. Ihr Kernpunkt ist, daß für die Rechtstheorie ihr Bezug zur Rechtsdogmatik und über diese zur Rechtspraxis konstitutiv ist. Daraus ergeben sich zugleich Kriterien der Adäquatheit rechtstheoretischer Begriffs- und Theoriebildung. Sie liegen in ihrer Fruchtbarkeit zur Lösung rechtsdogmatischer und rechtspraktischer Probleme. Die Rechtstheorie sollte daher, obwohl sie *allgemeine* juristische Theorie des Rechts und der Rechtswissenschaft ist, ihre Begriffe und Theorien stets auch am geltenden Recht und an der Rechtsdogmatik zumindest des Rechtssystems, in dem der Rechtstheoretiker arbeitet, überprüfen und an ihnen exemplifizieren. So sollte etwa eine allgemeine juristische Theorie des Rechtsbegriffs - als Anwendungsfall und Fruchtbarkeitstest - auch eine Theorie des Rechtsbegriffs des innerhalb eines bestimmten Rechtssystems, z.B. der Bundesrepublik Deutschland, rechtlich geltenden Rechts umfassen. Das schließt ein, daß die Rechtstheorie eine spezifisch juristische Kompetenz erfordert. M.a.W.: Der Rechtstheoretiker sollte das juristische "Handwerk" erlernt haben und mit Rechtsprechung und Schrifttum mindestens eines Rechtsgebiets vertraut sein. Weiterhin ergibt sich aus ihrem Dogmatikbezug, daß die Rechtstheorie als dreidimensionale - analytische, empirische und normative - Disziplin verstanden und betrieben werden sollte. Denn da, wie hier nicht weiter ausgeführt werden soll, auch die Rechtsdogmatik eine dreidimensionale Disziplin ist, wäre es eine inadäquate Verengung der Rechtstheorie als Grundlagentheorie der Rechtsdogmatik, wenn sie sich auf eine der genannten Dimensionen beschränken würde.

Damit scheint freilich die Abgrenzung zwischen Rechtstheorie und Rechtsphilosophie (und Rechtssoziologie) erneut in Frage gestellt zu sein. In der Tat hat die vorgeschlagene Definition in gewisser Weise einen usurpatorischen Charakter. Denn es liegt in ihrer Konsequenz, die Rechtsphilosophie und die Rechtssoziologie, soweit sie von und für Juristen betrieben werden und ihnen daher im Zweifel ein objektiv juristisches Lehr- und Forschungsinteresse zugrunde liegt, entgegen ihrer Selbstbezeichnung als Unterabteilungen der Rechtstheorie (in ihrer normativen und ihrer empirischen Dimension) aufzufassen. Gleichwohl intendiert die Definition nicht, Rechtsphilosophie und Rechtssoziologie in Rechtstheorie aufgehen zu lassen.

Im Gegenteil. Nimmt man die Definitionen der Rechtsphilosophie als philosophischer und der Rechtssoziologie als soziologischer Theorie des Rechts und der Rechtswissenschaft hinzu, so ergeben sich aus dem normativen Gehalt aller drei Definitionen substantielle, kompetentielle und institutionelle Adäquatheitsanforderungen, die darauf zielen, die Rechtstheorie wie die Rechtsphilosophie und die Rechtssoziologie als eigenständige Disziplinen auszubilden.

Die Rechtssoziologie sei hier zur Vereinfachung wiederum ausgeklammert. Was die Rechtsphilosophie betrifft, so hängen die inhaltlichen Adäquatheitsanforderungen, die an eine philosophische Theorie des Rechts und der Rechtswissenschaft zu richten sind, offenkundig von der zugrunde liegenden Konzeption der Philosophie ab. Generell wird man, gestützt auf die Geschichte des Fachs, sagen dürfen, daß die Rechtsphilosophie als philosophische Theorie darauf gerichtet ist, das Recht als Teilbereich der Wirklichkeit im ganzen zu untersuchen, also die Rechtsontologie als Teiltheorie der Ontologie, die Rechtsethik als Teiltheorie der Ethik, die Rechtslogik als Teiltheorie der Logik, die Theorie der Rechtswissenschaft als Teiltheorie der Wissenschaftstheorie usw. zu bearbeiten. In kompetentieller Sicht folgt daraus, daß Rechtsphilosophie eine spezifisch philosophische Kompetenz voraussetzt - nicht nur im Sinne zureichender Kenntnisse der Geschichte der Rechtsphilosophie, sondern auch im Sinne solider Informiertheit über den gegenwärtigen Stand fachphilosophischer Forschung. Das bedeutet nicht, daß nur Fachphilosophen kompetent Rechtsphilosophie betreiben könnten. Denn selbstverständlich gibt es Doppelausbildungen und Doppelbegabungen, und natürlich muß ein Fachphilosoph, der Rechtsphilosophie betreiben will, auch etwas vom Recht verstehen. Aber die These vom Doppelstatus der Rechtsphilosophie als sowohl philosophischer als auch juristischer Disziplin verdeckt und verwischt die damit verbundenen kompetentiellen Probleme. Denn auf die Dauer kann heute niemand mehr auf den Gebieten der Philosophie und der Rechtswissenschaft (und womöglich auch noch der Soziologie) gleichermaßen kompetent sein. Die spezifisch philosophische Kompetenz in bezug auf das Recht und die Rechtswissenschaft entstammt nicht der beruflichen Vertrautheit mit dem Recht und der Rechtsanwendung, sondern der professionellen Befassung mit Bereichen, von denen das Recht und seine Erscheinungsformen Teilbereiche sind. Und der Jurist, der Rechtsphilosophie betreiben will, sollte nicht meinen, die vielberedete Krise der Philosophie - der Odo Marquard mit der selbstironischen Wendung Ausdruck verliehen hat, philosophische Kompetenz sei "Inkompetenzkompensationskompetenz"[21] - enthebe ihn der Anstrengung, sich zuverlässig über den Stand der philosophischen Forschung zu informieren.

Die institutionellen Konsequenzen, die sich aus dem Gesagten ergeben, brauchen hier nur noch angedeutet zu werden. Sie liegen in der eigentlich selbstverständlichen Forderung, sowohl die Rechtstheorie als auch die Rechtsphilosophie (und die Rechtssoziologie) institutionell angemessen auszustatten. Was die organisatorische Zuordnung betrifft, so dürfte außer

Frage stehen, daß die Rechtstheorie an juristische Fachbereiche oder in besondere Forschungsinstitutionen gehört, und nur am Rande sei bei dieser Gelegenheit beklagt, daß nach der staatlichen Vereinigung Deutschlands die Chance versäumt worden ist, das vormalige Institut für Theorie des Staates und des Rechts (zuletzt: Institut für Rechtswissenschaft) der Akademie der Wissenschaften der DDR in ein Institut für juristische Grundlagenforschung umzuwandeln und als solches zu erhalten. Ob die Rechtsphilosophie, soweit es um die universitäre Forschung geht, eher bei den Philosophen oder bei den Juristen anzusiedeln sei oder auch, wie vielfach in den USA üblich, auf Lehrstühlen betrieben werden sollte, die beiden Fachbereichen zugeordnet sind, ist ein sekundäre Frage. Einigkeit sollte sich nur darüber erzielen lassen, daß die Rechtsphilosophie auf die Dauer nicht leben kann, wenn sie nicht auch in der Fachphilosophie lebendig ist. Einstweilen vollzieht sich der Betrieb und die Entwicklung aller drei in Rede stehenden Fächer mehr oder weniger wildwüchsig und zufällig.

Zum Verhältnis von Rechtstheorie und Rechtsphilosophie bleibt anzumerken, daß es nach der hier vertretenen Konzeption nicht das der Identität, sondern der Interdisziplinarität ist, oder besser: sein sollte. Damit keine Mißverständnisse entstehen, sei nochmals betont: Der vorgeschlagene Begriff der Rechtstheorie schließt die Rechtsphilosophie und die Rechtssoziologie, soweit als juristische Disziplinen, d.h. unter einem in objektiven Sinne juristischen Forschungsaspekt betrieben werden, ein; aber sie fordert eine eigenständige Institutionalisierung der Rechtsphilosophie als philosophischer und der Rechtssoziologie als soziologischer Disziplin, also als Fächer, denen ein eigenständiger, philosophischer bzw. soziologischer, Forschungsaspekt zugrunde liegt - mit der dazugehörigen Kompetenz. Im übrigen muß eine Konzeption der Rechtstheorie, die diese als dreidimensionale Disziplin definiert, mit dem Einwand rechnen, daß sie die Probleme des Verhältnisses von Rechtstheorie, Rechtsphilosophie und Rechtssoziologie dadurch löst, daß sie sie in das Fach hineindefiniert. Das trifft zu. Es ist aber, wenn man unsachgemäße Verengungen der Rechtstheorie vermeiden will, der Sache vollkommen angemessen. Selbstverständlich werden dann innerhalb des Fachs Spezialisierungen erforderlich. Zu ihnen gehört aber auch die Spezialisierung auf allgemeine Theoriebildung, also eine solche, die die Aussagen, die in den verschiedenen Dimensionen des Fachs erarbeitet werden, in juristischer Sicht systematisch aufeinander bezieht. In diesem Sinne ist die hier vertretene Konzeption der Rechtstheorie eine integrative.

IV.

Das Rahmenthema dieses Symposions lautet: Philosophie des Rechts und das Recht der Philosophie. Kommt das Recht der Philosophie in der hier vorgestellten Konzeption der Rechtstheorie zu kurz? Ich meine nein. Zunächst sollte deutlich geworden sein, daß die erläuterte Konzeption keine Abkopplung der Rechtstheorie von der Tradition der politischen Aufklärung bedeutet. Was von dieser in der Rechtstheorie lebendig ist, hängt davon ab, was sich in der Kommunikationsgemeinschaft der Rechtstheoretiker und Rechtsphilosophen durchsetzt.

Anzumerken ist weiter, daß die Rechtstheorie in *jeder* ihrer Dimensionen auf Philosophie verwiesen ist. Für die normative Dimension liegt dies auf der Hand. Es gilt aber auch, jedenfalls hinsichtlich der Logik, der Wissenschaftstheorie und der Sprachphilosophie, für ihre analytische und ihre empirische Dimension. Überall stößt diese Verwiesenheit, wie auch die auf andere Disziplinen, auf Grenzen der Informationsverarbeitungskapazität. Auf sie hinzuweisen, besteht besonders im Rahmen einer weiten Konzeption der Rechtstheorie Veranlassung. Nicht nur, aber auch in ihnen liegen Irrationalitätsgefahren, wie sie aus den Debatten um die Möglichkeiten und Grenzen rationaler Entscheidbarkeit praktischer Fragen sowie wissenschaftlicher Geschichts- und Gesellschaftstheorie bekannt sind.

Hermann Klenner hat, mit leichten Abwandlungen, mehrfach die These geäußert, "daß die eigentliche Irrationalität spätbürgerlichen Rechtsdenkens darin besteht, die Fragen

a) nach dem Charakter der gegenwärtigen Menschheitsepoche,

b) nach dem Wesen der bestehenden Gesellschaftssysteme und

c) nach der objektiv determinierten und zugleich subjektivdeterminierenden Rolle des Rechts (de lege lata *und* de lege ferenda) in der Gesellschaftsentwicklung der Gegenwart nicht stellen zu wollen und nicht beantworten zu können"[22]. Die sich darin bekundende 'Schlüsselattitüde' ist inzwischen durch den Zusammenbruch des 'realen Sozialismus' dementiert worden. Die in der These aufgeworfenen Fragen sind davon unberührt geblieben. Sie werden - ebenso wie die eingangs angesprochene Frage "Was bleibt von der marxistischen Rechtsphilosophie?"[23] - die Rechtstheorie und die Rechtsphilosophie auch weiterhin beschäftigen.

Nach einem oft zitierten Wort Hegels, das der Vorrede zu seiner 'Rechtsphilosophie' (1820/21) entstammt, ist Philosophie "ihre Zeit in Gedanken erfaßt"[24]. Einem Stück des Programms, das darin zum Ausdruck kommt, ist auch die Rechtstheorie verpflichtet. Man mag dies - auf die Gefahr hin, die Metapher der Dimension überzustrapazieren - die in allen ihren Dimensionen aufweisbare philosophische Dimension der Rechtstheorie nennen. In diesem Sinne gilt für die Rechtstheorie wie für die Rechtswissenschaft überhaupt das abgewandelte Horaz-Wort: "Philosophiam expellas furca, tamen usque recurret - ihr mögt die Philosophie mit der Mistgabel auskehren, sie kehrt doch zurück"[25].

Wem dies zu anspruchsvoll klingt, der sei daran erinnert, daß für die Römer, die Gründerväter der europäischen Rechtswissenschaft, die Jurisprudenz, als ars boni et aequi, eine Provinz der praktischen Philosophie war, eine "vera, non simulata philosophia" (Ulpian, D 1, 1, 1). Dieses Selbstverständnis der praktischen wie der theoretischen Jurisprudenz ist, überlagert von ihrem Verständnis als dogmatisch-hermeneutischer Buchwissenschaft, bis ins 19. Jahrhundert lebendig geblieben[26]. Erst in der zweiten Hälfte des 19. und im 20. Jahrhundert ist es weitgehend verloren gegangen. Es wiederzubeleben und lebendig zu erhalten, gehört zu den Aufgaben der Rechtstheorie, wie sie in den letzten Jahrzehnten von der juristischen Topik, Rhetorik, Hermeneutik und Argumentationstheorie auf unterschiedliche Weise auch wahrgenommen worden ist[27]. Im vorigen Abschnitt wurde gesagt, daß die Rechtsphilosophie auf die Dauer nicht leben kann, wenn sie nicht auch in der Fachphilosophie lebendig ist. Man kann auch sagen: Voraussetzung dafür, daß die Jurisprudenz als Provinz der praktischen Philosophie nicht verkümmert, ist, daß das Reich der praktischen Philosophie, dem sie angehört, gedeiht.

Anmerkungen

1 Nachträgliche Ausarbeitung einiger Thesen, die ich auf dem hier dokumentierten Kolloquium vorgetragen habe. Die Schrifttumshinweise beschränken sich auf ein Minimum. Generell verweise ich auf: Alexy, R./R. Dreier, The Concept of Jurisprudence, RATIO JURIS 3 (1990), S. 1-13.

2 Streit, J., Bemerkungen zu 'Konzeptionelle Bemerkungen zu einem Lehrbuch Rechtstheorie im Sozialismus' von Klenner und Mollnau. Anlage zum Bericht über die Redaktionskonferenz der Zeitschrift 'Staat und Recht' am 12.9.1968; zitiert nach einem Manuskript, das mir Karl Mollnau - zusammen mit ergänzenden Unterlagen - während eines Besuchs in Berlin im März 1990 zugänglich gemacht hat.

3 Vgl. z.B. Klenner, H., Rechtsphilosophie in der Krise, Berlin 1976; ders., Vom Recht der Natur zur Natur des Rechts, Berlin 1984; ders., Deutsche Rechtsphilosophie im 19. Jahrhundert. Essays, Berlin 1991.

4 Außer auf seine in Fn. 3 genannten Arbeiten wäre hier insbesondere auf seine umfangreiche Editions- und Rezensionstätigkeit zu verweisen; vgl. dazu die Bibliographie im Anhang dieses Bandes.

5 A.a.O., S. 190 f.

6 Vgl. z.B. Deutsche Rechtsphilosophie im 19. Jahrhundert, S. 243 f.

7 Vgl. Stolleis, M., Geschichte des öffentlichen Rechts in Deutschland, Bd. 1, München 1988, 271 ff., bes. 276.

8 S. dazu die materialreiche Studie von Stühler, H.-U., Die Diskussion um die Erneuerung der Rechtswissenschaft von 1780-1815, Berlin 1978.[1].

9 Zur Verknüpfung von 'Rechtswissenschaft' und 'System' vgl. Schröder, J., Wissenschaftstheorie und Lehre der 'praktischen Jurisprudenz' auf den deutschen Universitäten an der Wende zum 19. Jahrhundert, Frankfurt a. M. 1979, S. 82 ff.

10 Die zahlreichen 'Enzyklopädien', die um die Wende vom 18. zum 19. Jahrhundert erschienen sind (vgl. die Bibliographie in: Schröder, J., a.a.O., S. XVII-XXXIX), dürften allerdings nur zum Teil der sich herausbildenden neuen Disziplin zuzurechnen sein. S. dazu auch A. Buschmann, Enzyklopädie und Jurisprudenz. In: Archiv für Kulturgeschichte, 51 (1969), S. 296-317.

11 Vgl. Wieacker, F., Die Ausbildung einer allgemeinen Theorie des positiven Rechts in Deutschland im 19. Jahrhundert. In: Festschrift f. K. Michaelis, Göttingen 1972, S. 354-362.

12 Zum Gehalt und den verschiedenen Bedeutungen der positivistischen Trennungsthese und der nichtpositivistischen Verbindungsthese vgl. Alexy, R., Zur Kritik des Rechtspositivismus. In: R. Dreier (Hg.), Rechtspositivismus und Wertbezug des Rechts, Stuttgart 1990 (ARSP Beiheft 37), S. 9-26, 9 ff.

13 Vgl. z. B. Savigny, F.C. v., System des heutigen römischen Rechts, Bd. 1, 1840, § 15. - Insoweit, trotz anderweitiger Differenzen, übereinstimmend J. Rückert, Idealismus, Jurisprudenz und Politik bei Friedrich Carl von Savigny, Ebelsbach 1984, bes. S. 396 ff., 421 ff., 364 ff.; und O. Behrends, Geschichte, Politik und Jurisprudenz in F. C. v. Savignys System des heutigen römischen Rechts. In: ders./M. Dießelhorst/W. E. Voss (Hg.). Römisches Recht in der europäischen Tradition. Symposion aus Anlaß des 75. Geburtstages von Franz Wieacker, Ebelsbach 1985, S. 257-321, bes. 260 ff. - Die politischen Implikationen der Rechtstheorie Savignys stehen hier nicht zur Debatte; vgl. dazu H. Klenner, Deutsche Rechtsphilosophie im 19. Jahrhundert, S. 92 ff. Mir scheint, daß Klenner dort das systematische Element der Rechtswissenschaft und die Rolle der "leitenden Grundsätze" in ihr unterbewertet hat.

14 Vgl. z. B. Ogorek, R., Richterkönig oder Subsumtionsautomat? Zur Justiztheorie im 19. Jahrhundert, Frankfurt a. M. 1986, S. 198 ff., bes. 210: "Das Problem, wie die Rechtswissenschaft ihre Prämissen findet, von denen aus sie dann ihre unzweifelhaften Schlüsse zieht, hat Puchta nicht stichhaltiger gelöst, als seine naturrechtlichen Vorgänger. Vielmehr gibt sein Ausgangspunkt von der *vernünftigen Seite des Rechts* deutlich zu erkennen, wie tief er noch in der Tradition solcher philosophischer Rechtsbegründungen steht, die dem positivistischen Beliebigkeitsdenken den festen Glauben an unabänderliche und unverzichtbare Qualitäten des Rechts entgegensetzen, ohne freilich angeben zu können, wie diese Qualitätsmerkmale rational aufzufinden seien". S. a. W. Schönfeld, Puchta und Hegel. In: Rechtsidee und Staatsgedanke. Festg. f. J. Binder, Berlin

Schönfeld, Puchta und Hegel. In: Rechtsidee und Staatsgedanke. Festg. f. J. Binder, Berlin 1930, S. 1-62, bes. 38 f. In der hier interessierenden Hinsicht wenig ergiebig: J. Bohnert, Über die Rechtslehre Georg Friedrich Puchtas (1798-1846), Karlsruhe 1975, S. 167 ff., 174 ff. - Im übrigen bedürfte es einer Abhandlung für sich, wenn man genauer untersuchen wollte, ob der Rechtsbegriff der Begriffsjurisprudenz im Sinne der positivistischen Trennungsthese rechtspositivistisch war. Wieackers Kennzeichnung der Pandektistik als "rechtswissenschaftlicher Positivismus" läßt diese Frage offen (Vgl. F. Wieacker, Privatrechtsgeschichte der Neuzeit, 2. Aufl. Göttingen 1967, S. 430 ff.). Sie wäre zu verneinen, wenn sich zeigen ließe, daß es sachgemäß ist, die Hauptthesen der Begriffsjurisprudenz, die Geschlossenheitsthese und das Subsumtionsideal, im Sinne der Prinzipientheorie, wie sie in der gegenwärtigen Rechtstheorie im Anschluß an Ronald Dworkin und Robert Alexy diskutiert wird, zu interpretieren; vgl. dazu R. Dreier, Rechtsbegriff und Rechtsidee, Frankfurt a. M. 1986, S. 28 ff., 34 ff., bes. Fn. 35.

15 Radbruch, G., Rechtsphilosophie (1932), 8. Aufl., Stuttgart 1973, S. 110.

16 Ebenda, S. 3.

17 Dazu und zum folgenden Dreier, R., Recht - Moral - Ideologie, Frankfurt a. M. 1981, Kap. 1.

18 Und ergänzend: die Rechtssoziologie sei eine *empirische* Disziplin. - So z.B. Rottleuthner, H., Rechtstheorie und Rechtssoziologie, Freiburg/München 1981, S. 13 ff. - Ähnlich W. Maihofer, Zum Verhältnis von Rechtssoziologie und Rechtstheorie. In: G. Jahr/ W. Maihofer (Hg.), Rechtstheorie. Beiträge zur Grundlagendiskussion, Frankfurt a. M. 1971, S. 247-301, bes. 260 ff.

19 Vgl. z.B. Klenner, H., Deutsche Rechtsphilosophie im 19. Jahrhundert, S. 244.

20 Vgl. Alexy, R./R. Dreier, a.a.O., (oben Fn. 1) S. 3 ff.; s. a. R. Dreier, Recht - Moral - Ideologie, Frankfurt a. M. 1981, S. 242 ff.; ders., Recht - Staat - Vernunft, Frankfurt a. M. 1991, S. 215 ff.

21 Marquard, O., Abschied vom Prinzipiellen. Philosophische Studien, Stuttgart 1981, S. 23 ff.

22 Klenner, H., Vom Recht der Natur zur Natur des Rechts (oben Fn. 4) S. 142; s.a. ders., Rechtsphilosophie in der Krise, S. 118, und ders., Neue Justiz 1974, S. 589-595, 592.

23 Klenners dazu auf dem 15. IVR-Weltkongreß am 20. 8. 1991 in Göttingen gehaltener Vortrag ist im Reader der Plenarreferate (S. 113-131) abgedruckt. Er wird demnächst - gemeinsam mit anderen Kongreßmaterialien - in einem von vier geplanten Beiheften zum Archiv für Rechts- und Sozialphilosophie veröffentlicht werden.

24 Hegel, G.W.F., Grundlinien der Philosophie des Rechts, Ausg. Hoffmeister, Hamburg 1955, S. 16.

25 Vgl. Dreier, R., Recht - Moral - Ideologie, a.a.O., S. 32.

26 Vgl. Behrends, O., Das 'Rechtsgefühl' in der historisch-kritischen Rechtstheorie des späten Jhering. In: R. v. Jhering, Ueber das Rechtsgefühl, hg. v. O. Behrends, Neapel 1986, S. 55-184, 178 f.; s. a. T. Mayer-Maly, Recht und Philosophie. In: Festschrift Hermann Baltl, Innsbruck 1978, S. 337-348.

27 Dazu sei hier nur auf Robert Alexys These hingewiesen, daß der juristische Diskurs ein Sonderfall des allgemeinen praktischen Diskurses sei; s. R. Alexy, Theorie der juristischen Argumentation, 2. Aufl., Frankfurt a. M. 1991, S. 349 ff., 426 ff.

HEINZ WAGNER

Das Reflexionspotential der Rechtsphilosophie in der juristischen Ausbildung

1. *Immanente Schwierigkeiten*

Das Generalthema des Kolloquiums fragt nach Wesen und Funktion der Rechtsphilosophie (RPh), indem es, hegelianisierend, nach Sinn und Funktion der Philosophie, nach dem ihr wesentlich und allein Zukommenden, eben nach ihrem 'Recht' fragt.

Symposien und Sammelbände erörtern dieses 'Recht der Philosophie' oft in der skeptischen Form 'Wozu noch Philosophie?' Lassen wir uns hierzu wieder die Konkretisierung zur RPh vorgeben und fragen, was RPh in der juristischen Ausbildung bringen kann[1].

Trotz normativer Forderungen[2] spielen RPh/RTh in der Ausbildung keine Rolle. Dafür gibt es Gründe, die kaum ausräumbar sind:

a) Nicht zutreffend scheint mir der übliche Vorwurf, die Ausbildung sei *positivistisch*, was impliziert, die Ausbildung ließe sich einfach umstellen. Zum einen ist jede Rechtswissenschaft insoweit positivistisch, als sie die methodengerechte Anwendung eines gegebenen Rechts einüben muß, in welcher Form auch immer das Recht vorgegeben ist: in Form von Gesetzen oder Grundsätzen, die Lehre und Rechtsprechung (Rspr) entwickelt haben. Zum anderen erscheint gerade das deutsche Recht mit seinen prinzipiellen grundrechtlichen Vorgaben und den dadurch bedingten flexiblen topoi wie Grundrechtskonkurrenzen, Abwägung, Verhältnismäßigkeit, Je-desto-Formel u.a. so flexibel, daß Rechtsanwendung und -fortbildung/-schöpfung kaum noch trennbar sind und Kritiker die verfassungsrechtliche Bindung der Rspr an das Gesetz für gefährdet sehen.

b) Aber das von den Justizbehörden abgenommene Staatsexamen wird von den Bedürfnissen der Justiz und der quasi-praktischen Arbeit ('Fallösung') bestimmt und strukturiert seinerseits das Studium. Damit verbunden sind zu hohe Anforderungen an den Studiumsabschluß[3], eine Überlastung mit dogmatischem Wissen, die kaum Zeit für eine zusätzliche intensive Lektüre läßt.

Die Auslastung mit dem eigenen Fachstudium läßt sich nicht leicht ausräumen: Jedes Fach ist heute inhaltlich und methodisch komplex. Daher scheiterten nach 1945 alle Versuche zu einer fachübergreifenden Ausbildung: sowohl das Studium Generale als auch die nach 1968 versuchten Erweiterungen: die anvisierten Fächer (Ökonomie, Soziologie, Psychologie, Geschichte, Politikwissenschaft u.ä.) sind ihrerseits so komplex geworden, daß sich vielleicht 'Einführungen' geben lassen, aber gerade die notwendigen 'Bezüge' zum eigenen Fach kaum erreichen ließen.

c) Für die Philosophie häufen sich diese Gründe. Ein Philosophiestudium erfordert die eigene intensive Lektüre. Aber bekanntlich hat sich die Philosophie heute in sehr verschiedene Richtungen differenziert und die pluralistische Situation schließt es aus, eine bestimmte Richtung als verbindlich zugrunde zu legen. Deshalb kann es hier keinen Kanon des prüfungsmäßig zu Wissenden geben; verbunden mit dem Kommissionssystem der juristischen Staatsprüfung gibt es für den Studenten keine Sicherheit.

Die einzelnen philosophischen Richtungen sind nach Fragestellung und methodenbedingter Technizität, nach ihrer Intention und Ausdrucksweise bekanntlich vollständig verschiedene 'Diskurse'[4]. Deshalb kann der Student z.B. nicht beim neukantianisch oder beim phänomenologisch-existentialistisch und hermeneutisch orientierten Dozenten studieren und sich dann einer sprachanalytisch bestimmten Prüfung stellen. In den philosophischen Fakultäten ist die universitäre Abschlußprüfung zumindest mit einer partiellen Prüferwahl verbunden, die mit dem Kommissionssystem nur schwer vereinbar ist. Zurecht werden daher im 'Pflichtfach' keine derartigen Fragen mehr gestellt; inwieweit dem im 'Wahlfach' abgeholfen werden kann, hängt vom landesrechtlichen JAG und von den personellen Zufälligkeiten der Fakultäten ab.

2. *Rechtsphilosophie als Reflexionspotential*

Unter diesen Zwängen können rechtsphilosophische Vorlesungen zwar einzelne Studenten in eine bestimmte philosophische Richtung einführen; für die meisten Studenten aber kann RPh allenfalls und vielleicht ein fachspezifisches Reflexionspotential geben, nicht mehr, nicht weniger.

Fachspezifisches Reflexionspotential - d.h. zum einen, daß die RPh von den *rechtswissenschaftlich vorgegebenen Problemen ausgeht*. Derartige Einführungsvorlesungen müssen am ausbildungsbedingten Fachwissen des Studenten ansetzen.

a) Diese philosophisch erörterten *Probleme* zu benennen, geht nicht ohne eine gewisse Beliebigkeit. Üblicherweise werden behandelt: Wesen und Funktion des Rechts; Abgrenzung zu sonstigen gesellschaftlichen Normsystemen; Verhältnis von Recht und Moral; Recht und Gerechtigkeit; Geltung, Wirksamkeit, Zwang, Akzeptanz; Sein und Sollen; Naturrecht und Rechtspositivismus u.ä. Alle diese Probleme bündeln sich im Rechtsbegriff (Definition).

Die genannten Probleme mag man gleichermaßen der RTh als auch einem Allgemeinen Teil der RPh zuweisen. Dem Besonderen Teil mag man dann, wiederum recht beliebig, einzelne Rechtsbereiche (z.B. Strafrecht), Rechtsinstitute (Ehe, Vertrag), Problembereiche (Staat-Gesellschaft-Individuum; Willensfreiheit o.ä.) zuordnen. Aber eine Einführung wird nicht über die genannten allgemeinen Probleme hinausgelangen. Die letzte quasi-vollständige RPh dürfte die von Radbruch gewesen sein.

b) Wenn wir uns unsere fachspezifischen Probleme vorgeben lassen, setzen wie uns gleichwohl nicht den Bedenken aus, die gegen die sog. *Problemgeschichte* vorgebracht werden[5]. Denn wir behaupten keineswegs eine geschichts- und richtungsmäßige Resistenz der Probleme. Wir behaupten nicht, daß die "Kluft zwischen Sein und Sollen" schon vor Hume und Kant problematisch gewesen wäre, aber heute sind der unterschiedliche Status von Seins- und Sollenssätzen und die damit verbundene Begründungsdifferenz ein Hauptproblem. Und wir übersehen nicht das problemkonstitutive und konstruktive Moment der zugrunde liegenden Philosophie: z. B. führt die marxistische Philosophie ziemlich zwangsläufig zu dem Problem der Kongruenz von Recht und sozio-ökonomischen Strukturen, eine Fragestellung, die die nichtmarxistische Rechtswissenschaft eher vernachlässigt.

Reflexionspotential: das meint das Richtungsbedingte der Argumente und Antworten und also das Bescheiden. Denn wegen der Pluralität kann die Vorlesung keine verbindlichen Antworten geben. 'Reflexionspotential' verzichtet auf Versuche, RPh/RTh als ein Art juristischer Propädeutik zu verstehen, die gebietsübergreifende juristische Grundbegriffe definitiv erarbeiten will, wie es die Allgemeinen Rechtslehren (von Bierling bis Somló) und die Allgemeinen Staatslehren wollten. Hier ist nichts auszumachen zu den allgemeinen gegenstandskonstitutiven, konstitutionsphilosophischen, konstruktivistischen, sprachapriorischen und wissenschaftstheoretischen Bemühungen der Philosophie/Wissenschaftstheorie. Aber die Bemerkung sei doch erlaubt, daß alle diese Richtungen erkannt haben, inwieweit sie selbst wieder von einem umfassenderen Rahmen (den sie sehr verschieden benennen) abhängig sind.

In dieser Offenheit der Antworten liegt allerdings ein psychologisches Problem, das von der *zur Entscheidung drängenden juristischen Sozialisation* bedingt ist.
Moderne Rechtsordnungen sorgen institutionell dafür, daß relevante Meinungsverschiedenheiten wenigstens vorläufig entschieden werden, etwa in Form einer herrschenden Meinung und Rechtsprechung.
Ein wesentliches Moment des modernen Rechts ist die sich über das Rechtsgebiet erstreckende Berechenbarkeit. Man kann gegen die herrschende Meinung ('hM') polemisieren, kann sie z. B. nach soziologischen (schichtenspezifischen) oder tendenziellen Gesichtspunkten kritisieren, tritt dann aber lediglich für eine andere hM ein, von der Forderung nach Berechenbarkeit her ist sie unverzichtbar. Dagegen bleiben in Philosophie und Rechtsprechung die Kontroversen meist offen, und 'Reflexionspotential' verbleibt im grundsätzlich Offenen. Das Für und Wider der Argumente und "Die Antwort ist strittig" ist der Jurastudent gewohnt, er erwartet, daß am Ende wenigstens eine hM steht, an die er sich halten kann.

3. *Vorführung einer 'Reflexion'*

Was eine 'bloße' Reflexion sein kann, mag man am Beispiel 'Rechtsbegriff' überdenken. Er wird üblicherweise als ein gesellschaftliches Normensystem bestimmt, das sich durch die Momente der autoritativen Gesetztheit und der sozialen Wirksamkeit auszeichnet. Ist aber zusätzlich das Moment der *materialen Richtigkeit* begriffsnotwendig?

Im deutschsprachigen Bereich stehen sich ungefähr gleichgewichtig 'positivistische' und 'nichtpositivistische' ('naturrechtliche') Rechtsbegriffe gegenüber[6]. Nun werden die Ausdrücke 'Positivismus'[7] und 'Rechtspositivismus' heute in ihre verschiedenen voneinander unabhängigen Bedeutungen zerlegt[8]. Bzgl. der Bestimmung des Rechtsbegriffs meint 'rechtspositivistisch' die sog. 'Trennungsthese', d.h. 'Recht' wird ohne expliziten Wertbezug, 'moralneutral', d.h. ohne Bezug auf Moral oder Gerechtigkeit definiert, oder, sprachanalytisch formuliert: der Rechtsbegriff wird ausschließlich mit deskriptiven Merkmalen gebildet und enthält keine normativen Merkmale. Dagegen besteht die 'Verbindungsthese' ('naturrechtliche' Begriffsbestimmung) darauf, 'Recht' mittels eines expliziten Wertbezuges zu bestimmen.

Interpretieren wir, als gute Juristen, die Bemühungen beider Seiten teleologisch und fragen wir, worum es ihnen geht.

Gegen die Bestimmung von Recht ohne expliziten Wertbezug werden alle Vorwürfe erhoben, die insgesamt gegen den Rechtspositivismus vorgebracht werden: "Rechtswissenschaft ohne Recht"[9] zu sein. Vor allem seit 1945 wird immer wieder vorgebracht, der Rechtspositivismus, also ein Rechtsverständnis ohne expliziten Wertbezug habe "mit seiner Überzeugung 'Gesetz ist Gesetz' den deutschen Juristenstand wehrlos gemacht gegen Gesetze willkürlichen und verbrecherischen Inhalts"[10]. Deshalb wollen die Anhänger der Verbindungsthese jedem Juristen klarmachen, daß Recht begriffsnotwendig - eben ex definitione - bestimmten Wertvorstellungen genügen muß. Soziologisch gesprochen: sie wollen ihn dahingehend sozialisieren, daß er 'Recht' gar nicht ohne Gerechtigkeitsbezug denken kann. Nach Nürnberger Gesetzen, Ausrottungserlassen, Führerbefehlen, Bormannschen und Himmlerschen Fernschreiben müsse jedem deutschen Juristen schon begrifflich unmöglich gemacht werden, derartige Normen als 'Recht' anzusehen.

Demgegenüber machen die Anhänger der Trennungsthese geltend: Es gab in der Geschichte und gibt gegenwärtig in der Welt gesellschaftliche Normenkomplexe, die unseren Wertvorstellungen nicht entsprechen, aber ansonsten alle Funktionen des üblicherweise 'Recht' genannten Regelsystems erfüllten und erfüllen; vor allem waren und sind sie höchst wirksam in dem Sinne, daß sie auch gewaltsam sanktioniert wurden und werden. Höchst bedauerlich, aber was bringt es, diese Normenkomplexe nicht 'Recht' zu nennen? Daß die Geschichte höchst 'ungerechte' Normenkomplexe aufweist, ist eine Banalität und wir können die Sklaverei oder das mittelalterliche Strafensystem nicht dadurch ungeschehen machen, daß wir vergangene Normensysteme nicht als 'Recht' bezeichnen; übrigens haben gerade diese Normensysteme durchaus den damals herrschenden Gerechtigkeitsvorstellungen entsprochen. Daß es krasses Unrecht, ja prinzipielle Gerechtigkeitsverneinung in Rechts-, insbes. in Gesetzesform geben kann, zeigt der deutsche Faschismus. Daß es in der heutigen Welt Rechtsordnungen gibt, die unseren Wertvorstellungen nicht entsprechen[11], weiß jeder[12]. Derartige Abweichungen von unseren Gerechtigkeitsvorstellungen sind darzustellen, sind geschichtlich, sozio-ökonomisch, geistesgeschichtlich zu erklären; gegen sie mag man polemisieren, begrifflich lassen sie sich nicht aus der Welt schaffen. Und es muß doch die sprachliche Möglichkeit geben, den als 'Recht' geltenden Zustand in einem bestimmten Land darstellen zu können, ob es uns paßt oder nicht: "Einen weißen Amerikaner etwa, der mit seiner dunkelhäutigen Ehefrau Südafrika bereisen möchte, und sich über die Einzelheiten seiner Reise Gedanken macht, wird die 'naturrechtliche' Auskunft, die dortigen Apartheit-Normen seien wegen ihres eklatanten Verstoßes gegen die Menschenrechte kein gültiges Recht, kaum beruhigen"[13].

Reflexion - das meint hier, dieses Zentralproblem der RPh/RTh erkennen, die Intensionen und Argumente beider Positionen durchdenken, die sich zwangsläufig in zwei verschiedenen Rechtsbegriffen zusammenfassen. Und einsehen, daß sich die Problematik, wie so oft im Recht, nicht vollständig, glatt und sauber lösen läßt. Die Problematik muß argumentativ erarbeitet werden; bestimmte Argumente mögen zu einer Definition führen - aber die Argumente, die zu der anderen Definition führen, sind ein genauso wichtiger Teil dieser Problematik.

So vorgetragen, kann die RPh vielleicht zu einem fachspezifisch bildenden Gespräch und zum Selbstverständnis des Juristen beitragen[14].

Eine fachspezifische Reflexion muß allerdings auch die These Radbruchs selbst in Frage stellen. Diese endlos verbreitete und erörterte These von der Wehrlosigkeit des deutschen Juristenstandes[15] erscheint aus vielen Gründen empirisch längst widerlegt. Weder war der deutsche Juristenstand vor 1933 so rechtspositivistisch, wie er sich selbst sah, noch waren die Terrormaßnahmen von 1933-1945 im rechtspositivistischen Sinne legal. Vieles spricht dafür, daß zu viele Juristen zumindest 'geneigt' waren. Und zur fachspezifischen Reflexion gehört auch: in faschistischer Situation bedarf es vor allem des nackten Mutes[16].

4. *Offene Reflexion oder abschließende Ergebnisse?*

Der bescheidene Vorschlag 'Reflexion' scheint sich der 'Anstrengung des Begriffs' entziehen und unverantwortet, richtungs- und ergebnislos hin und herraisonieren zu wollen. Aber für die 'bloße' Reflexion spricht:

a) Beide Positionen, die positivistische und die naturrechtliche, haben weltweit und insbes. in Deutschland seit 1946 sämtliche Argumente vorgebracht. Der sich autopoietisch fortzeugende und aigriert ausgetragene Streit ist längst steril geworden. Die übliche Formel: "X verkennt [...]", verkennt ihrerseits die Abhängigkeit der Definitionen von der Intention der Argumentation. Eine philosophische Richtung, deren Hauptpostulat die Reduktion wertender Ausdrücke auf deskriptive ist, 'verkennt' nicht, daß Recht etwas mit Moral und Gerechtigkeit zu tun hat, wie ja der Ausdruck 'ungerechtes Recht' zeigt. Die Anhänger der Trennungsthese betonen außerdem, daß kein bedeutender Rechtspositivist dieses Jahrhunderts eine absolute Befolgungspflicht des positiven Rechts lehrt[17]. Allerdings vernachlässigen sie, bewußt, das Argument, ungerechtes Recht müsse aber schon ex definitione 'denkunmöglich' sein.

Aber ebensowenig 'verkennen' die Anhänger der Verbindungsthese den grundsätzlichen Vorrang des positiven Rechts. Schon Radbruch hat dem ungerechten Recht den Vorrang zugebilligt und das materielle Moment auf den Fall reduziert, daß der Widerspruch des positiven Gesetzes zur Gerechtigkeit ein so unerträgliches Maß erreicht, daß das Gesetz als unrichtiges Recht der Gerechtigkeit zu weichen hat[18].

Auch damit bleibt einiges vernachlässigt: z.B. die ganze Dimension ausländischer Rechte, die unserem Gerechtigkeitsempfinden 'unerträglich' widersprechen.

b) Der Vorschlag wendet sich nicht gegen eine kongruente Begriffsbildung, die aus expliziten Grundannahmen folgt. Ein Begriff resümiert die Argumente, daher die Vorstellung von der Definition als einem Depot von Argumenten. Um das Durchdenken dieser Argumente sollte es in der RPh Einführungsvorlesung gehen, nicht um einen nach Hause tragbaren Begriff, der ohnehin in der rechtsdogmatischen Ausbildung keine Rolle spielt. Auch ein Blick in andere Wissenschaften zeigt, daß die Bedeutung von Definitionen leicht überschätzt wird, und daß die meisten Wissenschaften ohne verbindliche Definitionen ihrer Grundbegriffe auskommen.

Vor allem meinen wir, mit der rein argumentativen Methode die fachspezifische Problematik besser vermitteln zu können, als wenn dem Hörer die vorgebliche Richtigkeit einer einzigen Definition aufgedrängt wird, der dann die nächste Stimme ebenso dezidiert widerspricht, und die mit dem Hinweis auf geschichtliche oder raümliche Gegeninstanzen in Frage gestellt werden kann.

c) Skeptisch sollte man Versuche überdenken, die positivistische und die naturrechtliche Intention durch sprachliche Präzisierung und erhöhte definitorische Komplexität verbinden zu können. Vor allem sprachanalytisch orientierte Begriffslehren sehen zeitweise sachliche Probleme weitgehend von sprachlichen Mißverständnissen bedingt, die man sprachregelnd auflösen könnte. Aber die Erfahrung zeigt, daß die sprachpolizeiliche Frage: "Was meinst Du, wenn Du [...] sagst?" das Ende der Diskussion ist. Gerade die Probleme des Rechtsbegriffes zeigen, daß er sich immer nur im Hinblick auf eine einzelne Intention hin präzisieren und operationalisieren läßt. Denn zum einen differenzieren sich auch die übrigen Begriffsmerkmale (autoritative Gesetztheit, Geltung, Wirksamkeit) je nach Forschungsintention in verschiedene normative und empirische Aspekte[19], und dennoch sind noch vage Ausdrücke ("im großen und ganzen sozial wirksam") erforderlich. Zu komplexe Definitionen erfüllen gerade das Hauptanliegen der naturrechtlichen Definition nicht mehr: die quasi-psychologische Konditionierung des Rechtsanwenders.

Auch für die übrigen Begriffsmerkmale erscheint das problemorientierte Reflexionsvermögen wichtiger und richtiger als die eine oder andere Festlegung. So wurde z. B. zurecht bezgl. einiger weltanschaulich umstrittener Strafnormen wie Homosexualität und Abtreibung die hohe Dunkelziffer, die allenfalls schichtenspezifische Sanktion und schließlich die Nichtsanktionierung seitens der Ermittlungsbehörden angeführt und ihre soziale Wirksamkeit und damit ihre fortdauernde Geltung in Frage stellt. Aber wer liest, daß in manchen amerikanischen Großstädten Straßenraub und Vergewaltigung oder in Deutschland Fahrraddiebstähle kaum noch sanktioniert, oft nicht einmal mehr angezeigt werden, wird nicht daraus den Wegfall der entsprechenden Verbotsnormen annehmen.

Schließlich entzieht sich das materiale Element der naturrechtlichen Begriffsbestimmung endgültig einer operationalisierenden Definition, die etwa die Gedanken und Argumentationen zur 'Gerechtigkeit' zusammenfassen wollte. 'Gerechtigkeit' läßt sich wohl nur bereichsspezifisch diskutieren. So ist eine Forderung der Gerechtigkeit, daß bei Straftaten effizient ermittelt und sanktioniert wird und es ist die gegenläufige Forderung der Gerechtigkeit, daß mit dem Verdächtigten nicht nur nach evtl. Effizienzgesichtspunkten umgesprungen wird. Also eine umfangreiche Materie spezifischer Grundrechte, der StPO und des materiellen Strafrechts. Was aber 'gerecht' bzgl. der Strafbarkeit oder Straflosigkeit einzelner Verhaltensweisen ist, muß wieder mit ganz anderen Erwägungen angegangen werden. Das materielle Element kann also hier immer nur die Bedeutung einer Globalverweisung, einer Chiffre haben, die allenfalls einige mögliche Prinzipien aufzeigen. Wie weit die gegenwärtigen weltweiten Versuche tragen, argumentationstheoretisch und prozedural zu einer Diskursethik auf Konsensusgrundlage zu gelangen[20], muß der einzelne selbst beurteilen. Jedenfalls erfordern diese Methoden gründliche Reflexionen; abkürzende Definitionen haben sich hier noch nicht finden lassen.

Anmerkungen

1 Im Folgenden wird nicht unterschieden zwischen RPh und Rechtstheorie (RTh); s. dazu den Beitrag von Dreier in diesem Band.

2 § 5 a Abs. 2 DRiG sowie die landesrechtlichen Normen (JAG und JAO).

3 Siehe dazu Großfeld, B., Das Elend des Jurastudiums. In: JZ 1986, S. 357 ff. Vor allem ist es noch nie gelungen, einzelne Materien auf ihre 'Grundzüge' zu beschränken, wie es die JAO öfters normiert.

4 Dazu etwa Stegmüller, W., Hauptströmungen der Gegenwartsphilosophie, 6. Aufl. ,Stuttgart 1979, Bd. 1, Einleitung.

5 Siehe Historisches Wörterbuch der Philosophie, Bd. 7, 'Problemgeschichte',Basel 1989; Flasch, K., Einführung in die Philosophie des Mittelalters, Darmstadt 1987, S. 25 ff.

6 Zahlenmäßige Angaben bei Dreie, R.,. Zur gegenwärtigen Diskussion des Verhältnisses von Recht und Moral in der BRD. In: Philosophy of law and Social philosophy East and West.Festschrift für Tom Kak Suh, Seoul 1990, S. 119 ff. (120).

7 Siehe z.B. Kamitz, R., Positivismus, München/Wien 1973.

8 Meist im Anschluß an Hart, H.L.A., Der Positivismus und die Trennung von Recht und Moral. In: ders., Recht und Moral, Göttingen 1971, S. 14 ff. und in weiteren Veröffentlichungen.

9 Titel eines Buches von Nelson, L., Leipzig 1917.

10 Dies ist die berühmte These G. Radbruchs, Gesetzliches Unrecht und übergesetzliches Recht. In: Süddeutsche Juristen-Zeitung, 5/1946, S. 107; abgedruckt auch in: ders., Rechtsphilosophie, 8. Aufl., Stuttgart 1973, S. 339 ff.; N. Hoerster, Recht und Moral, Texte zur Rechtsphilosophie, Stuttgart 1987, S. 46.

11 Apartheitssysteme; Frauendiskriminierung; Strafrecht der Scharia u.a.

12 Zu den damit verbundenen Problemen in Westeuropa siehe Finkielkraut, A., Die Niederlage des Denkens, Reinbek 1989.

13 Hoerster, N., Zur Verteidigung des Rechtspositivismus. In: Neue Juristische Wochen schrift (NJW), 1986, S. 2480 (2481); ders., Zur Verteidigung der rechtspositivistischen Trennungsthese. In: R. Dreier (Hg.), Rechtspositivismus und Wertbezug des Rechts, Stuttgart 1990, S. 27 ff.

14 Dies die bewußt bescheidene Aufgabe, die Rorty der Philosophie zuschreibt (Der Spiegel der Natur, Frankfurt a. M. 1987, S. 387-427).

15 Aus der Fülle der Literatur etwa die Nachweise bei Schumacher, B., Rezeption und Kritik der Radbruchschen Formel, Göttingen 1985; Füßer, Rechtspositivismus und 'gesetzliches Unrecht'. Zur Destruktion einer verbreiteten Legende. Erscheint demnächst im Archiv für Rechts- und Sozialphilosophie (ARSP).

16 Noch einmal Rorty, R., Kontingenz, Ironie und Solidarität, Frankfurt a. M. 1989, S. 114.

17 So ausdrücklich Hoerster, N., Die rph Lehre vom Rechtsbegriff. In: NJW 1987, S. 181 (185) unter Berufung auf Hart.
Übrigens scheint vergessen zu sein, daß schon der positivistische Radbruch, wie der Neukantianismus überwiegend 'Recht' (wie alle Kulturphänomene) über den Wertbezug bestimmt hat, a.a.O., § 1.

18 1946 a.a.O., ebenso die komplexere Bestimmung von Dreier, R., Der Begriff des Rechts. In: NJW 1986, S. 890 (896).

19 So hat Alexy 32 positivistische und 32 naturrechtliche Rechtsdefinitionen errechnet, siehe zur Kritik des Rechtspositivismus. In: Dreier, R. (Hg.), Rechtspositivismus und Wertbezug des Rechts, a.a.O., S. 9 ff. Das entspräche ziemlich genau der Zahl der scholastischen Schlußformeln, deren schulmäßiges Durchspielen die scholastische Logik hat verenden lassen.

20 Statt aller: Alexy, R., Theorie der juristischen Argumentation, Frankfurt a. M. 1978 (1983); Rawls, J., Eine Theorie der Gerechtigkeit, Frankfurt a. M. 1979.

GERHARD HANEY

Rechtsphilosophie in den juristischen Zeitenwenden

Der Grundgedanke meiner Ausführungen besteht darin, nachzuspüren, in welchem Verhältnis rechtsphilosophisches Denken als Teil des Philosophierens überhaupt zu den juristischen Zeitenwenden der letzten zweihundert Jahre steht. Solche Zeitenwenden oder Umbrüche sehe ich deren drei.

Da ist erstens der Eintritt in die bürgerliche Gesellschaft, ausgewiesen in den bürgerlichen Revolutionen,
da ist zweitens die am Anfang dieses Jahrhunderts sich vollziehende recht deutliche Veränderung im Juristischen
und drittens schließlich befinden wir uns gegenwärtig wiederum in einer solchen Umwälzung des Rechtlichen, womit nicht der spezielle deutsche Fall gemeint ist, daß die eine Rechtsordnung nun von einer anderen beseitigt wird, sondern ich meine das allgemein.

1. *Die bürgerliche Revolution im 18. Jahrhundert*

Es ist allen auch nur oberflächlich mit der Geschichte und der Philosophie Vertrauten einsichtig, wie in Aufklärung und Klassik das Rechtsproblem allgemein und in den prägenden Philosophemen in den Mittelpunkt rückt. Kant: "*Das größte Problem für die Menschengattung, zu dessen Auflösung die Natur ihn zwingt, ist die Erreichung einer allgemein das Recht verwaltenden* bürgerlichen Gesellschaft."[1] Und Hegel: "Das Recht ist zuerst das unmittelbare Dasein, welches sich die Freiheit auf unmittelbare Weise gibt."[2] Menschenwert und Menschenrecht sind für Fichte Synonyme, das Recht der Menschheit an sich ist für ihn die Selbstbestimmung der Menschen. "Das Recht soll also schlechthin herrschen, so gewiss die Sittlichkeit schlechthin sein soll."[3] Mühelos könnten wir die Zitate vermehren.

Der "Geist der Gesetze", um den Titel der Hauptschrift von Montesquieu zu benutzen, und damit des Rechts überhaupt, ist leitend. Die geschichtliche Totalität wird vom Recht des Menschen her ausgeschritten, das zugleich als Synonym für Vernunft, Gleichheit und Freiheit gilt.

Das äußert sich in den Deklarationen amerikanischer Unabhängigkeit, denen der Französischen Revolution wie auch in vielen Formen der literarischen Klassik, deren Stellungnahmen zu Freiheit, Recht, Gerechtigkeit und Gleichheit fast unübersehbar sind. Wer denkt da nicht gleich an die Klage Goethes, daß vom Rechte, das mit uns geboren, leider nicht die Frage sei, wie er das neue Zeitalter unter dem Zeichen der Schutzgöttin Klio mit dem Recht der Menschen verband, das allen gemein sei, daran, daß und wie er in seinem Reinecke Fuchs die überkommenen Rechtszustände der Kritik unterwarf. Wer erinnert sich da nicht sofort der Dramen Schillers mit ihren Themen von Recht und Freiheit, Recht und Menschenwürde, Recht und geschichtlichem Anspruch, an die Briefe zur ästhetischen Erziehung, in deren Mittelpunkt die Verwirklichung des Ideals der Gleichheit steht.[4]

Es war dies der Übergang vom Privilegium zum Recht, der hier eingeleitet wurde. Maine hat dies als den Prozeß "from status to contract" bezeichnet, was sicher nicht so genau ist.[5] Die bürgerliche Gesellschaft entstand als eine Vereinigung der "*aufgehobenen* und *aufgelösten Privilegien*".[6]

Das Rechtsproblem war deshalb eines der Schlüsselprobleme in der klassischen deutschen Philosophie, eine eigenständige Rechtsphilosophie existierte nicht. Bei Kant und Hegel standen die von ihnen verfaßten Rechtsphilosophien als eine Art praktischen Kulminationspunktes am Ende ihres Wirkens. Es gab kaum einen Philosophen, der sich nicht zugleich auch dem Recht widmete und diejenigen Juristen, denen die grundsätzliche Veränderung des Rechtlichen am Herzen lag, waren zugleich auch philosophische Parteigänger der großen klassischen Philosophen, insbesondere von Kant.

Das allgemeine und gleiche Recht war und wurde Existenzform der bürgerlichen Gesellschaft, um so weniger verständlich ist die dem Recht gegenüber weithin geübte Zurückhaltung der professionellen Philosophen heute.[7] Während einerseits viele Juristen in der DDR-Vergangenheit so taten, als wären Staat und Recht aus einer Art unbefleckter Empfängnis hervorgegangen, indem sie von einem Diskontinuitätsdogma befallen waren, wogegen alle diejenigen stritten, die auf die Philosophiegeschichte insistierten, verkürzten andererseits die meisten Philosophen die klassische Philosophie um deren rechtsphilosophischen Part. Es sei nur daran erinnert, wie lange Hegels Rechtsphilosophie als der lieber verschwiegene Teil seiner Philosophie angesehen wurde.[8]

Zudem scheint die Tradition verlorengegangen zu sein, daß sich Philosophen auch mit konkreten Fragen des Handelns und Verhaltens beschäftigen. Eine Art Philosophismus ist verbreitet. Rückblickend auf Kants Metaphysik oder noch weiter auf Platons Politeia wird jedoch bemerkbar, wie dort die Herrschaftsformen wie die Lebensweise, die Tugenden wie die Laster, das Gute wie das Schöne erörtert werden. Das Normative, das konkrete Sollen wird nicht ausgespart.

Bei uns wurde in Darstellungen einer Philosophie, die sich Marx verbunden fühlte, der Leser gedanklich sofort auf das Peremptorische, Transitorische von Staat und Recht geführt. Damit wurde die sozial-praktische Existenz des Menschen um einen wesentlichen Teil verkürzt, was nicht gerade für die Bewältigung des Verhältnisses von Objektivität und Subjektivität spricht.

Kants Anspruch, mit der Metaphysik der Sitten eine philosophia practica universalis zu geben, ist gleichermaßen mit den Anforderungen seiner Zeit, und das bedeutet, mit den rechtlichen und staatlichen Zuständen und ihrer Veränderung konfrontiert, wie das bei Fichte, Hegel und vielen anderen Zeitgenossen der Fall ist, gleich ob sie Reinhold, Schmid, Krause oder Fries heißen, um vier Namen zu nennen, die mit Jena verbunden sind.

Die Juristen damals, die eingreifend wirkten, blieben der Philosophie gegenüber nicht distanziert, sie nahmen sie auf, transformierten und bereicherten sie im praktischen Übergang ins rechtlich Verbindliche. Das wird an P.J.A. Feuerbach ebenso deutlich wie an Hufeland, Thibaut, Grolman, Almendingen, Gans und anderen. Die "philosophische Partei", wie sie Reinhold einmal im Unterschied zur "historischen Partei" und damit zu denen benannte, die das Vorhandene als das geschichtlich Gewordene und Rechtmäßige anerkannten, vollzog den Anschluß an die Wirklichkeit als einem Vorhandenen, dem grundsätzlich andere Sollenserfordernisse entgegengehalten werden mußten, solche, die im Zeichen der Gleichheit der Menschen standen.

2. *Rechtsphilosophie am Beginn des 20. Jahrhunderts*

Jedem ist der am Beginn dieses Jahrhunderts feststellbare geistige Umbruch geläufig. In den Naturwissenschaften steht hierfür der Name Max Planck und mit ihm das Eindringen in die mikrophysikalische Welt. In den Sozialwissenschaften werden die entstehenden Fragen vornehmlich von der Sozialökonomie aufgenommen, was sich in dem Wirken von Brentano, Roscher, Knies, Sombart, Max Weber und weiteren bemerkbar macht. Häufig genug ist nur deren Abstand zu Marx betont worden. Sollte nicht aber auch umgekehrt gefragt werden, inwieweit sie von ihm beeinflußt worden sind?

Die Frage ist, wie sich die deutlichen sozialen Veränderungen, die sich für jedermann sichtbar auf dem ökonomischen, politischen und kulturellen Felde durch einen neuen Vergesellschaftungs- oder Sozialisationsgrad so deutlich abzeichneten, in der Rechtsphilosophie widerspiegelten. Für die Philosophie entsteht mit den Neo-Philosophemen eine zugleich auch rückbesinnende Neuaufnahme der Gegenwart, aber auch mit Hilfe der Ideen von Schopenhauer, Stirner, Nietzsche und Spengler eine Art Krisenbewußtsein und darin die Negation des Vorhandenen.

Nicht wenige Juristen wurden sowohl durch die Neo-Philosopheme als auch durch den Kulturpessimismus, aber auch durch die literarische Aneignung der sozialen Probleme, wie sie durch Gerhart Hauptmann und andere stattfand, unmittelbar beeinflußt.

Die Neo-Philosopheme greifen das Rechtsproblem allenfalls mittelbar auf, die Juristen selbst finden kaum zu weittragenden rechtsphilosophischen Ansätzen. Rudolf Stammler, der dies versucht, jedoch die reine Idee beschwört und eine scharfe Kritik erfährt, so vornehmlich durch Max Weber, vermag das ebenso wenig, wie diejenigen, die eine allgemeine Rechtslehre als Philosophiesurrogat auszugeben suchen, damit aber nur, wie Radbruch es äußerte, in eine Art "Euthanasie der Rechtsphilosophie" verfallen.[9] Radbruch ist auch der einzige, der eine rechtsphilosophische Grundlegung vorzunehmen versucht. Er kann dies offenbar deshalb, weil er bewußten Anschluß findet an die sozialen und damit die wirklichen Probleme seiner Zeit, die sich anderen nur sublimiert mitteilen und dadurch eine solche Brechung erfahren, worin dann der Anstoß nicht mehr sichtbar wird.

Diese haben ihren Grund insbesondere darin, daß sich soziale Probleme in einer Weise wie nie zuvor ausprägen, so daß neue Inhalte zu den vorhandenen rechtlichen Formen drängen, diese ergreifen und eo ipso verändern müssen. Das geht aus sowohl von neuartigen wirtschaftlichen Zusammenschlüssen, sprunghaft sich vergrößernden Unternehmungen, neuen Maschinensystemen, neuen Arbeitsmitteln, als auch von einem davon bewirkten neuen Grad der massenhaften abhängigen Arbeit. Darin liegt eine neue soziale Verdichtung mit einer greifbar deutlich gewordenen "sozialen Frage", worauf unterschiedliche rechtliche Antworten gesucht worden sind, von der gesetzlich abweisenden Unterdrückung mit Hilfe des Sozialistengesetzes bis hin zur Sozialgesetzgebung.

Es bricht ein neues Rechtszeitalter an, das sich abwendet von dem bis dahin herrschenden juristischen Positivismus, der den großen geistigen Aufschwung der klassischen Rechtsphilosophie abgelöst hatte durch ein Denken, das nur den vorhandenen juristischen Formen untertan war und deshalb "rechtsphilosophisch" allenfalls Verallgemeinerungen des Bestehenden zustande gebracht hatte.

Jedoch, dieses neue Zeitalter an der letzten Jahrhundertwende ist im Unterschied zum vorigen mehr ein Fortgehen und Extrapolieren aus einem weitgehend bereits vorhandenen gleichen Recht, es ist mehr antispekulativ, es fehlt ihm darum der große rechtsphilosophische Aufschwung des Centenariums zuvor.[10] Das prägt auch die Philosopheme, die sich weithin durch ein Zurückgehen auf die klassische Philosophie auszeichnen.

Die Rechtsgleichheit muß, und das macht den Unterschied aus, allgemein nicht mehr eingefordert werden. Sie ist teilweise verwirklicht, im übrigen weithin anerkanntes Programm. Es ist hier nicht der Ort, um auszuweisen, wie das gleiche Recht auch formell bis dahin nicht immer gesetztes und geltendes Recht war. Es sei hier nur auf die fehlende Gleichberechtigung von Mann und Frau aufmerksam gemacht.

Unterschiedlich ist zwischen den beiden Rechtszeitaltern auch, daß das erste ganz im Zeichen des geltend gemachten Vernunftrechts steht, also praktisch einer Idee, das zweite mußte die Rechtsgleichheit nicht mehr als eine allgemeine Vorstellung geltend machen, es ist deshalb auch mehr antispekulativ, teilweise in ganz vehementer Weise. Das äußert sich sowohl in der Polemik gegen Stammler als auch in der betonten Ablehnung irgendeiner Naturrechtsidee. Es ist deshalb auch nicht mehr von dem großen Atem der Vernunftforderung und Freiheitsverheißung getragen wie das vorige. In ihm wird gesucht, von der Wirklichkeit zum Recht hin zu denken, es ist induktiv. Inzwischen hatte sich auch durch die Ausdehnung der industriellen Produktion ein ungeheures Material angehäuft, das ganz im Zeichen der gleichberechtigten Rechtsperson stand. Das vorhandene formell gleiche Recht mußte sich danach an den real bestehenden Rechten messen lassen. Diese Unterschiedlichkeit der beiden Rechtszeitalter ist somit den Verhältnissen selbst geschuldet.

Gemeinsam ist aber beiden, daß sie Kritik des bestehenden, geltenden Rechts sind, daß es abgelehnt wird, das formell Geltende als das Gültige anzunehmen, auch wenn es historisch gewachsen ist, daß sie den handelnden Menschen in den Mittelpunkt rücken[11] und schließlich das bestehende Rechtssystem doch recht grundsätzlich in Frage stellen. In beiden Zeitenwenden macht sich jeweils ein auf neue Weise reflektierter Zusammenhang von Geschichte, Empirie, Philosophie, Theorie und Dogmatik geltend. Es wird ganz im Sinne dessen gedacht, was für eine neue Realität, im Interesse des Menschen *sein soll*. Das Problem von Sein und Sollen ist deshalb von der Form her zwar verschieden, vom Inhalt her jedoch gleichartig, nämlich jeweils realistisch im Sinne der Kritik des verbindlich Rechtlichen für eine veränderte und zu verändernde Wirklichkeit und Gesellschaft gestellt.

Beiden Wenden gemeinsam ist deshalb auch, daß die historische Rechtsschule übereinstimmend abgelehnt wird, weil sie keinerlei Ansatzpunkte für eine Kritik des geltenden Rechts bot. Feuerbach (1832) kamen die historischen Juristen "wie Leute vor, die die Knochen einer Mumie benagen und die Fasern am Mumienkasten zählen."[12]

Und jetzt im Jahre 1895 schreibt Anton Menger, daß die Entwicklung des Rechts "durch die vorherrschende Wirksamkeit der historischen Rechtsschule auf das schwerste geschädigt worden" sei.[13] Ganz ähnlich Eduard Fuchs, der gleich Hermann Kantorowicz die Theorie der historischen Schule für einen "der größten und verhängnisvollsten Irrtümer" hält.[14]

So gibt es eine deutliche Verwandtschaft zwischen der einstigen "philosophischen Partei"[15] um die Wende vom 18. zum 19. Jahrhundert und der jetzt sich ausbildenden "soziologischen Partei", deren Anliegen es ist, die Rechtswissenschaft als eine Wissenschaft von der Gesellschaft hervorzubringen.

Beides sind noch nicht zu Ende gegangene Versuche, die Rechtswissenschaft zur Wissenschaft werden zu lassen, sie nicht nur als eine an das bestehende Recht gebundene, affirmative Autoritätserklärungslehre oder als systematische Gesetzeskunde zu begreifen. Bei ihrer Bewertung muß auch bedacht werden, daß Entwicklung oder Veränderung immer innerhalb des Bestehenden und gegen das Vorhandene stattfindet, wovon der dabei sich ausbildende Impetus in kontinuierlicher und zugleich diskontinuierlicher Weise direkt beeinflußt wird. Dies sei zu der Auffassung meines Freundes Hermann Klenner gesagt, daß die Neophilosopheme an der Wende zum 20. Jahrhundert gegenüber den Originalen (Kant, Hegel usw.) "nur" widerscheinende und ausgeborgte Lichter seien und dadurch nicht selber strahlten, sondern den Glanz sich nur liehen.[16]

3. *Ist ein neues Rechtszeitalter angebrochen?*

Die Frage, ob wir uns gegenwärtig in einem dritten Rechtszeitalter befinden oder im Übergang zu ihm, möchte ich mit einem eindeutigen "Ja" beantworten.

Es gibt dafür vielfältige Kennzeichen, die hier nur oberflächlich aufgelistet werden können.

Seit geraumer Zeit drängen sich die globalen Probleme der Menschheit dem wissenschaftlichen Denken in der einen oder der anderen Form auf. Das Gemeinsame dieser Probleme besteht darin, daß die Menschheit ihre Existenzgrundlagen so rekonstruieren, bewahren und formen muß, daß die Zukunft der Zivilisation für alle Menschen gleichermaßen gesichert wird. Globalismus, Humanismus und Historismus sind offenbar hierfür die leitenden Prinzipien.

Die Rechtsvorstellungen sind hiervon deutlich erfaßt in den Grund- und Menschenrechten der sogenannten dritten Generation oder Dimension. Sie sind seit 1969 in der Diskussion und betreffen den Frieden, die Entfaltung und Entwicklung des Menschen, den Schutz der Umwelt, die Partizipation aller Menschen, die Kommunikation, die Selbstbestimmung und das gemeinsame Menschheitserbe. Die von manchen so unverhohlen geäußerte Freude und Genugtuung über das Scheitern des realen Sozialismus, er konnte in dieser Form und Gestalt nicht fortexistieren, darf nicht vergessen machen, daß sich in der Umkehr und Abkehr eigentlich nichts anderes als die neue globale Problemlage äußert, die um kein einziges Land einen Bogen macht, aber auch nicht um diejenigen Mächte, die sich heute in der Siegerpose gefallen und nur eine partielle Veränderungsbedürftigkeit sehen wollen.

Für die Bewältigung der weltweiten Probleme, die immer auch innere Fragestellungen für jedes Land bedeuten, sind in erster Linie nicht neue Konfrontationen und Parteiungen, nicht ein erneutes bipolares Denken, nicht neue Aus- und Abgrenzungen oder Abwicklungen und Liquidationen, sondern ist das Besinnen auf die Herausbildung gemeinsamer Anstrengungen gefragt, die natürlich den Widerstreit in sich einschließt.

Universalisierung und Individualisierung des Rechts erhalten dadurch eine neue Problemlage, bedingt und hervorgerufen durch eine völlig neuartige soziale Verdichtung und Vernetzung. Damit haben sich nicht nur die Faktoren geändert, die für die allgemeine soziale Gestaltung herauszubilden sind, sondern auch diejenigen, die rechtlich relevante Konflikte erzeugen.

Nach beiden Richtungen hin muß Recht wirksam werden. Mit der Interaktionsdichte, einem hypothetischen Maß, das von der Zahl der Interaktionen in einer Zeiteinheit pro Kopf ausgeht, wächst auch das Konfliktpotential und damit zugleich auch die Notwendigkeit vorsorgender Bewältigung.

Recht ist deshalb auch nicht mehr bloß, um auf die Norm selbst einzugehen, von einem Konditionalprogramm getragen, wie das noch vor 100 Jahren der Fall war, sondern es treten immer mehr Vermischungen mit Finalprogrammen auf. Konditionale Programme sind von einer strikten "Wenn-dann" Beziehung getragen, wenn einer eine strafbare Handlung begangen hat, dann wird er bestraft, sie sind reaktiv. Finalprogramme durchbrechen diese Grundform, sie sind auf die Herstellung eines veränderten Zustandes gerichtet, sind von sozial eingreifender und auch vorsorgender Natur, von gesetzgeberischen Zielsetzungen beherrscht. Alles das, was mit der Umverteilung des Nationaleinkommens zusammenhängt, und das ist bekanntlich nicht wenig, mit Finanzpolitik, Wegentscheidungen für Investitionen usw., kann nicht anders als auf einem solchen Wege gesetzgeberisch umgesetzt werden.

Selbst das Strafrecht, das nach allen Vorstellungen striktes, konditionales, weil reaktives Recht zu sein hat, ist von diesen Tendenzen nicht frei, so daß sogar von einem neuen Phänomen, dem "symbolischen Strafrecht" die Rede ist, das sich durch gesetzgeberische Wertbekenntnisse, Gesetze mit moralischem Appellcharakter, Ersatzreaktionen des Gesetzgebers und durch Kompromißgesetze auszeichnet.[17] Das sind alles Anzeichen für eine veränderte Wirklichkeit, die sich rechtlich mitteilt.

Indiz hierfür ist auch die Tatsache, daß die Gesetzgebung im Jahrhundertvergleich, also zwischen dem Ende des 19. und dem des 20. Jahrhunderts, bei den Gesetzen um den Faktor 10 und bei den Verordnungen um den Faktor 20 gewachsen ist.[18] Dabei konnten die internen Verfügungen gar nicht gezählt werden.

Ganz deutlich haben sich die Staatsaufgaben, und zwar nicht bloß quantitativ, ausgeweitet. Es sind völlig neue Bereiche hinzugetreten, sie betreffen vor allem die Wirtschaft, die Umwelt, die Bildung, die Daseinsvorsorge, den allgemeinen Ordnungsbereich.

Mit der Ausdehnung der staatlichen Tätigkeit, mit der steigenden Interaktionsdichte hat sich auch die prozessuale Inanspruchnahme von Recht beträchtlich vermehrt, hat sich das Maß richterlicher Eingriffe, auch in gestaltender Hinsicht, ausgedehnt und erweitert. Nicht nur, daß vornehmlich in Deutschland neue Gerichtszweige hinzugekommen sind, was sich an der umfassenden Verfassungsrechtsprechung, sowie an den Verwaltungs-, Sozial- und Finanzgerichten erweist, auch die Nachfrage nach Justiz ist außerordentlich gestiegen.

Allein von 1970 bis 1988 wuchs der Zugang zu den Gerichten in Zivilsachen in der BRD von einer Million auf über 1,6 Millionen, die Familiensachen stiegen innerhalb von 10 Jahren von 250 000 auf 370 000, wobei die Steigerungen vor allem in den achtziger Jahren noch deutlicher ausfallen als in der allgemeinen Rate ausgedrückt.[19]

Die Existenz und Ausdehnung von Recht wie auch die Mobilisierung von Recht ist sichtbarer geworden, was sich nicht nur an den großen und sich vermehrenden Entscheidungssammlungen, Sammelwerken und Dokumentationen, vor allem auch an den kaum noch zu überschauenden juristischen Zeitschriften bemerkbar macht. Zu den existierenden Zeitschriften treten jährlich neue hinzu, wie "Verbraucher und Recht", "Zeitschrift für Ausländerrecht und Ausländerpolitik", "Agrarrecht", "Arztrecht" und andere.

"Verrechtlichung" und "Entrechtlichung" sind deshalb gängige Themen. Neue Themengebiete in der Wissenschaft wie die "Rechtspolitik", die "Rechtsinformatik" wie auch neue Sachgebiete wie das Europarecht werden kreiert und meist zugleich auch von entsprechenden Zeitschriften begleitet. Von außen gesetzte, staatsübergreifende Momente erhalten ein immer stärkeres Gewicht, so durch die Normen der europäischen Gemeinschaft, die Rechtsprechung des europäischen Gerichtshofes und durch weitgreifende Aktivitäten und Wirksamkeiten der internationalen Organisationen.

Diese Häufung von Vielgestaltigkeit geht im Einzelnen einher mit außerordentlich tiefgreifenden Problemstellungen für jeden einzelnen, so zum Beispiel durch die mit der Gentechnologie und der Organverpflanzung einhergehenden Fragen.

Die Frage ist, wie dies nun alles rechtsphilosophisch bewältigt wird?

Ein Blick in die Literaturkataloge scheint auf eine durchaus passable Lage zu treffen[20], ein weiterer in die Ausbildungsprogramme weckt da doch eher schon Skepsis. In diesen ist die Rechtsphilosophie doch zur Nebensache geworden. Teilweise wird sie an manchen Fakultäten über Jahre hinweg nicht gelehrt. Dort, wo dies der Fall ist, werden die Veranstaltungen nur von vergleichsweise wenigen besucht. Die Rechtswissenschaft selbst ist überwiegend einseitig normorientiert und vermittelt Normenkenntnisse. Sie hinterfragt sich insgesamt nur selten und wenn, dann mehr punktuell.

Geht man von dieser mehr quantitativen Betrachtung weg und fragt nach den behandelten rechtsphilosophischen Inhalten, so wird eines zunächst deutlich: Es gibt einerseits die deutscher Wissenschaftstradition entsprechende Behandlung und Darstellung der Rechtsphilosophie in historisch-systematischer Sicht, vor allem ganz in der Nachfolge Kants. Es gibt dann aber andererseits zunehmend eine diese Traditionslinie nicht bloß ergänzen, sondern mehr verdrängen wollende analytische, institutionelle und strukturell-systematische Richtung, die mehr die Form des Rechts ergreift. Diese analytische Richtung, die gegenwärtig dominant zu sein scheint, hat natürlich ihren Grund und Antrieb in der ungeheuer angewachsenen Fülle des Rechtsstoffes, der rational bewältigt werden muß. Das kann aber offenbar nicht dazu führen, daß die Rechtsphilosophie in ihrer klassischen Gestalt beiseite gelegt wird. Ausdrücklich wird ausgesprochen, daß die alten Kategorien von Form und Inhalt, Objektivität und Subjektivität tot und unbrauchbar, eine Denkart von gestern seien, daß nur noch Struktur und Funktion etwas zu gelten hätten. Wird diesen Vertretern mit Kant entgegengehalten, daß zwischen den beiden Eigenschaften des Menschen, einmal sinnliche Vorstellungen zu empfangen und zum anderen den Gegenstand sinnlicher Anschauung zu denken, keine der anderen vorzuziehen ist, wird von ihm noch zitiert: "Ohne Sinnlichkeit würde uns kein Gegenstand gegeben, und ohne Verstand keiner gedacht werden. Gedanken ohne Inhalt sind leer, Anschauungen ohne Begriffe sind blind",[21] dann überzeugt das die Kritisierten deshalb kaum, weil sie meinen, daß eben dorthin nicht zurückgekehrt werden könnte.

"Theorieselektion und Theoriesubstitution werden als selbststeuernde Systemrationalität" charakterisiert, eine Theorie, die im Rahmen der kantischen Philosophie argumentiert, läuft damit Gefahr, als "geradezu heillos rückständig zu scheinen", als abzulehnendes Neo-Naturrecht.[22] Gegenüber einer solchen Denkrichtung versagt dann sowohl die von Arthur Kaufmann wiederholt erhobene Mahnung: "Es gibt kein Zurück hinter *Kant* mehr.",[23] als auch jegliche Bemühung, die geistigen Quellen überhaupt aufzuspüren, die uns eigen sind und eigen sein müssen und wofür Hermann Klenner so außerordentlich viel getan hat.

Schlägt hier nicht ein Diskontinuitätsdenken durch, das uns gar nicht so fremd ist und von dem wir wissen, welch wenig heilvolle Wirkungen von ihm ausgegangen sind?

4. *Schlußbemerkung*

Philosophie, Soziologie und Analytik stehen in den genannten drei Zeitaltern offenbar in einer Abfolge unterschiedlicher Betonung und Rangigkeit. Das kann aber nicht alternativ, einander ablösend, sondern nur ergänzend begriffen werden.

Es ist also nicht so, daß die eine Gestalt durch die andere verdrängt, abgelegt und archiviert wird, ähnlich wie bei geologischen Schichten und Erdzeitaltern, die dann nur noch für die Erkundung des einst Gewesenen von Interesse sind.

Alle drei sind aufgerufen, Rechtsphilosophie, Rechtssoziologie und Rechtsdogmatik, Gegenwärtiges und Künftiges gestalten zu helfen und zwar in ihrer inneren Verbundenheit und Widersprüchlichkeit, in einem deutlichen Zugriff auf die zur allgemeinen Bewältigung anstehenden Probleme.

Dazu noch wenige Bemerkungen. Bekannt ist, daß die Menschenrechte der ersten Generation oder Dimension zusammenfallen mit der klassischen Rechtsphilosophie.[24] (Der Unterschied zwischen Grund- und Menschenrechten ist darin zu sehen, daß die ersteren eine innerstaatliche, die zweiten eine innerstaatliche und völkerrechtliche Garantie gefunden haben, wobei die Tendenz des Zusammenwachsens beider Seiten gerade im Verlaufe der letzten Jahrzehnte unverkennbar ist.) Die des ersten Entwicklungsabschnittes sind die klassischen bürgerlichen Freiheitsrechte, wie sie in den Deklarationen vor 200 Jahren in Erscheinung treten. Freiheit und Gleichheit sind die Kennmarken. Die der zweiten Dimension sind diejenigen, die mit der sozialen Frage in die Diskussion kommen, es sind dies die oft auch als *die* sozialen Grund- und Menschenrechte bezeichneten Rechte, häufig genug auch besonders zusammengefaßt und gefordert. Arbeit, Bildung und Wohnung sind die Hauptkriterien.

Die der dritten Dimension oder Generation sind die schon genannten Rechte auf Frieden, Sicherung einer lebenswerten Umwelt, allgemeiner Teilnahme aller Menschen und Völker und ihrer Selbstbestimmtheit.

Ebensowenig wie gesagt werden kann, daß es eine Ablösung der einen Rechte durch die der nachfolgenden Generation gibt, läßt sich behaupten, daß die früheren schon erfüllt und damit historisch schon erledigt sind. Hier gibt es viel Disparates.

Dieses "abschneidende" Argument hat sich bekanntlich verhängnisvoll ausgewirkt.

Auch läßt sich in ihnen keine solche hierarchische Ordnung feststellen, wonach die Menschenrechte der ersten Dimension womöglich weniger wichtig als die der zweiten und dritten sind, wie auch in einer anderen Reihenfolge. Eine Verletzung der einen zieht zwangsläufig eine Nichtachtung der anderen nach sich. Das dürfte auch eine Erkenntnis aus unserer unmittelbaren Geschichte sein.

Rechtsphilosophie heute ist gefragt nach dem inneren, widerspruchsvollen Zusammenhang der Grund- und Menschenrechte aller drei Dimensionen. Gefragt dabei nach dem springenden Punkt, so läßt sich sicher allgemein antworten, daß er in der Tätigkeit, den Handlungen der Menschen liegt. Hatte schon die klassische Philosophie diesen Handlungsansatz, eben als das Seinsollende bemüht, ist er auch in besonderer Weise in der Rechtssoziologie der Jahrhundertwende feststellbar, der allerdings von der Rechtswissenschaft im allgemeinen zugedeckt wurde, schon allein durch die entsprechende rechtsdogmatische Systematisierung, so erweitert er sich heute in eine neue, globale Dimension. Er könnte auch unter dem Stichwort "Demokratie" gefaßt werden.

Nehmen wir eine oder die wesentliche Seite dieser Tätigkeit, die Arbeit. Bekannt ist, daß sie in der klassischen Philosophie nicht nur eine marginale Rolle spielt,[25] besonders bei Hegel, der das Problem der Arbeit unter dem Gesichtspunkt der "Entzweiung", der *"entzwei gebrochene(n) Wirklichkeit"* aufwarf, mit dem Ziele, "in der Arbeit und in dem Genusse zum Gefühle seiner Selbständigkeit (zu) gelangen."[26] Und in seinem großen Jenenser Naturrechtsaufsatz ist zu lesen, daß die physischen Bedürfnisse und Genüsse, "in ihren unendlichen Verwicklungen *einer* Notwendigkeit gehorchen und das System der allgemeinen gegenseitigen Abhängigkeit in Ansehung der physischen Bedürfnisse und der Arbeit und Anhäufung für dieselben [...] das System der sogenannten politischen Ökonomie bilden."[27]

Dieser Gedanke wird in der Rechtswissenschaft nach der Jahrhundertwende, und zwar auf dem Wege über Marx, in den Grundlegungen zum Arbeitsrecht lebendig, und zwar sowohl bei Max Weber als auch bei Philipp Lotmar und Hugo Sinzheimer, also bei Vertretern der soziologischen Rechtswissenschaft. Letzterer schreibt: "Das Vermögen ist die sachliche Grundlage des menschlichen Lebens, es gehört zur Welt der Dinge, die keinen Zweck in sich haben, deren Bestimmung darin besteht, dem Menschen ein Mittel zu sein. Die Arbeitskraft ist die persönliche Grundlage des menschlichen Lebens, sie gehört zur Welt der geistigen Wesen, die eigene Zwecke haben, deren Bestimmung nicht darin aufgehen kann, nur Mittel für fremde Zwecke zu sein." Dann unter Verweis auf Kant, im Reiche der Zwecke habe alles entweder einen Preis oder eine Würde. Der Mensch habe Würde, die Würde aber diene jeder Maxime zur einschränkenden Bedingung aller bloß relativen und willkürlichen Zwecke.[28]

So wird hier schon etwas fortgeführt und lebendig erhalten, was seit der klassischen deutschen Philosophie unter den Stichworten der Selbstbestimmung und Selbstgesetzgebung des Menschen zum allgemeinen geistigen aber noch längst nicht realisierten praktischen Bestand der Menschheit wurde. Diese Frage nach der Autonomie des Menschen, seiner Würde, danach, ob er ein homo sui juris oder alieni juris ist und bleiben soll, ist eine elementare Problemstellung, die heute weitergehendere, schon angedeutete Dimensionen erlangt hat, der sich jegliche Rechtsphilosophie verpflichtet fühlen muß, will sie auf der Höhe der Zeit sein.

Hermann Klenner hat sich darum bemüht.

Anmerkungen

1 Kant, I., Idee zu einer allgemeinen Geschichte in weltbürgerlicher Absicht. In: I. Kant, Rechtslehre. Schriften zur Rechtsphilosophie, Hg. H. Klenner, Berlin 1988. S. 200.

2 Hegel, G.W.F., Grundlinien der Philosophie des Rechts oder Naturrecht und Staatswissenschaft im Grundrisse, Hg. H. Klenner, Berlin 1981, S. 74 (Paragraph 40).

3 Fichte, J.G., Die Staatslehre oder über das Verhältnis des Urstaates zum Vernunftreiche. In: Sämtliche Werke, Bd. 4, Leipzig o.J., S. 369 ff. (411, 432); ders., Beiträge zur Berichtigung der Urteile des Publikums über die französische Revolution. In: Sämtliche Werke, Bd. 6, Leipzig o.J., S. 39 ff. (81); ders., Exkurs zur Staatslehre. In: Sämtliche Werke, Bd. 7, Leipzig o.J., S. 574.

4 Schiller, F., Über die ästhetische Erziehung des Menschen in einer Reihe von Briefen (1795). In: Gesammelte Werke, Bd. 8, (25. Brief), S. 495-496.

5 Vgl. Maine, H. In: Sociology of Law. Hg. V. Aubert, London 1969, S. 30.

6 Marx, K./F. Engels, Die heilige Familie. In: MEW, Bd. 2, S. 123. Vgl. auch dieselben, Die deutsche Ideologie. In: MEW, Bd. 3, S. 190, 309.

7 Siehe hierzu Haney, G., Rechtsphilosophie und Geschichte oder: Zur Formbestimmtheit der Vernunft. In: Deutsche Zeitschrift für Philosophie, 1988, H. 10, S. 919 ff. Dieser Beitrag, gehalten im Januar 1988 auf der philosophiehistorischen Veranstaltung in Leipzig, durfte infolge Einspruchs Leitender zunächst nicht zusammen mit den übrigen Plenarbeiträgen erscheinen. Siehe Deutsche Zeitschrift für Philosophie, 1988, H. 6, dafür wurde eine Beitrag abgedruckt, der nicht gehalten worden war.

8 Siehe dazu insbesondere Klenner, H., Hegels Rechtsphilosophie - Zeitgeist oder Weltgeist? In: M. Buhr/T.I. Oiserman (Hg.), Vom Mute des Erkennens, Berlin 1981, S. 260 ff.; ders., Preußische Eule oder gallischer Hahn? Hegels Rechtsphilosophie zwischen Revolution und Reform. In: Sitzungsberichte d. Akad. d. Wiss. d. DDR, Berlin 1982; G. Haney, Recht und Staat - totalreflektierende Prismen im Geschichtsverständnis der Klassik. In: E. Lange (Hg.), Philosophie und Geschichte. Collegium Philosophicum Jenense, Weimar (1983) 4, S. 213 ff.

9 Radbruch, G., Rechtsphilosophie, 8. Aufl., Stuttgart 1973, S. 110.

10 Vgl. hierzu Haney, G., Vom Privilegium zum Recht. In: ARSP 1990, LXXVI/H. 3, S. 285 ff.

11 Das ist nicht nur an den großen Philosophen wie Kant, Fichte und Hegel demonstrierbar, sondern auch an vielen Naturrechtssystemen des 18. Jahrhunderts, in denen im Interesse sozialer Veränderung strikt zwischen Naturwirkung und freier Handlung unterschieden wird. So ist es für Reinhold eine Grundwahrheit, *"daß der Mensch nicht alles darf, was er kann, aber daß er alles kann, was er soll"*. Reinhold, C.L., Verhandlungen über die Grundbegriffe und Grundsätze der Moralität, Lübeck/Leipzig 1798, S. 169.

Und jetzt an der Wende zum 20. Jahrhundert kommt erneut das Handlungsproblem in den Mittelpunkt, was an der Habilitationsschrift von Radbruch (1903) ebenso feststellbar ist wie an Max Weber, für den Gesellschaften die Beziehungen von sozial handelnden Menschen sind.

12 Feuerbach, P.J.A., Brief an seinen Sohn Eduard v. Sept. 1832. In: L. Feuerbach, Gesammelte Werke, Hg. W. Schuffenhauer, Bd. 12, Berlin 1976, S. 581.

13 Menger, A., Die sozialen Aufgaben der Rechtswissenschaft. Antrittsrede bei der Übernahme des Rektorats 1895, 2. Aufl., Wien/Leipzig 1905, S. 9/10. Diese Rede wurde ins Französische, dreimal ins Russische und ins Spanische übersetzt.

14 Fuchs, E., Juristischer Kulturkampf, Karlsruhe 1912, S. 101; H. Kantorowicz, Zur Lehre vom richtigen Recht, Berlin/Leipzig 1908, S. 8. - Der historischen Rechtsschule gelte das Recht der Einwirkung des Menschen entzogen, deshalb sei das Nachdenken über ein seinsollendes Recht für sie unwissenschaftliche Träumerei. Bei dem weiteren großen Vertreter der "Freirechtsschule", die zugleich den Auslöser gab für eine wirklichkeitsnähere, soziologische Rechtsauffassung, in deren Mittelpunkt die soziale Frage stand, bei Eugen Ehrlich, schwankt das Urteil. Für ihn war die historische Schule sogar so etwas wie Soziologie gewesen, während er zugleich das abgelehnte BGB als Frucht dieser Schule ansah. Vgl. E. Ehrlich, Gesetz und lebendes Recht. Beiträge von 1891-1922, Hg. M. Rehbinder, Berlin 1984, S. 192.

15 Reinhold, C.L., Briefe über die Kantische Philosophie, Leipzig 1924 (von R. Schmid zum Kant-Jubiläum 1924 neu herausgegeben nach ihrer Publikation im Jahre 1790) sagt, daß der Parteienstreit in der Jurisprudenz eine historische und eine philosophische Partei habe, "wovon die eine auf Herkommen und Besitzstand, die andere auf das moralische *Sollen* zu bauen bemüht ist. Ihr Kampf breitet sich von Zeit zu Zeit über mehrere und wichtigere Gegenstände aus, betrifft dermalen nichts Geringeres als die Fürstenrechte überhaupt, die Rechtmäßigkeit der Todesstrafen, der Leibeigenschaft, des Sklavenhandels u.dgl.m.", S. 60. Historische Rechtsschule und philosophische Partei sind also kein bloß oberflächlicher Schulenstreit, sondern reflektieren wesentlich soziale Interessen im Verständnis der Zeitgenossen.

16 Dies meinte er auf der Veranstaltung im ZiF in Bielefeld am 6.9.1990 in seinem Einführungsreferat zur Rechtsphilosophie der Wilhelminischen Ära zu den Neo-Philosophemen der Jahrhundertwende.

17 Siehe hierzu Hassemer, W., Symbolisches Strafrecht und Rechtsgüterschutz. In: Neue Zeitschrift für Strafrecht, 1989, H. 12, S. 553 ff. und die dort aufgeführte zahlreiche Literatur auch zur symbolischen Gesetzgebung überhaupt.

18 Vgl. Müller, E., Gesetzgebung im historischen Vergleich. Rechtspolitische Texte, Hg. A. Görlitz/R. Voigt, Bd. 3, Pfaffenweiler 1989.

19 Siehe hierzu Blankenburg, E. u.a., Mögliche Entwicklungen im Zusammenspiel von außer- und innergerichtlichen Konfliktregelungen. In: Speyerer Forschungsberichte, Nr. 88, 2 Bde., Speyer 1990. Ferner zum internationalen Vergleich E. Blankenburg (Hg.), Prozeßflut? Indikatorenvergleich von Rechtskulturen auf dem europäischen Kontinent. Rechtstatsachenforschung, hg. v. Bundesministerium der Justiz (D. Strempel, Köln: Bundesanzeiger 1989).

20 Kaufmann, A./W. Hassemer (Hg.), Einführung in die Rechtsphilosophie und Rechtstheorie der Gegenwart, 5. Aufl., Heidelberg 1989, nennen über 50 Titel aus der Gegenwart unter dem Rubrum "Rechtsphilosophie", S. 22-24, darunter auch Titel, die sich mit Methodenlehre, Rhetorik und Normtheorie beschäftigen.

21 Kant, I., Kritik der reinen Vernunft, WW, Bd. III, Frankfurt a. M. 1968, S. 97/98 (B75).

22 Siehe hierzu die Debatte zwischen Krawietz und Dreier. W. Krawietz, Neues Naturrecht oder Rechtspositivismus? Eine kritische Auseinandersetzung mit dem Begriff des Rechts bei Ralf Dreier und Norbert Hoerster. In: Rechtstheorie, (1987) 18, S. 209-254. R. Dreier, Neues Naturrecht oder Rechtspositivismus? In: Erwiderung auf Werner Krawietz. In: Ebenda, S. 368-385.

23 Kaufmann, A., Rechtsphilosophie in der Nach-Neuzeit. Abschiedsvorlesung, Heidelberg 1990, S. 8.

24 Vgl. hierzu Riedel, E., Menschenrechte der dritten Dimension. In: EuGRZ, (1989) 1/2, S. 9 ff. und die dort angegebene Literatur.

25 Kant, I., Kritik der Urteilskraft, Paragraph 43, WW, Bd. X, S. 238, unterscheidet zwischen Kunst und abhängigem Handwerk, letzteres nennt er Lohnkunst, d.i. "Beschäftigung, die für sich selbst unangenehm (beschwerlich), und nur durch ihre Wirkung (z.B. den Lohn) anlockend ist, mithin zwangsmäßig auferlegt werden kann." Ders. über Pädagogik, WW, Bd. XII, S. 730. "Der Mensch ist das einzige Tier, das arbeiten muß". Siehe ferner die Auslassungen von Fichte, der nachdrücklich forderte: "Kein Mensch auf der Erde hat das Recht, seine Kräfte ungebraucht zu lassen und durch fremde Kräfte zu leben." J.G. Fichte, Beiträge zur Berichtigung der Urteile des Publikums über die französische Revolution. In: Sämtliche Werke, Hg. J.H. Fichte, 3. Abt., 1.Bd., Leipzig o.J., S. 188.

26 Hegel, G.W.F., Phänomenologie des Geistes, Berlin 1964, S. 165. Schon in seiner Schrift "Differenz des Fichteschen und Schellingschen Systems der Philosophie", seiner ersten philosophischen Arbeit (1801) findet sich dieser Grundgedanke, der sich durch viele seiner Arbeiten hindurchzieht.

27 Hegel, G.W.F., Über die wissenschaftlichen Behandlungsarten des Naturrechts, seine Stelle in der praktischen Philosophie und sein Verhältnis zu den positiven Rechtswissenschaften. In: Werke, a.a.O., Bd. 2, S. 482.

28 Sinzheimer, H., Grundzüge des Arbeitsrechts, 2. Aufl., Jena 1927, S. 8; Siehe I. Kant, Grundlegung zur Metaphysik der Sitten, WW, Bd. VII, a.a.O., S. 68-72; ferner I. Kant, Metaphysik der Sitten, WW, Bd. VIII, a.a.O., S. 600 f.

KARL-HEINZ SCHÖNEBURG

Vom Recht des Menschen auf Widerstand

> *"Was geprügelt zu werden das passive Recht hat, ist eine Kanaille."* (Hegel)

Ich bin Hermann Klenner (HK) seit 40 Jahren verbunden. In unterschiedlichen Zeitläuften. Mit nicht immer übereinstimmenden Haltungen. Aber aufs Ganze gesehen: in Freundschaft, die zugleich Streitgenossenschaft war; die Lernen voneinander war; die den Mut zur Kritik und Selbstkritik an dogmatischen Positionen einforderte; die die Korrektur von Idealen und Utopien einschloß, ohne sich von diesen jemals zu verabschieden.

Wenn ich diese - durchaus widersprüchliche und daher produktive - wissenschaftliche Gemeinsamkeit rückblickend betrachte, so macht mich eines zwar nicht stolz, aber doch selbstbewußt: Sie war mehr und mehr dadurch bestimmt, mit wissenschaftlichen Produktionen und Haltungen Widerstand gegen stalinistische Verkehrungen des Marxismus zu artikulieren und damit - direkt und indirekt, offen oder verfremdet, nicht immer frei von Opportunismus und Anpassung - gegen darauf basierende politische und rechtliche Systeme und Institutionen anzutreten.

Dies hat mich dazu gebracht, an diesem Tage einige Anmerkungen zum Recht des Menschen auf Widerstand zu formulieren.

I.

Seitdem Menschengesellschaften politisch-staatlich organisiert sind, befassen sich Individuen und Gruppen, Herrschende und Beherrschte praktisch und theoretisch mit der Frage: Gibt es ein Recht des Menschen auf Widerstand gegen staatliche Gewalt?

Für Volkssouveränität und demokratischer Rechtsstaatlichkeit verpflichtete Rechtsphilosophen wie für streitbare Juristen war und ist ein Menschenrecht auf Widerstand historisch und juristisch nur unter zwei grundsätzlichen Bedingungen legitim:

Erstens: Wenn ein Staat den Fortschritt zu einer Gesellschaft, in der die Würde und Freiheit des Menschen erkennbare Basis des Zusammenlebens wird, mittels seines Gewaltmonopols zu verhindern versucht.

Zweitens: Wenn staatliche Organe und Träger staatlicher Exekutivgewalt der Arroganz und Korruption, die von jeder Art staatlicher Macht ausgehen, unterliegen und gegen Rechte souveräner Menschen handeln.

Es ist hier nicht möglich, die unendliche und großartige Traditionslinie rechtsphilosophischen Nachdenkens über das Menschenrecht auf Widerstand detailliert zu belegen. Daher nur einige wenige Hinweise.

Natürlich kann man sich nicht an dem revolutionären Demokraten Jean-Jaques Rousseau vorbeidrücken. In seinem "Contrat social" des Jahres 1762 argumentiert der Genfer Bürger Rousseau: Wenn eine staatliche Macht die volontée générale nicht befolgt, sie verletzt, sie beschränkt, ihr entgegenwirkt, dann hat das Volk ein Recht auf Widerstand gegen diese unrechtmäßige Gewaltanwendung. Rousseau bringt zum Ausdruck, daß die Regierung eines Staates am ehesten dazu neigt, die Macht zu mißbrauchen. Er hat dabei in erster Linie, aber nicht nur die Feudalstaaten seiner Zeit im Auge: "Wie der Wille des einzelnen unaufhörlich dem Gemeinwillen entgegenstrebt, so wirkt auch die Regierung dauernd der Staatsgewalt (das heißt der Volkssouveränität, K.-H. Sch.) entgegen. Je heftiger der Druck ist, um so mehr leidet die Verfassung. Da es keinen anderen kollektiven Willen gibt, der dem Fürsten Widerstand bieten und ihm das Gleichgewicht halten könnte, muß der Fürst früher oder später den Träger der Staatsgewalt (das Volk, K.-H. Sch.) unterdrücken und den Gesellschaftsvertrag brechen. Das ist der unvermeidliche Fehler, der dem Staatskörper seit seiner Entstehung anhaftet, unablässig auf seine Zerstörung hinarbeitet, ebenso wie Krankheit und Tod schließlich den menschlichen Körper zerstören."[1] Daraus folgt für Rousseau die Notwendigkeit, die Handlungen der Regierung ständig durch den Souverän, das Volk, zu kontrollieren. Man dürfe es den staatlichen Organen - und das sind Regierung, Parlament und Justiz - durch "öffentliche Ruhe", durch Schweigen nicht leichtmachen, die Volkssouveränität zu verletzen. Ein derartiges Schweigen werde von den staatlichen Organen stets "als Einwilligung zu ihren Gunsten ausgelegt". Mit großer Scharfsicht erkennt Rousseau: "Mit diesem einfachen Mittel reißen alle Regierungen der Welt, sobald sie erst mit der öffentlichen Gewalt betraut sind, früher oder später die Staatsgewalt an sich."[2] Rousseau fordert als Gegenmittel dazu eine die Interessen des Volkes widerspiegelnde Gesetzgebung, Verfassung. Das Volk fungiert dann immer als der oberste Hüter der Verfassung, das heißt seiner eigenen Rechte.

Als Jakobiner und Sansculotten in der Großen Revolution der Franzosen darangingen, Rousseaus Auffassungen in staatliche Praxis umzusetzen, brachte dies durch Erfolge und Mißerfolge erheblichen Erkenntnisgewinn hinsichtlich des volkssouveränen Menschenrechts auf Widerstand. Volkssouveränität erforderte für die Sansculotten, daß sich das politische Leben vor aller Augen, also im Angesicht des souveränen Volkes abzuspielen habe. Dies galt für Verwaltungsapparate genauso wie für Parlamente und Justizorgane. Es müsse überall öffentlich gearbeitet werden, denn die Öffentlichkeit sei ein "Schutzschild des Volkes". In einer Stellungnahme aus dem Jahre 1792 ist zu lesen: Die Sitzungen staatlicher Organe müssen "öffentlich durchgeführt werden, damit das Volk diejenigen, die nur für sein Wohl wachen und handeln, von jenen zu unterscheiden lernt, die sich seines Vertrauens nur bemächtigen, um ihrem Ehrgeiz und ihren Launen zu frönen".[3]

In der Jakobinerzeit der Französischen Revolution wurde das erste Mal vor den Augen der Welt deutlich, daß zwischen zentralen staatlichen Organen und den Formen lebendiger Demokratie, den Formen von Selbstorganisation des Volkes notwendigerweise Widersprüche existieren und - wenn es Fortschritt geben soll, im Interesse des Glücks, der Existenzsicherheit und der Freiheit des Volkes gelöst werden müssen. Als in Frankreich 1793/94 die Zentralregierung der Jakobiner die demokratischen Basisorganisationen des Volkes reglementierte und schließlich mehr oder weniger erstickte, war dies der Tod der demokratischen Revolution. Auch in dieser Frage gilt, daß der Widerstand des Volkes gegen Entscheidungen der Zentralregierung, die die elementaren Interessen der Menschen verletzen, notwendiges Element einer auf Freiheit und Lebensglück aufgebauten Gesellschaft ist.

Das Menschenrecht auf Widerstand findet sich in den Menschenrechtsdeklarationen der Französischen Revolution in vielfältiger Weise. Als Robespierre in seiner Konventsrede vom 24. April 1793 seine Menschenrechtserklärung vorlegte, ging er unbeirrbar davon aus, daß das Volk der Souverän, die Regierung sein Werk und die öffentlichen Beamten seine Beauftragten sind. (Art. 16) Sein Mißtrauen hinsichtlich der Bindung staatlicher Organe an die volontée générale galt aber genauso den Parlamenten. Daher seine Forderung: "Die Vergehen der Volksvertreter müssen streng und sofort bestraft werden; keiner hat das Recht, sich für unantastbarer zu halten als die anderen Bürger." (Art. 32)[4] Die Konsequenz dessen war, daß Beauftragte des Volkes, ob sie nun in Parlamenten , in Regierungen oder in anderen staatlichen Organen sitzen, dem Volk über ihre Amtsführung genauestens Rechenschaft abzulegen haben. Die französischen Revolutionäre in jener Großen Revolution hatten Erfahrungen mit der Arroganz und Korruption, die von staatlicher Macht ausgeht. Deshalb spricht Robespierre unumwunden aus: "Niemals kommt das Unglück der Gesellschaft vom Volke, immer von der Regierung."[5] In allen Fällen, in denen staatliche Beauftragte, sogenannte Vertreter des Volkes in Verwaltungsapparaturen, Regierungen und Parlamenten die Rechte des Volkes verletzen, ist "Erhebung des ganzen Volkes und jedes Volksteils heiligste Pflicht". (Art. 27)[6] Und damit der Begriff Volk nicht abstrakt bleibt, damit sichtbar wird, daß das sich befreiende und befreite Individuum im Zentrum des Volksbegriffs zu stehen hat, verkündet Robespierre im Artikel 28 seiner Menschenrechtserklärung: "Wenn einem Bürger Schutz der Gesellschaft nicht zuteil wird, greift er zum Naturrecht und verteidigt selber alle seine Rechte." (Art. 28)[7] Das Widerstandsrecht des Volkes ist für die großen Revolutionäre in Frankreich Pflicht zum Handeln gegen Verletzungen der verfassungsmäßig ausgestalteten Menschenrechte.

In dieser Tradition stehen auch deutsche Jakobiner. Da ist etwa jener Karl-Friedrich Bahrdt, der 1792 in Riga sein "System der moralischen Religion" publiziert. Im Zentrum seiner Menschenrechtsauffassung steht das Recht jedes Individuums auf eine menschenwürdige Existenz. Das schließt ausdrücklich die Bildung und Veröffentlichung widerstreitender Meinungen zu allen Fragen der Zeit ein, da dies allein zu neuen gesellschaftlichen Einsichten führen kann, wie eine menschenwürdige Gemeinschaft erreichbar wird. Die Grenzen dieses Menschenrechts werden von Bahrdt außerordentlich eng gezogen: Angriffe auf die Person des oder der Regierenden, Kritik ihrer staatsmännischen Fehlleistungen fallen für ihn ausdrücklich nicht unter irgendwelche Begrenzungen von Menschenrechten. Im Gegenteil. Derartige Kritik ist notwendig als eine Äußerungsform des Widerstandsrechts und der Widerstandspflicht des Volkes gegenüber Legislativen und Exekutiven.[8]

Und schließlich ist da Johann Gottlieb Fichte. Als er 1793 seine beiden anonymen Schriften "Zurückforderung der Denkfreiheit von den Fürsten Europas" und "Beitrag zur Berichtigung der Urteile des Publikums über die Französische Revolution" der Öffentlichkeit in Deutschland übergab, wollte er, wie er wörtlich bekennt, beweisen, "daß das Recht eines Volkes, seine Staatsverfassung zu verändern, ein unveräußerliches, unverlierbares Menschenrecht" ist.[9] Er fordert das Volk, jedes einzelne Individuum auf, seine Widerstandspflicht gegen bestehende, menschenunwürdige Ordnungen wahrzunehmen: "Die Zeiten der Barbarei sind vorbei [...] wo man euch im Namen Gottes anzukündigen wagte, ihr seied Herdenvieh, die Gott deswegen auf die Erde gesetzt habe, um einem Dutzend Göttersöhnen zum Tragen ihrer Lasten, zu Knechten und Mägden ihrer Bequemlichkeit und endlich zum Abschlachten zu dienen."[10] Die von den sich befreienden Menschen zu schaffende neue verfassungsmäßige Ordnung müsse dadurch charakterisiert sein, daß keinem Menschen ein Gesetz oktroyiert werden dürfe: "Läßt er durch einen fremden Willen sich ein Gesetz auferlegen, so tut er auf seine Menschheit Verzicht und macht sich zum Tiere; und das darf er nicht."[11] Es entspricht dem von Natur gegebenen Streben des Menschen nach Kultur und Humanität, eine seinen elementaren Existenzinteressen entsprechende Verfassung herbeizuführen. Existieren Gesetze und Verfassungen, die diesem Anspruch widersprechen, so hat das Individuum das Recht und die Pflicht zum Widerstand: "Keine Staatsverfassung ist unabänderlich, es ist in ihrer Natur, daß sie sich alle ändern. Eine schlechte, die gegen den notwendigen Endzweck aller Staatsverbindung streitet, muß abgeändert werden; eine gute, die ihn befördert, ändert sich selbst. Die erstere ist ein Feuer in faulen Stoppeln, welches raucht, ohne Licht noch Wärme zu geben [...] die letztere ist eine Kerze, die sich durch sich selbst verzehrt, so wie sie leuchtet, und welche verlöschen würde, wenn der Tag anbräche."[12]

Sollten sich Inhaber von Staatsapparaturen, die diese für ihre Zwecke mißbrauchen, einer derartigen Verfassungsänderung widersetzen, dann ist für Fichte das Recht und die Pflicht des Volkes zum Widerstand gegeben. Und dieser Widerstand ist für ihn nicht nur moralisch, sondern auch juristisch gerechtfertigt, denn er ist Notwehr gegen die Regierenden, die die Rechte der Menschen mit Füßen treten. Er unterscheidet daher auch sehr genau zwischen Widerstand und Rebellion. Rebellieren kann man nur gegen einen rechtmäßigen Höheren. Deshalb ist es für Fichte eine Tautologie, von der Rebellion des Volkes zu sprechen, da dieses (außer Gott) das höchste ist. Wenn jemand das Volk denunziert, es habe gegen Regierende rebelliert, so muß für Fichte angenommen werden, daß die Regierenden Götter seien. Aber, so schlußfolgert er, dies werde "schwer zu erweisen sein".[13]

Als im 19. Jahrhundert Arbeiter sich in Europa zu organisieren begannen, setzten sie jene Traditionslinie bewußt fort. Es sei hier nur an die Erklärung der Menschen- und Bürgerrechte erinnert, die 1834 von dem "Bund der Geächteten" verkündet wurde. Diese Erklärung geht davon aus, daß der Zweck aller Gesellschaft das Glück aller ihrer Mitglieder zu sein habe. Um dies zu gewährleisten, bedürfe es für jedes Individuum der Sicherheit seiner Person; der Mittel, um leben zu können; der Möglichkeit, seine Anlagen zu entwickeln; der politischen Freiheit und des "Widerstands gegen Unterdrückung".[14]

Es ist hochinteressant, daß dieser erste Bund von Proletariern sich zu einer höchst modernen Sicherheitskonzeption bekannte. Es hieß im Artikel 4: "Die Sicherheit entspringt aus der Mitwirkung aller zum Schutze der Person und der Rechte jedes einzelnen und zur sicheren Bestrafung dessen, der sie beeinträchtigt."[15] Hinsichtlich der staatlichen Organisation der Gesellschaft geht der Bund davon aus, daß das Volk der Herrscher ist und alle staatlichen Organe in seinem Auftrag, in seinem Interesse und unter seiner Kontrolle zu wirken haben. Wie ihre demokratischen Vorfahren waren sich die Bundesbrüder darin einig, daß die Beamten dem Irrtum und der Verführung zugänglich sind. (Art. 5) Diese Menschenrechtserklärung des Jahres 1834 kulminiert folgerichtig in einem Artikel 49, der für den Fall, daß die Regierung die Rechte der Bürger verletzt, dem Volk insgesamt und jedem seiner Teile das Widerstandleisten zur heiligsten und unerläßlichsten Pflicht macht. Widerstand ist "die Schutzwehr der Rechte der Bürger".[16]

II.

Das Recht des Menschen auf Widerstand hat in der Geschichte vielfach Eingang in Verfassungen gefunden.

Natürlich ist da zunächst die französische Verfassung von 1793. Obwohl niemals in Kraft gesetzt, ist sie bis heute Symbolverfassung für alle jene geblieben, die sich um Volkssouveränität und demokratische Rechtsstaatlichkeit und - darin eingeschlossen - das Menschenrecht auf Widerstand bemühen. Der französische Konvent ging davon aus, daß das Vergessen und die Mißachtung der Menschenrechte entscheidende Ursache für das Unglück in der Welt sind. Die von ihm deklarierten Menschenrechte hatten das erklärte Ziel, "die Maßnahmen der Regierung mit dem Zweck der ganzen gesellschaftlichen Vereinigung stets vergleichen zu können, sich niemals durch die Tyrannei unterdrükken und entehren zu lassen". Nach Artikel 1 ist daher die Regierung nur dazu eingesetzt, um dem Menschen die Nutzung seiner Rechte zu verbürgen. Und Artikel 9 setzt noch den Rechtssatz darauf: "Das Gesetz soll die allgemeine und individuelle Freiheit gegen die Unterdrückung derer in Schutz nehmen, welche regieren." Wird das Recht eines Menschen willkürlich oder tyrannisch verletzt, so steht jedem Individuum das Recht zu, sich mit Gewalt dagegen zur Wehr zu setzen. Diese Position wird im Detail in der Gesamtverfassung durch entsprechende Regelungen untersetzt. Sie kulminieren schließlich im Artikel 33, der den Widerstand gegen Unterdrückung zum ausdrücklichen Menschenrecht erklärt.[17]

In der deutschen Verfassungsgeschichte ist nach den bitteren Erfahrungen mit der nazifaschistischen Diktatur das Menschenrecht auf Widerstand in unterschiedlicher Weise in Verfassungen reflektiert worden, am vorbildlichsten wahrscheinlich in der hessischen Verfassung vom 11. Dezember 1946, deren Artikel 147 unmißverständlich festlegt: "Widerstand gegen verfassungswidrig ausgeübte öffentliche Gewalt ist jedermanns Recht und Pflicht." Ebenso heißt es im Artikel 19 der Landesverfassung der Freien Hansestadt Bremen vom 21. Oktober 1947: "Wenn die in der Verfassung festgelegten Menschenrechte durch die öffentliche Gewalt verfassungswidrig angetastet werden, ist Widerstand jedermanns Recht und Pflicht."[18] Und dies wurde von den Verfassungsgesetzgebern in Hessen und in Bremen für erforderlich gehalten, obwohl da Parlamente als Vertretungen des Volkes, Gerichte als Hüter der Gesetzlichkeit und Verwaltungs- und Verfassungsgerichte eingerichtet worden waren. Mit anderen Worten: Das Widerstandsrecht und die Widerstandspflicht des Volkes werden in einem der Volkssouveränität verpflichteten Verfassungsdenken nicht durch parlamentarisch-repräsentative oder justitielle Organe absorbiert. Im Gegenteil: Widerstandsrecht und Widerstandspflicht sind Kontrolle und Garantie für das Wirksamwerden aller staatlichen Organe entsprechend den Interessen des souveränen Volkes, das heißt der selbstbewußten und sich befreienden Menschen in der Gesellschaft.

Es ist sicherlich nicht verfehlt, in jenen Regelungen auch Erkenntnisgewinn aus den Erfahrung mit der Weimarer Verfassung auszumachen. Es darf daran erinnert werden, daß immerhin Gewerkschaften und sozialistische Parteien 1920 durch ihren Widerstand in Form des Generalstreiks und anderer Maßnahmen die junge Republik gegen die Kapp-Putschisten mit Erfolg verteidigt haben. Andererseits war aber auch nicht vergessen, daß 1932 nach dem Staatsstreich Papens eben dieser Widerstand ausblieb und damit die Republik ihren Henkern überantwortet wurde. Ähnliches geschah im Januar 1933, als die Hitlerfaschisten die staatliche Macht usurpierten.

Die Verfassung der DDR vom 7. Oktober 1949 hatte das Widerstandsrecht des Volkes schon erheblich eingeschränkter und zaghafter als in Hessen und Bremen formuliert. Übrigens war in den von der SED am 19. September 1946 veröffentlichten "Grundrechten des deutschen Volkes" der Terminus Widerstand nicht zu finden, obgleich damals antifaschistische Widerstandskämpfer an der Ausarbeitung dieses Dokuments führend beteiligt waren. Der Artikel 3 der DDR-Verfassung von 1949 fixierte die Volkssouveränität recht wenig basisdemokratisch, indem zum Beispiel der Absatz 3 das Mitbestimmungsrecht der Bürger auf die Teilnahme an Volksbegehren und Volksentscheiden, auf die Ausübung des aktiven und passiven Wahlrechts sowie auf die Übernahme öffentlicher Ämter in Verwaltung und Rechtsprechung konzentrierte. Der Artikel 4 der Verfassung rezipierte dann das Widerstandsrecht des Volkes, allerdings in einer spezifischen Weise. Es wurde verkündet: "Gegen Maßnahmen, die den Beschlüssen der Volksvertretung widersprechen, hat jedermann das Recht und die Pflicht zum Widerstand." In der DDR-Verfassung des Jahres 1968 ist das Wort Widerstand ganz ausgetilgt. Dies entsprach den stalinistischen Denkweisen und Vorbildern der Väter dieser Verfassung.

In der politischen Wirklichkeit der DDR wurde bis zum Oktober 1989 jede Art von Widerstandsrecht unterdrückt und strafrechtlich diskriminiert. Der Artikel 4 der Verfassung von 1949 fand niemals Anwendung. Es ist allerdings auch nicht darüber hinwegzusehen, daß es nicht genügt, das Widerstandsrecht nur gegen staatliche Handlungen, die den Beschlüssen des Parlaments widersprechen, zuzulassen. Nicht nur die Geschichte der ehemaligen DDR beweist unübersehbar, daß auch Parlamente Verfassungen und Menschenrechte mit Füßen treten können, also Widerstandsrecht und Widerstandspflicht des Volkes gegen diese Parlamentsentscheidungen Volkssouveränität zu garantieren in der Lage sind. Die friedlichen Widerstandshandlungen im Oktober und November 1989 in der damaligen DDR sind dafür wohl eindringlichster Beweis. Es ist deshalb - dies sei nur der Vollständigkeit halber vermerkt - nicht zu verstehen, weshalb die Verfassung des Runden Tisches, in der zahlreiche Erfahrungen der Menschenrechtsbewegung in und außerhalb der DDR, der friedlichen Demonstranten gegen das verkrustete bürokratische Machtsystem der DDR Eingang gefunden haben, das Recht und die Pflicht des Volkes zum Widerstand gegen Verletzungen der Verfassung und der Menschenrechte nicht aufgenommen hat.

Das Grundgesetz der BRD hat ein Widerstandsrecht des Volkes nicht ausdrücklich in seinem Normenkatalog reflektiert. Allerdings haben Staatsrechtslehrer wie mein Freund Wolfgang Abendroth mit gewichtigen Gründen unterstrichen, daß der Artikel 20 des Bonner Grundgesetzes, der den deutschen Staat als "demokratischen und sozialen Bundesstaat" definiert, in dem alle Staatsgewalt vom Volke ausgehe, das Widerstandsrecht des Volkes nicht aus-, sondern einschließt.[19] Interessanterweise hat die am 1. September 1950 verkündete Verfassung von Berlin, die sich durchaus als im Einklang mit jenem Grundgesetz betrachten kann, in ihrem Artikel 23 normiert: "Werden die in der Verfassung festgelegten Grundrechte offensichtlich verletzt, ist jedermann zum Widerstand berechtigt."[20]

Dies hat jedoch beispielsweise das Bundesverfassungsgericht nicht daran gehindert, gelegentlich des Verbotsprozesses gegen die KPD im März 1955 zu erklären: "Das Bonner Grundgesetz verleiht in wesentlich weiterem Umfange als die Verfassungen anderer demokratischer Staaten über die parlamentarische

Kontrolle hinaus die Möglichkeit, gegen etwaige Verfassungsbrüche - welchen Ausmaßes auch immer - oder gegen verfassungswidrige Handlungen eines Verfassungsorgans, sogar des Gesetzgebers selbst, in einem gerichtlichen Verfahren vorzugehen. Solange diese Gerichtsbarkeit unbehindert in Anspruch genommen werden kann, ist ein Widerstandsrecht für jedermann, auch für politische Parteien, schlechthin ausgeschlossen."[21]

Also: Rechtsweg anstatt Widerstandsrecht! Wolfgang Abendroth hat damals begründet darauf verwiesen, eine derartige Position könne dazu führen, daß durch obrigkeitsstaatliche Machtverschiebungen die Demokratie zerstört wird, ohne daß dies durch das unmittelbar handelnde Volk verhindert werde: "Das Verfassungsgericht kann also die Pflichten , die ihm das Grundgesetz aufbürdet, im Falle einer groben Verfassungsverletzung praktisch nur dann erfüllen, wenn die demokratischen Kräfte in der Bevölkerung ihre Widerstandspflicht kennen und sie sofort betätigen."[22]

Im Zusammenhang mit den Notstandsgesetzen ist dann eine deformierte Fassung des Widerstandsrechts in das Bonner Grundgesetz eingefügt worden. Dem Artikel 20 wurde folgender Absatz 4 beigefügt: "Gegen jeden, der es unternimmt, diese Ordnung zu beseitigen, haben alle Deutschen das Recht zum Widerstand, wenn andere Abhilfe nicht möglich ist." An dieser 'Ergänzung' des Bonner Provisoriums ist vielerlei bemerkenswert teutschobrigkeitsstaatlich. Aus dem *Menschenrecht* auf Widerstand wird ein Recht ausschließlich der Deutschen. Rechtsradikale und Neofaschisten werden sich dafür dankbar zeigen, denn die Angriffsobjekte ihrer nationalistisch viehischen Handlungen haben ja per Grundgesetz den Status wehrloser Opfer erhalten. Und: Nicht die menschenrechtsverletzende staatliche Obrigkeit ist Adressat des Widerstandes, sondern "jeder", der die bestehende Ordnung verletzt. Aus dem Widerstandsrecht gegen verfassungswidrige öffentliche Gewalt wird eine "teutsche" Form des catch - as - catch - can!

III.

Widerstandsrecht des Volkes hat viele Formen, aber auch genausoviele Formen seiner Unterdrückung: politische, justitielle, bürokratische, medienpolitische, wissenschaftliche.

Es wäre wirklichkeitsfremd, sie nicht zu sehen. Ohne Zweifel: Es gab bis heute nicht wenige deutsche Richter, Staatsanwälte, Rechtsanwälte und Rechtswissenschaftler, die sich mit ihren Urteilen, Ermittlungen, Verteidigungshandlungen vor Gericht und rechtswissenschaftlichen Publikationen als Fürsprecher und Akteure des Widerstands einen Namen gemacht haben. Es wäre ungerecht, hier nur einige wenige von ihnen exemplarisch hervorheben zu wollen. Sie alle haben mittels Recht und gegen den politischen Mißbrauch von Recht ihre Widerstandspflicht wahrgenommen. Sie standen als "streitbare Juristen" ihren eigenen Standesmitgliedern gegenüber, die immer wieder das Recht zur

Magd von Politik herabwürdigten. Und da waren und sind ganz eigenartige Kontinuitäten feststellbar. Da meldet sich etwa 1990 ein Herr Carl Hermann Ule zu Wort, um Richter, Beamte und Rechtswissenschaftler der ehemaligen DDR - gleichsam in Wahrnehmung seiner rechtsstaatlichen "Widerstandspflicht" - in Bausch und Bogen zu verdammen, obwohl er exponierter nazifaschistischer Akteur war. Seine Habilitationsschrift des Jahres 1940 (!) zum Thema "Herrschaft und Führung im nationalsozialistischen Reich" belegt, wie er den damaligen Machtanspruch der NSDAP scheinwissenschaftlich legitimierte und die "jüdischen" Staatsrechtler Hermann Heller, Hans Kelsen und Erich Kaufmann - ganz im Sinne seines faschistischen Lehrmeisters Carl Schmitt - wegen ihrer "jüdischen Denkart" denunzierte. C.H. Ule hat sich bis heute nicht von seiner faschistischen Vergangenheit distanziert. Im Gegenteil: Noch im Jahre 1982 lobpreist er jenes nazifaschistische Beamtenrecht, mit dem Juden, Kommunisten, Sozialisten und aufrechte Demokraten aus der deutschen Beamtenschaft ausgemerzt wurden.[23]

Es kann auch nicht daran vorbeigegangen werden, wie deutsche bundesrepublikanische Richter mit Naziverbrechern und deren Widerstand leistenden Opfern umgegangen sind. Bis heute wurde kein NS-Richter von einem Gericht der BRD justitiell zur Verantwortung gezogen. Wohl aber, um ein Beispiel anzuführen, konnte der Erste Senat des Bundesgerichtshofes in einem Urteil vom 25. Mai 1956 erklären: "Einem Richter, der damals einen Widerstandskämpfer wegen seiner Tätigkeit in der Widerstandsbewegung abzuurteilen hatte und ihn in einem einwandfreien Verfahren für überführt erachtete, kann heute in strafrechtlicher Hinsicht kein Vorwurf gemacht werden, wenn er angesichts seiner Unterworfenheit unter die damaligen Gesetze nicht der Frage nachging, ob dem Widerstandskämpfer etwa der Rechtfertigungsgrund des übergesetzlichen Notstandes unter dem Gesichtspunkt eines höheren, den Strafdrohungen des staatlichen Gesetzes vorausliegenden Widerstandsrechts zur Seite stehe, sondern glaubte, ihn des Hoch- und Landesverrats bzw. des Kriegsverrats schuldig erkennen und deswegen zum Tode verurteilen zu müssen."[24] Ist das angesichts derartiger Unglaublichkeiten nicht heute noch Widerstand des Volkes gefragt?

Wem dies Vergangenheit ist, die man einfach ruhen lassen sollte, dem seien aktuelle Bezüge zur Widerstandspflicht des Volkes benannt. Es sei mir gestattet, dabei im rechtswissenschaftlichen Bereich zu verbleiben.

Seit Oktober 1990 sind Kommissionen von nahezu ausschließlich westdeutschen Rechtswissenschaftlern und Regierungsbürokraten in der ehemaligen DDR unterwegs, um rechtswissenschaftliche Einrichtungen zu "evalvieren" ("evaluieren" nennen es jene Kommissionen). Ich habe diesen erstaunlichen Vorgang im ehemaligen Institut für Rechtswissenschaft der Akademie der Wissenschaften der DDR beobachten können. Da lief ein gespenstisches Szenario ab. Zunächst: Die scheinbar so objektive Kommission kam schon, vom Ministerium des Herrn Riesenhuber festgelegt, mit einer eindeutigen, vorge faßten Meinung an: Das Institut muß langsam und nach außen durch Wohlwollen kaschiert abgetötet werden. "Abwicklung" wird so etwas dann in der Fäkalsprache obrigkeitsstaatlichen deutschen Denkens genannt.

Die Kommissionsmitglieder ließen in ihren Gesprächen mit Wissenschaftlern des Instituts keinen Zweifel daran, daß nur sie ex officio, kraft Amtsbewußtseins wissen, was Wissenschaft ist. Gab es da nicht fatale Ähnlichkeiten? Hatte nicht in den letzten 40 Jahren diese Art von Wissenschaftsarroganz durch ganz andere Leute, nämlich durch leitende SED- und Staatsbürokraten der DDR, die Wissenschaft in diesem Lande zugrunde zu richten versucht? Wußten die nicht auch alles? War da nicht irgendwann ein Herr Lichtenberg, Philosoph seines Zeichens, der jene eigenartige Krankheit festgestellt hatte, wonach in "teutschen" Landen Menschen nicht Ämter, sondern umgekehrt Ämter Menschen bekleiden?

Es war auch eine Tatsache der Wissenschaftsentwicklung in der ehemaligen DDR, daß sich Wissenschaftler, zunehmend in den letzten Jahren, gegen die politische Bevormundung der Wissenschaft durch die SED und ihren Chefideologen Hager gewehrt hatten. Es waren unter ihnen auch Forscher und Hochschullehrer, die sich zu Marx bekannten und deshalb gegen dessen stalinistisch-dogmatische Verballhornungen auftraten. Jene Evalvation fügte sich in merkwürdiger Weise an diese 40jährige DDR-Tradition der Unterwerfung von Wissenschaft unter Politik an. Denn was sich jetzt hier vollzog, das war, auch wenn andere politische Größen im Spiel waren und andere politische Ideologen, politische Verurteilung von Wissenschaft ohne wissenschaftliche Diskussion von Erkenntnissen, von Wahrheitssuche, von wissenschaftlicher Methodologie. Wie soll und kann eigentlich Wissenschaft anders "bewertet" werden als durch öffentliche, kritische wissenschaftliche Diskussion?

Jene Evalvation, die ich beobachten durfte, fand fast folgerichtig ihre Krönung darin, daß die nichtmarxistische Wissenschaft zur einzig wahren Wissenschaft verklärt wurde. Nichts war da mehr von dem so hochgelobten Pluralismus in der Wissenschaft zu spüren. Waren da nicht auch fatale Kontinuitäten zum bürokratisch verordneten Sozialismus in der DDR?

Es war für die 40jährige Wissenschaftsgeschichte der DDR charakteristisch, daß die überwiegende Mehrheit ihrer Protagonisten in leitenden Stellungen, aber auch ungezählte "wissenschaftliche" Mitläufer und katzbuckelnde Mittäter auf Planstellen in Wissenschaftsinstitutionen kreative Produktionen außerhalb ihrer marxistisch-leninistischen Beschränktheit überhaupt nicht zur Kenntnis nahmen bzw. ohne Kenntnisnahme einfach pauschal als unwissenschaftlich verwarfen. Und nun waren da Evalvationskommissionen aus dem Westen Deutschlands, die im Grunde Ähnliches, nur mit anderen Zielrichtungen und Inhalten offerierten.

Es ist nur eine folgerichtige Konsequenz aus diesem Tatbestand, daß dieses Deutschland nötiger denn je Wissenschaftler braucht, die mit ihrem Menschenrecht auf Widerstand Ernst machen, - in ihren wissenschaftlichen Produktionen, aber auch auf andere Art.

Anmerkungen

1 Rousseau, J.J., Der Gesellschaftsvertrag, Rudolstadt o. J. (1953), S. 123.

2 Ebenda, S. 139.

3 Soboul, A., Die Sektionen von Paris im Jahre II, Berlin 1962, S. 103.

4 Abgedruckt bei Klenner, H., Marxismus und Menschenrechte, Berlin 1982, S. 232.

5 Robespierre, M., Habt ihr eine Revolution ohne Revolution gewollt? Leipzig o.J. (1958), S. 257.

6 Klenner, H., a.a.O., S. 232.

7 Ebenda.

8 Vgl. Mühlpfordt, G., Karl-Friedrich Bahrdt. In: Zeitschrift für Geschichtswissenschaft, (1980) 8 und (1981) 11.

9 Fichte, J.G., Sämtliche Werke, Berlin o.J. (1844), Bd. 6, S. 105.

10 Ebenda, S. 10, 39.

11 Ebenda, S. 81 f.

12 Ebenda, S. 101 f.

13 Fichte, J.G., a.a.O., Bd. 3, S. 182.

14 Klenner, a.a.O., S. 257.

15 Ebenda, S. 258.

16 Ebenda, S. 261.

17 Ebenda, S. 243 ff.

18 Verfassungen der deutschen Bundesländer, 3. Aufl., München 1988,S. 233, 151.

19 Abendroth, W., Wer schützt die Demokratie? In: Die Andere Zeitung, Hamburg, vom 9.6.1955.

20 Verfassungen der deutschen Bundesländer, a.a.O., S. 135.

21 Zit. nach Abendroth, W., a.a.O..

22 Abendroth, W., a.a.O.

23 Vgl. Wesel, U., Wer darf unter die Beamten. In: Die Zeit v. 17.8.1990; C.H. Ule, Zur Beharrlichkeit sozialistischer Rechtsvorstellungen in der DDR. In: Deutsches Verwaltungsblatt, H. (1990) 15, S. 793 ff.

24 Zit. nach Giordano, R., Die zweite Schuld oder Von der Last ein Deutscher zu sein, Hamburg 1990, S. 81; vgl. J. Friedrich, Freispruch für die Nazijustiz, Reinbek bei Hamburg 1983; J. Friedrich, Die kalte Amnestie, Frankfurt a. M. 1984; I. Müller, Furchtbare Juristen, München 1987.

EDDA MAGDANZ

Das Recht auf Widerstand - junghegelianisches Denken zwischen Reform und Revolution

Das Recht auf Widerstand oder gar Revolution sind bekanntlich nicht nur Problemkreise, die die rechtsphilosophischen Diskussionen seit Jahrhunderten begleiten, vor allem sind es Zusammenhänge, die in vielen gesellschaftlichen Umbruchperioden zur Debatte gestanden und damit nichts an Aktualität eingebüßt haben. Der Vormärz war eine solche historische Umbruchsituation, und der Junghegelianismus gilt im allgemeinen als die theoretisch und politisch radikalste Richtung der politisch-ideologischen Repräsentanz des Bürgertums im Vormärz - des Vormärzliberalismus. Im folgenden möchte ich das Problem der Alternative von Reform und Revolution im junghegelianischen Denken zum einen unter dem Aspekt untersuchen, daß der Junghegelianismus stärker als andere philosophische Denkströmungen der Vergangenheit eine philosophisch-politische Ausrichtung besaß, zum anderen - und damit verbunden - unter dem Aspekt, inwieweit der Junghegelianismus in den historischen Kontext seiner Zeitdebatten einzubinden ist, sowohl hinsichtlich der Auseinandersetzung mit konservativen und reaktionären Auffassungen als auch der Differenzierung innerhalb des Vormärzliberalismus.

Eine Spezifik der junghegelianischen Bewegung bestand bekanntlich darin, daß ihre theoretischen und politischen Positionen unter dem Eindruck der politischen Zeitereignisse über die Jahre hinweg z.T. erheblichen Veränderungen unterlagen. Für die genannte Problemstellung werden im eigentlichen Sinne erst die Jahre nach 1840 bedeutsam. Zu diesem Zeitpunkt - also etwa um 1841, nachdem sich die an die Thronübernahme Friedrich Wilhelm IV. geknüpften Erwartungen auf eine politische Reform in Preußen nicht erfüllt hatten - setzte ein einschneidender Zug politischer und theoretischer Radikalisierung bei den Junghegelianern ein. Wenn ich dennoch zunächst einen Blick auf die Jahre vor 1841 werfen möchte, so vor allem deshalb, weil die hier vornehmlich im Zusammenhang mit den 1837 von Eduard Gans herausgegebenen "Vorlesungen über die Philosophie der Geschichte" diskutierte Geschichtsdialektik des Hegelschen Idealismus auch den weltanschaulich-philosophischen Hintergrund für die Debatten der vierziger Jahre abgab.

Das Hegelsche Entwicklungsdenken, nachdem der Fortschritt der Menschheit als ein sich in Widersprüchen vollziehender, objektiv notwendiger Prozeß zu fassen ist, bot die Grundlage, um Revolutionen philosophisch als - um in der Sprache der Zeit zu sprechen - "nothwendige Wendepunkte" der Geschichte zu interpretieren[1]. Vehement verwiesen Junghegelianer wie Theodor Echtermeyer darauf, daß "das Nichtanerkennen der welthistorischen Revolutionen [...] das Verkennen der welthistorischen Dialektik, ja das Zurücksinken unter den Begriff aller Entwickelung, die bei Allem in der Natur, wie im Geiste eine sprunghafte Bewegung von einer Existenz zu einer höheren ist"[2]. Auf dieser Basis wurde die Französische Revolution von 1789 als objektiv notwendiges geschichtliches Ereignis anerkannt. Nähere Untersuchungen zum Charakter der Revolution als gewaltsame Massenaktion und damit zu den konkreten historischen Ursachen und zum Verlauf der Revolution blieben hingegen aus. Denn sie interessierte vornehmlich unter dem Gesichtspunkt, wie sie die Aufgabe der bürgerlichen Umwälzung, die Ablösung des Absolutismus, bewältigt hatte. Zu diesem Zeitpunkt trugen die Junghegelianer noch die vom Hegelschen Geschichtskonzept vorgezeichnete Idee eines mit der lutherschen Reformation vorbereiteten, in den Reformen von 1813 bis 1815 bestätigten möglichen nichtrevolutionären und damit spezifisch nationalen Weges der politischen Umgestaltung in Preußen und Deutschland mit. Unter dieser Voraussetzung wurde die weltgeschichtliche Bedeutung der Französischen Revolution zwar nicht hinsichtlich ihres Weges, aber ihrer Ergebnisse bei der Schaffung eines bürgerlichen Staates vorbehaltlos anerkannt.

Erst mit dem Verlust ihrer politischen Illusion einer Revolution "von oben" nach dem Thronwechsel traten die Junghegelianer politisch in eine offene Opposition zum preußischen Staat. Dieser Schritt war mit wichtigen Einsichten verbunden, deren grundlegendste Arnold Ruge in den Satz faßte: "Die Theorie aber hat ihre Harmlosigkeit abgelegt: Wissenschaft ohne politische Freiheit ist ein Unding"[3]. Der Erlaß einer Reihe von Publikationsverboten durch die preußische Zensur hatte aber nicht nur gezeigt, daß die Erkämpfung politischer Rechte der Freiheit der Wissenschaft und damit auch der Freiheit der Feder vorausgehen müsse und nicht umgekehrt. Zugleich hatten sich die Junghegelianer einem anderen Problem zu stellen: Ihre politische Orientierung war von dem Gedanken bestimmt, daß die politische Opposition - sie sahen sich selbst an der Spitze - nun selbst die historische Initiative übernehmen müsse. Damit kristallisierte sich für sie eine Kernfrage heraus: Wie kann theoretisches und politisches Denken so aufbereitet werden, daß es handlungsorientierend ist, d.h. in die politischen Verhältnisse verändernd eingreifen kann?

Die Theorie-Praxis-Relation prägte von nun an ganz entscheidend die Richtung der junghegelianischen Diskussion. Das Verhältnis von Theorie und Praxis im Zusammenhang mit ihren geschichtsphilosophischen Positionen - im engeren Sinne der Subjekt-Objekt-Problematik - sind, nebenbei bemerkt, unter philosophiegeschichtlichem Aspekt in der philosophischen Diskussion der letzten Jahre, im sogenannten Diskurs der Moderne, wieder stärker ins Blickfeld gerückt. Geteilte Meinungen bestehen darüber, ob die Junghegelianer mit ihrem Prinzip der absoluten Herrschaft der Vernunft in der Geschichte als ureigenste Verfechter einer Theorie der Moderne gelten können oder angesichts ihrer Kritik am Hegelschen System und der Forderung nach einer stets kritischen und aktualisierten Haltung der Philosophie gegenüber der Wirklichkeit als deren erste Kritiker.[4] Ohne es an dieser Stelle näher zu begründen, möchte ich doch betonen, daß die Junghegelianer zu jedem Zeitpunkt Kritiker innerhalb der Grenzen des Hegelschen Idealismus waren. Sie blieben damit letztendlich auch der liberalen Denkungsart verhaftet, nach der sich die Theorie über das radikale intellektuelle Subjekt ins politische Leben überführen lasse.

Dieser Fakt trug auch entschieden dazu bei, daß die junghegelianische Bewegung angesichts ihrer politischen Ohnmacht - die Rheinische Zeitung und die Hallischen später Deutschen Jahrbücher als die größten Publikationsorgane des Junghegelianismus wurden verboten - 1843 zu zerfallen begann. Über der dann einsetzenden politischen Resignation und dem Rückzug zur Theorie darf aber nicht übersehen werden, daß diese liberale Grundposition in den Jahren 1841/42 von der Erkenntnis überlagert wurde, daß es - wie Ruge es formulierte - nun aber "verkehrt [...] [wäre], wenn man sich denkt, die neue Wirklichkeit, eine principiell neue Welt ließe sich nun so ruhig und still, allein mit Feder und Dinte, ins Werk richten, und also die Frage thut, ob die Historie denn durchaus zu ihren Werken der gewaltsamen und eclatanten Manifestationen, des Kriegs und der bürgerlichen Zerwürfnisse bedarf?" Und er gab sich selbst die Antwort: "Thörichter Traum des ewigen Friedens!"[5] Dahinter verbarg sich die Einsicht, daß sich Theorien bisweilen nicht allein über das radikale intellektuelle Subjekt, sondern nur mittels revolutionärer Gewalt in der Geschichte realisieren lassen.

Verfolgt man ausschließlich die philosophischen Diskussionsstränge der Junghegelianer zu diesem Zeitpunkt, so lassen nur wenige Anhaltspunkte darauf schließen, daß es einen grundlegenden Unterschied zur Position vor 1841 gab, als die Frage nach der Revolution als eines gewaltsamen historischen Ereignisses im allgemeinen global im Sinne Hegels beantwortet wurde, daß der "Gedanke [...] da zur Gewalt geworden [ist], wo er das Positive als Gewalt sich gegenüber hatte".[6] Denn der Revolutionsbegriff der Junghegelianer hatte sich nicht geändert. Verändert hatte sich vielmehr die Untersuchungs- und Diskussionsebene: Der ursprünglich streng philosophisch angelegte Revolutionsbegriff bekam eine stärkere realgeschichtliche Dimension. Die Revolution und mit ihr das Problem der Rolle von Gewalt und gewaltsamer Massenaktion im historischen Prozeß wurde jetzt als konkretes geschichtliches Ereignis Französische Revolution diskutiert. Das ist eine Tatsache, die in der bisherigen Forschung zum Junghegelianismus nur geringe Geltung erlangte. Vor allem die politische Radikalität der Junghegelianer wurde in der Vergangenheit mit ihrem Geschichtsdenken und besonders ihren Revolutionsansichten in einen Zusammenhang gebracht, aber kaum am konkreten Gegenstand bewiesen. Unabhängig davon, daß auch die rechtsphilosophischen Beiträge eines Ruge noch zu wenig und zu einseitig erhellt sind, ist die Ursache hierfür vor allem darin zu suchen, daß bislang die junghegelianische Bewegung nicht ausreichend als eine mehr philosophisch-politische Denkströmung gekennzeichnet wurde. Für ein umfassendes Bild des junghegelianischen Denkens bedeutet dies, neben den geschichtsphilosophischen auch die geschichts- und politiktheoretischen und ebenso neben den rechtsphilosophischen auch die rechtspolitischen Ansichten nicht nur zu analysieren, sondern auch auf einen möglichen theoretischen Erkenntnisgewinn zu überprüfen.

Damit muß das junghegelianische Denken aber zugleich stärker in den historischen Kontext seiner Zeit eingebunden werden; ein Defizit, das auch die 1988 erschienene, bislang umfangreichste Monographie zum Junghegelianismus von Wolfgang Eßbach besitzt. So war das Denken über die Alternative von Reform und Revolution in den vierziger Jahren des 19. Jahrhunderts vor allem durch die theoretische und ideologische Kontroverse vornehmlich mit politisch konservativen und reaktionären Kräften mitbestimmt. Die Grundlinie konservativer Argumentation gestaltete sich jetzt durchaus flexibler als es noch Ende der dreißiger Jahre der Fall war. Zu jenem Zeitpunkt wurden jegliche Versuche, die Revolutionsereignisse rational erklären zu wollen - darunter fielen sowohl die klassische These vom Tyrannenmord, vom Berliner Politischen Wochenblatt am Beispiel Leibniz exemplifiziert[7], als auch die geschichtsphilosophische Erklärung Hegels - zu "Revolutionsmacherei" abgestempelt. Zu Beginn der vierziger Jahre bezogen bestimmte konservative Kräfte, vor allem die Autoren der Literarischen Zeitung, eine scheinbar mittlere Position. Als Verteidiger der Reform gegen Revolution und Reaktion sprachen sie sich dafür aus, die Revolution in ihrer - wie sie sich ausdrückten - historischen Notwendigkeit zu akzeptieren. Was sich dahinter verbarg, war folgendes: Ansichten wie die des Altkonservativen Heinrich Leo, der die Französische Revolution als ein "Sündengericht" Gottes hinstellte, boten zwar in gewisser Weise eine philosophische Erklärung für das Zustandekommen der Revolution, aber schlossen eine potentielle Wiederholbarkeit derartiger gewaltsamer Ereignisse nicht aus. Diese glaubte man auszuklammern, indem man derartige logisch-abstrakte Sündenkonstruktionen durch das - andererseits auch bei Leo vorhandene - Benennen konkret-historischer Fakten ersetzte, die zum Ausbruch der Revolution geführt hatten.[8] Das waren vor allem Personallaster - die Revolution sei "aus den Mißbräuchen des Hof- und Adelswesens", aus der "vielfach unsittlichen Stellung der Regierung zum Volke"[9] entstanden. Ein Hinweis auf eventuelle politische und soziale Zielstellungen der Revolution findet sich kaum.

Mit dieser Sichtweise befanden sich die Autoren dieses konservativen Blattes nicht nur in gewisser Übereinstimmung mit rechtsphilosophischen Positionen in Deutschland nach 1789, sondern auch mit gemäßigten liberalen Kräften im Vormärz. Vor allem dieses Faktum mußte die junghegelianische Kritik herausfordern. Nunmehr mit Bezug auf den konkret-historischen Fall der Französischen Revolution hatten sie auch hier theoretisch und historisch nachzuweisen, daß die politische Revolution keine an ein spezifisches historisches Bedingungsgefüge geknüpfte einmalige Begebenheit sei, sondern sich unter objektiven geschichtlichen Bedingungen zwangsläufig wiederholen könne und müsse. Der Platz ist an dieser Stelle nicht ausreichend, um darzulegen, wie das Zusammenspiel von subjektiven und objektiven Faktoren im Revolutionsgeschehen, vor allem hinsichtlich des Problems der Revolutionsbasis und der Phase der Jakobinerdiktatur, der terreur, konkret diskutiert wurde. Ich möchte den Blick nur auf zwei Punkte lenken.

In der Debatte um die Phase der terreur finden sich bei Junghegelianern wie Ruge, Carl Friedrich Köppen, Bruno und Edgar Bauer in ihren Artikeln und Schriften aus den Jahren um 1842 Ansätze für eine Kritik des Legalitätsstandpunktes. Gegen die bei weniger radikalen Vormärzliberalen gängige Trennung der Phasen der Revolution und deren Akzeptanz nur bis zur Phase der konstitutionellen Monarchie wandten sich die Junghegelianer nicht nur mit der Begründung, die Revolution sei als Gesamterscheinung zu fassen, denn - um mit Edgar Bauer zu sprechen - die Revolution sei kein "so unorganisches Gebilde ohne Entwicklungsnothwendigkeit, aus dem man, ohne dem Leben des Ganzen zu schaden, einen Theil herausschneiden und über das Ganze setzen darf"[10]. Vielmehr behaupteten sie, Gewalt sei legitim, wenn sie dem historischen Fortschritt diene. In diesem Sinne sei die Jakobinerdiktatur als Höhepunkt der Französischen Revolution zu werten, denn indem sie die Revolution gegen die inneren und äußeren Feinde verteidigte, konnte sie als politische Maßnahme auch deren politische Ergebnisse sichern. Mit dieser Feststellung handelten sich die Junghegelianer aber den Angriff von konservativer Seite ein, die junghegelianische Geschichtsauffassung sei demzufolge mit einer "Theorie der Gewalt und der Revolution"[11] zu identifizieren. Gegen diesen Vorwurf der "Theoriefähigkeit" von revolutionärer Gewalt wehrten sie sich aber vehement. So betonte Ruge mit Hinweis auf ihren weltanschaulich-philosophischen Grundtenor, nach dem das "Gesetz, aus dem heraus die Geschichte fortbewegt wird, [...] das ewige Gesetz der Vernunft und der Entwicklung"[12] ist, daß "die gewaltsame Entwickelung weder zur Maxime zu erheben, noch auch einer Theorie fähig ist"[13].

Der Ausbruch aus der Legalität beschäftigte die Junghegelianer aber nicht vordergründig im Zusammenhang mit der geschichtlichen Analyse der Französischen Revolution von 1789. Es ging ihnen vor allem darum, die eigenen Handlungsmöglichkeiten als politische Opposition in Preußen zu erkunden. Damit komme ich zu einem zweiten Punkt: Bei der Beantwortung der Frage, wann die Möglichkeiten zur gesetzlichen Opposition untergraben sind, kamen einzelne Junghegelianer beim historischen Vergleich der Ursachen der Revolution zu bemerkenswerten Ergebnissen. Stellt man Ruges Satz in den Raum, daß eine Revolution "bisweilen nicht juristisch, immer aber historisch berechtigt sei"[14] und ihn durch Köppens Bemerkung ergänzt, wenn "irgend eine Umwälzung historisch motiviert ist, so ist es die französische Revolution"[15], so ist verbal zunächst kaum ein Unterschied zu der oben dargelegten konservativen Auffassung auszumachen. Aber der Begriff "historische Notwendigkeit" hatte für sie einen anderen Inhalt: Das Ansinnen, Personallaster für den Ausbruch der Revolution verantwortlich zu machen, lehnten sie als "pragmatischen Erklärungsgrund" ab. Die einseitige Orientierung an den "Mißbräuchen" des französischen Absolutismus bedeute, sich den Blick auf die eigentlichen, geschichtlich übergreifenden, allgemeingültigen Prinzipien der Revolution zu versperren. Objektive Gründe waren für sie vor allem im politischen System, im fehlenden Konstitutionalismus zu suchen, detailliert nachgewiesen an der politischen Machtkonstellation des vorrevolutionären Frankreich. Junghegelianer wie Köppen, dessen Person und publizistische Tätigkeit übrigens so gut wie ununtersucht sind, sah die Triebfeder der Revolution nicht allein in der Lösung der Staatsfrage. Gründlicher als andere Junghegelianer wandte sich Köppen einer konkret-geschichtlichen Revolutionsanalyse zu. Im Ergebnis dessen betonte er stärker deren "materielle" Seite, die katastrophalen wirtschaftlichen Zustände vor Ausbruch der Revolution und die daraus folgende materielle Notlage des Volkes[16]. Um es abzukürzen - auf diesem Wege kommt Köppen dann zu der Schlußfolgerung, die Volksmassen seien die eigentlich Leidtragenden dieser Entwicklung in Frankreich gewesen und, daß "die Franzosen hundertfach ertrugen, was ein Volk ertragen kann, ehe es zum äußersten Mittel greift"[17].

Die junghegelianische Position zur Rolle revolutionärer Gewalt im Geschichtsprozeß trug sicher entschieden zu der 1842 sichtbar einsetzenden Differenzierung innerhalb des Vormärzliberalismus bei. Läßt man sich aber auf einen ersten Vergleich mit anderen fortschrittlichen Positionen dieser Zeit ein, relativieren sich die Ansichten Köppens, Edgar Bauers und anderer Junghegelianer in gewisser Weise. Ich möchte das kurz am Beispiel Friedrich Murhards erläutern, dessen Arbeiten weitgehend unbekannt sind. Murhard gehörte zum Autorenkreis des Staats-Lexikons, das die führenden Vertreter des süddeutschen Liberalismus Carl von Rotteck und Carl Theodor Welcker herausgaben und das allgemein als Handbuch der gemäßigten Liberalen bezeichnet wird. Umsomehr verwundert es, in der noch immer soliden Allgemeinen Deutschen Biografie die Bemerkung zu finden, Murhard sei wegen seiner Abhandlung über die Staatsgerichtshöfe im Staats-Lexikon einer mehrjährigen politischen Verfolgung ausgesetzt gewesen.[18] Der ihm zugeschriebene Artikel "Revolution" könnte hierfür ebenso verantwortlich gemacht werden[19]: Ähnlich wie die Junghegelianer sah auch Murhard das Entstehen von Revolutionen als Folge von Reformverweigerung, wobei er sich ebenfalls strikt gegen eine Auffassung von Reformveränderung im Sinne der Historischen Rechtsschule wandte. Als Beispiel führte er die Reformen in Frankreich an, die der Revolution vorausgegangen waren. Sie konnten dem Bedürfnis nach Veränderung nicht Genüge tun, die eingeleiteten Reformen hatten sich als inadäquat erwiesen. Geschichte müsse vielmehr als Zusammenhang von kontinuierlichen und diskontinuierlichen Momenten begriffen werden. Im fehlenden politischen Mitspracherecht und den noch bestehenden feudalen Fesseln sah auch er die Ursachen für die Revolution, ebenso wie die Junghegelianer lehnte auch er eine moralisierende Herangehensweise an die terreur ab. Diese sei nicht zuletzt darin begründet gewesen, daß - so Murhard - "jede Revolution zugleich eine heftige Evolution der öffentlichen Meinung"[20] sei. Gewalt sei also als begleitendes Moment eines jeden großen geschichtlichen Umbruchs zu akzeptieren.

Ich breche hier meine Bemerkungen zu Murhard ab und benenne noch einmal das Problem: In Zukunft kann die Frage nach der Originalität junghegelianischen Denkens nur dann genauer beantwortet werden, wenn man auch stärker die Ansichten eines "linken Liberalen" wie Murhard einrechnet. Denn es ist doch bemerkenswert, daß Murhard, der nicht die weltanschaulichphilosophische Grundlage der Junghegelianer teilte, z.T. zu ähnlichen Ergebnissen gelangte. Er näherte sich der Problematik von Reform und Revolution unter dem Einfluß der Schriften von Autoren wie Talleyrand und Montesquieu, setzte sich aber auch mit zeitgenössischen Publikationen zum Recht auseinander. Das läßt - und das sei abschließend noch angemerkt - auch für den Junghegelianismus danach fragen, ob nicht bei der Analyse der theoretischen Quellen und Bezüge in Zukunft nicht nur die im engeren Sinne philosophischen Ideenquellen des junghegelianischen Denkens stärker in Betracht gezogen werden müssen.

Anmerkungen

1 Vgl. Rosenkranz, K., Rezension zu: G.W.F. Hegel's Vorlesungen über die Philosophie der Geschichte, E. Gans (Hg.), Berlin 1837. In: Hallische Jahrbücher für deutsche Wissenschaft und Kunst (im folgenden HJ), A. Ruge/Th. Echtermeyer (Hg.), Leipzig 1938, Sp. 151.

2 Echtermeyer, Th., Die Universität Halle. In: HJ, 1938, Sp. 686.

3 Ruge, A., Vorwort. In: HJ, 1841, S. 3.

4 Vgl. u.a. Habermas, J., Der philosophische Diskurs der Moderne, Frankfurt a. M. 1989; P. Koslowski, Die Baustellen der Moderne - Wider den Vollendungszwang der Moderne. In: Moderne oder Postmoderne. Zur Signatur des gegenwärtigen Zeitalters, P. Koslowski/ R. Spaemann/R. Löw (Hg.), Weinheim 1986.

5 Ruge, A., Wer ist und wer ist nicht Partei? Das Morgenblatt und die sächsischen Vaterlandsblätter. In: Deutsche Jahrbücher für Wissenschaft und Kunst (im folgenden DJ), 1842, S. 192.

6 Hegel, G.W.F., Vorlesungen über die Philosophie der Weltgeschichte, J. Hoffmeister/G. Lasson (Hg.), Berlin 1970, S. 924.

7 Vgl. (anonym), Leibnitz und die zahmen Revolutionaire. In: Berliner Politisches Wochenblatt, Berlin 1840, S. 191-192.

8 Vgl. (anonym), Rezension zu: Leo's Geschichte der französischen Revolution, Halle 1842. In: Literarische Zeitung, K.H. Brandes (Hg.) in Verbindung mit mehreren Gelehrten, Berlin 1842, Sp. 85.

9 Ebenda, Sp. 83.

10 Bauer, E., Das Juste milieu. Erster Artikel. In: Rheinische Zeitung für Politik, Handel und Gewerbe, Köln 1842, Nr. 156, Beiblatt.

11 Ruge, A., Nachschrift zu Heinrich Marc, Rezension zu: Histoire des dix ans 1830-1840 par M. Louis Blanc. Erster Theil, Paris. In: DJ, 1842, S. 819.

12 Ebenda.

13 Ebenda, S. 818.

14 Ruge, A., Der protestantische Absolutismus und seine Entwicklung. 2. Artikel. In: DJ, 1841, S. 514.

15 K(öppen), D., Rezension zu: Dr. Heinrich Leo. Lehrbuch der Universalgeschichte. IV. Band, Halle 1841. In: DJ, 1842, S. 215.

16 Vgl. Köppen, C.F., Noch ein Wort über Leo's Geschichte der französischen Revolution. In: DJ, 1842, S. 518/519.

17 Ebenda, S. 518.

18 Vgl. Allgemeine deutsche Biographie, Leipzig 1886, Bd. 23, S. 63.

19 Vgl. (S.), Revolution. In: Staats-Lexikon oder Encyklopädie der Staatswissenschaften, C. von Rotteck/C. von Welcken (Hg.), Altona 1841, Bd. 13, S. 722-740.

20 Ebenda, S. 728/729.

STEFFEN DIETZSCH

Eine vergessene Rechtsphilosophie des deutschen Idealismus?

> *Wir sind im Revolutionszustand,*
> *d.h. wir haben jetzt gar keinen Rechtsboden.*
> *F.W.J. Schelling (1848)*

Es scheint nahezuliegen, daß in Zeiten zerbrechender Ordnungen gerade die Rechtslehre zu einem "vorzüglichen Tummelplatz der philosophierenden Vernunft" wird; jedenfalls machte Friedrich Schlegel eine solche Beobachtung anläßlich einer Sammelbesprechung entsprechender Neuerscheinungen des Jahres 1796 für die Neuen Leipziger gelehrten Anzeigen.

Zu den deutschen rechtsphilosophischen Novitäten, die Friedrich Schlegel annotierte, zählten u.a. Salomon Maimons 'Über die ersten Gründe des Naturrechts', Johann Benjamin Erhards 'Über das Recht des Volks zu einer Revolution', Johann Christian Schaumanns 'Versuch, die Gegenstände des allgemeinen Naturrechts aus Prinzipien zu bestimmen', und nicht zuletzt auch eine anonyme Artikelserie aus dem 'Philosophischen Journal' (die von Fichte und Niethammer herausgegebene führende philosophische Zeitschrift des Revolutionszeitalters) unter dem Titel 'Neue Deduktion des Naturrechts'.

Friedrich Schlegel machte nun auch deutlich, daß dieses starke rechtsphilosophische Interesse natürlich nicht nur der Widerhall des - wie er sagt - "herrschenden Tons eines revolutionären Zeitalters" sei, sondern auch theoretische Gründe habe, nämlich, daß gerade in der Rechtsphilosophie "mehrere Knoten des verschlungenen und verwickelten Gewebes der Philosophie zusammentreffen".

Und gerade jener Beitrag unter dem Titel 'Neue Deduktion des Naturrechts' wies exemplarisch einen solchen 'synthetischen ' Impetus aus; er ist so recht ein Zeugnis der neuen Philosophie aus dem Geist des Transzendentalprinzips. Hier ist ein unbedingtes Freiheitspathos verbunden mit dem Wissen um die Macht und Dignität der *Natur als Leben*; die Ableitungen lassen den vertrauten Kenner des Geschäfts transzendentaler Deduktion erkennen, dabei ist aber das Ganze durchgehend aphoristisch gehalten, was diesem Text eine immer gespannte Programmatik gibt.

Fast möchte man diese Schrift als das älteste rechtsphilosophische Systemprogramm des deutschen Idealismus bezeichnen, ist es doch noch vor Fichtes

'System der Sittenlehre' (und im übrigen von ihm ebenda lobend erwähnt) und auch noch vor Kants 'Rechtslehre' publiziert worden.

Natürlich ist diese Schrift von Schelling.

Schelling zieht im Hinblick auf die Subjektivität gleich anfangs die identitätsphilosophischen Konsequenzen aus einer weiterdenkenden Sicht auf die transzendentale Analytik der Kritik der reinen Vernunft, in der ihm die gemäßigten Kantianer, die bei Kant einen unüberwindbaren Dualismus von Natur und Freiheit vermuten, nicht mehr folgen mochten.

Die Aufgabe, die hier für Schelling entsteht, ist - im übrigen noch vor aller Naturphilosophie - die Idee einer 'höheren Natur': so bezeichnet er im 'System des transzendentalen Idealismus' das "Rechtsgesetz" bzw. die "allgemeine Rechtsverfassung", die er nicht etwa als Teil der Moral (oder als anderen Teil der praktischen Philosophie) versteht, sondern als "eine rein theoretische Wissenschaft, welche für die Freiheit eben das ist, was die Mechanik für die Bewegung, indem sie nur den Naturmechanismus deduziert, unter welchem freie Wesen als solche in Wechselwirkung gedacht werden können."[1]

Jene 'zweite, höhere Natur' ist nicht eine, etwa bloß verborgene, ontologische Gegebenheit, die nur - etwa als Naturrecht - bloß rechtstheoretisch auszulegen bzw. aufzuhellen wäre, sondern Schelling insistiert darauf, daß das eben zuvörderst *herzustellen* sei; sie ist damit kein Resultat etwa eines objektiven Naturprozesses in der Gesellschaft, das uns eines Tages quasi naturgesetzlich sowieso zufiele, denn: "Die Natur kann nicht *handeln* im eigentlichen Sinne des Wortes."[2]

So hat der Mensch gar keine andere Wahl, es gibt niemanden, der an seiner Stelle handelt und: "freiwillig entläßt die Natur keinen aus ihrer Vormundschaft [...] Es gibt keine *geborenen* Söhne der Freiheit."[3]

Schelling will also den Freiheitsanspruch und die Naturkausalität im Subjekt (als transzendentale Leistung) zusammendenken, denn nur so könnte man von Freiheit anders als nur im emphatischen Sinne reden, etwa: "Ich kündige mich an als Herrn der Natur und fordere, daß sie durch das Gesetz meines Willens schlechthin bestimmt sei. Meine Freiheit weist jedes Objekt in die Schranken der Erscheinung zurück und schreibt ihm eben damit Gesetze vor, über die es nicht reden darf. Nur dem unveränderlichen *Selbst* kömmt Autonomie zu, alles, was nicht dieses *Selbst* ist - alles was *Objekt* werden kann - ist heteronomisch, ist Erscheinung für mich. Die ganze Welt ist mein moralisches Eigentum."

Jene geforderte Vereinigung von Autonomie und Heteronomie im Ich sieht Schelling realisiert im *Subjekt, insofern es lebendiges Wesen ist:* im § 9 greift er explizit die Kantsche Idee des transzendentalen Schematismus der reinen Verstandesbegriffe auf, der zufolge Erkenntnis respektive Erfahrung immer nur als *realisierter Begriff* zu begreifen ist, d.h. als ein Konstrukt aus reinem Verstandesbegriff und sinnlichen Anschauungsformen; und Schelling sagt dementsprechend von seinem schematisierten Ichbegriff als Ausgangspunkt seiner künftigen Rechtsphilosophie: "Leben ist die Autonomie in der Erscheinung, (Leben) ist das Schema der Freiheit, insofern sie in der Natur sich offenbart. Ich werde daher notwendig l e b e n d i g e s Wesen."

Diese Überlegungen Schellings manifestieren deutlich die chiliastischen und eschatologischen Hoffnungen und Zweifel der Goethe-Zeit hinsichtlich der Dimensionen menschlicher Handlungen. Der Mensch scheint hier noch ganz eingefügt in die Totalität der Natur; noch wird die Natur nicht nur nicht vordergründig für eigene Unzulänglichkeiten und selbstverschuldete Unmündigkeit reklamiert, noch bleibt die ordnende und konstruktive Macht der Natur vorbildlich, noch gibt sie Sinn ab für menschliches Tun. Als eine entscheidende Folge aus jenem Selbsterzeugungspozeß der Natur bleibt für den Menschen die Aufgabe, jenes unbewußt prozessierende Natursubjekt gewissermaßen zu imitieren. Erst im Prozeß einer solchen Mimesis der Natursubjektivität vermag die transzendentale Subjektivität jene ursprüngliche Totalität - eben als 'höhere' Natur - zu rekonstruieren . Eine solche mimetische Aufgabe ist nun nach Schelling allerdings das vorzügliche Werk des Menschen, wenn er die Bedingungen seiner eigenen Freiheit und damit sich eigentlich selber produzieren will. Denn, und zu dieser Einsicht etwa ließ sich der Naturphilosoph Steffens von Schelling gern belehren, daß "die Natur uns nicht bloß trägt [...], sondern auch innerlich durchdringt, daß ein jeder Moment des Daseins von ihr beherrscht wird [...] und dann die Geschichte zu beherrschen scheint, müssen wir uns wohl zugestehen."[4]

Die Entwicklungsgeschichte der Natur sollte so für das Individuum Anhaltspunkt sein, um im eigenen Tätigkeitsfeld, d.h. im Chaos der Geschichte Orientierung und Sinn zu erreichen. Die Geschichte des Menschen soll die Qualität der Natur-Geschichte erreichen. Daraus aber erwächst in radikaler Weise in jener Zeit am Ende des 18. Jahrhunderts im Selbstverständnis der deutschen Philosophie eine praktische Aufgabe der Umwälzung aller jener Verhältnisse, die der Natur widersprechen, d.h. die unnatürlich geworden sind. Dieser emanzipatorische Auftrag, in dessen Tradition Schellings Frühphilosophie steht, verweisen auch seine rechtsphilosophischen Skizzen jener Zeit durchaus in den Umkreis der zeitgenössischen Revolutionsideologie. Diesen Impetus, der jenen Naturanalogien innewohnt, wurde gelegentlich von pfiffigen Revolutionsgegnern durchaus erkannt; so monierte etwa Adam Müller einmal: "In Frankreich wurden sogenannte künstliche Institute umgestoßen, um die sogenannte Natur zu rächen, ihr Reich wiederherzustellen."[5]

Das transzendentalphilosophisch neu verstandene Ich als Lebendiges, Wirkliches, sieht sich also konfrontiert und im Konnex mit anderen und deren Willen; und Schelling bestimmt in den folgenden Deduktionen nun die Bedingungen der Möglichkeit freier Selbstbestimmung und deren Grenzen für lebendige

Wesen gemäß seines Diktums aus § 13: "Wo meine m o r a l i s c h e Macht Widerstand findet, kann nicht mehr Natur sein. Schauernd stehe ich still. Hier ist M e n s c h h e i t ! ruft es mir entgegen, ich d a r f nicht weiter."

Schellings spekulative Handlungslehre übersteigt dann aber sehr schnell jedes rechtswissenschaftliche Mindestmaß, d.h. es wird ein Mangel an rechtspraktischen Realien offenbar, z.B., bleiben institutionelle Vermittlungen und überhaupt die gesellschaftliche und politische Sphäre mit ihren Kodifikationen und Formen weitgehend unbedacht. Die rechtliche Verfaßtheit vermag Schelling nur unter dem Aspekt eines "Supplement der sichtbaren Natur" zu erfassen, was aber bald zu der Schwierigkeit führt, nämlich wie er im § 130 betont: "Im Gebiete der Natur hört alles Wollen auf. Das Gebiet der Natur ist das Gebiet der Heteronomie. Hier also kann meinem Willen kein anderer Wille mehr entgegenstehen, und mein Recht auf die Natur muß ein Recht sein, daß ich im Gegensatz gegen jeden Willen überhaupt behaupte." Das führt sehr schnell dazu, daß hier gar kein eigenständiger Begriff vom Recht mehr formulierbar wird. Bei Schelling bleibt alles Recht unter diesen Auspizien notwendig Naturrecht und damit - als Zwangsrecht - kommt es zur Aufhebung allen Rechts, denn, so § 162, "das Letzte, dem es die Erhaltung des Rechts anvertraut, ist physische Übermacht."

Dieses Naturrecht zerstört sich so selbst. Es führt also das Naturrecht, wie Schelling ausführt, notwendig auf eine neues Problem, nämlich, "die physische Macht des Individuums mit der moralischen des Rechts identisch zu machen" (§163), damit aber, so Schelling zum Schluß, treten wir in das Gebiet einer neuen Wissenschaft über - die spekulative Naturphilosophie.

Zugleich wäre hier aber leicht der Übergang zu einem anderen Dokument zu finden, an dem unser Autor wohl auch einen wichtigen Anteil hat, nämlich das sog. "Älteste Systemprogramm" von 1796, in dem es dann bündig heißt: "Wir müssen also auch über den Staat hinaus! Denn jeder Staat muß freie Men schen als mechanisches Räderwerk behandeln; das soll er nicht, also soll er a u f h ö r e n [...] (es gilt) das ganze elende Menschenwerk von Staat, Verfassung, Regierung, Gesetzgebung bis auf die Haut zu entblößen [...] Dann herrscht allgemeine Freiheit und Gleichheit der Geister."

Es ist dies dann die Perspektive jener "Mythologie der Vernunft", der sich der junge Schelling verpflichtet sieht und in deren Architektonik jede Rechtsphilosophie bestenfalls Ornament bliebe, in keiner Weise jedenfalls zu den Fundamenten gehörig und schon gar nicht als Schlußstein des Ganzen zu begreifen wäre.

Anmerkungen

1 Schelling, F.W.J., System des transzendentalen Idealismus. Sämtliche Werke, Bd. 3, Stuttgart /Augsburg 1856, S. 583.

2 Ebenda, S. 582.

3 Schelling, F.W.J., Ideen zu einer Philosophie der Natur. Sämtliche Werke, Bd. 2, Stuttgart/Augsburg 1856, S. 12.

4 Steffens, H., Was ich erlebte, Bd. 4, Breslau 1844, S. 296.

5 Müller, A., Die Lehre vom Gegensatz. Kritische, ästhetische und philosophische Schriften, Bd. 2, Neuwied/Berlin 1967, S. 229.

VOLKMAR SCHÖNEBURG

Menschenrechte, Strafrecht und Arbeiterbewegung

> *"Denke Dir Rousseau, Voltaire, Holbach, Lessing, Heine und Hegel in Einer Person vereinigt; ich sage vereinigt, nicht zusammengeschmissen - so hast Du Dr. Marx."*
> *[Moses Hess]*

Der 'real existierende Sozialismus' ist Geschichte. Für manch einen gilt dies synonym für eine in der Tradition von Karl Marx stehende Denkrichtung, was einerseits durch Naivität und andererseits durch handfeste politische und ideologische Interessen determiniert ist.

Für jenen dogmatisch [Nicht-]Marxismus, der zu einem Katechismus von aus dem historischen Zusammenhang gerissenen Glaubenssätzen verkommen war, trifft dies zum Glück auch zu. Seine Protagonisten suchen heute oft bei irgendeiner irrationalen Ideologie Zuflucht. Für andere [Rechts-] Wissenschaftler der ehemaligen DDR ist es *ein* wichtiges Feld ihrer intellektuellen Produktion, die Ansätze in der Theorie- und Ideologiegeschichte kenntlich zu machen, die die uneingeschränkte Herrschaft des "Monosubjekts"[1] Partei- und Staatsführung bedienten und damit auch den Marxschen Ansatz deformierten. Zugleich ist es erforderlich, daß die wissenschaftlichen Einsichten durch die historischen Erfahrungen bereichert werden. Einer derjenigen, die sich dem Marxschen Denk-Einsatz mit hoher Produktivität auch heute noch wissenschaftlich verpflichtet fühlen, ist Hermann Klenner.

I.

Immer wenn sich der Jurist Karl Marx zu den Menschenrechten geäußert hat, war dies bestimmt durch das Erfordernis, in die politische Praxis einzugreifen. Daraus resultieren die Vielfalt und die Widersprüche, aus denen der Marxsche Menschenrechtsansatz herauszuschälen ist. Zu diesem zählt die Destruktion der 'sogenannten' Menschenrechte juristisch freier, aber ökonomisch unfreier und daher gleicher und ungleicher Warenbesitzer als illusionäre Überhöhung des ökonomisch Gebotenen[2], aber auch die Erkenntnis, daß die Rechtsforderungen von unten die Normierung von Menschenrechten beeinflussen und die Unterprivilegierten diese Rechte für sich ausnutzen können.

Zur rechtlichen Ausgestaltung des 'rationellen Zwischenstadiums' zwischen Kapitalismus und Kommunismus artikulierte sich Marx wohlweislich kaum, was in der Arbeiterbewegung mit der Berufung auf Marx häufig eine Reduktion der Menschenrechtsfrage auf die Ausnutzbarkeit, auf ein Instrument im Klassenkampf innerhalb der bürgerlichen Gesellschaft zur Folge hatte. Wiewohl es hierfür auch in den Arbeiten von Marx und Engels genügend Berührungspunkte gibt, ist der Marxsche Ansatz letztlich jedoch eingebettet in die Vorstellung von einer Gesellschaftsentwicklung, in der die in den bürgerlichen Revolutionen formulierten Menschenrechte immer als notwendige politische Emanzipation und damit als Vorstufe der menschlichen Emanzipation zu sehen sind.

Obwohl also die Marxsche Menschenrechtskonzeption für den Kapitalismus (!) keineswegs einseitig ist, war die Rezeption durch die Protagonisten desjenigen Teils der deutschen Arbeiterbewegung, der 1918/19 für sich in Anspruch nahm, wieder unter dem Banner von Marx zu sein[3], oft von Verkürzungen geprägt. Überwiegend wurde in den 20er Jahren aus der Aussage, daß das Recht *nur* der zum Gesetz erhobene Wille der herrschenden Klasse sei[4], das herrschende Recht auf eine Nur-Unterdrückungsfunktion reduziert.[5]

II.

Der konstruktiven Marxschen Einsicht, daß die Menschenrechte eine partielle Emanzipation darstellen, kommt nach Rosa Luxemburg in ihrem Beitrag 'Zur Russischen Revolution' am nächsten. In ihrer Kritik an der Praxis der Bolschewiki gelangt sie zu dem Schluß, "daß ohne eine freie, ungehemmte Presse, ohne ungehindertes Vereinsleben gerade die Herrschaft breiter Volksmassen undenkbar ist". Und weiter schreibt sie: "Wir enthüllen stets den herben Kern der sozialen Ungleichheit und Unfreiheit unter der süßen Schale der formalen Gleichheit und Freiheit - nicht um sie zu verwerfen, sondern um die Arbeiterklasse dazu anzustacheln, sich nicht mit der Schale zu begnügen"[6], was bedeutet, daß wir auf die Schale nicht verzichten können, sondern sie zu einer notwendigen Form neuen Inhalts fortzubilden haben. Für Rosa Luxemburg ist die Demokratie kein Weihnachtsgeschenk für das Volk nach einer Herrschaft einer Handvoll sozialistischer Diktatoren!

Die Luxemburgsche Position liefert durchaus einen produktiven Zugang zum Verständnis der aus den bürgerlichen Revolutionen gewonnenen Freiheiten, indem sie zwar auf ihre Historizität verweist, aber sie zugleich als unabdingbaren Bestandteil einer höheren Vergesellschaftung ausweist. Daneben gibt es in ihren Einschätzungen und ihrer Theorie auch Anknüpfungspunkte für eine Entweder-Oder-Haltung der Arbeiterbewegung zu den emanzipatorischen Errungenschaften der bürgerlichen Revolutionen. So, wenn sie Engels und dessen These, daß sich die Bourgeoisie bald weit mehr zu fürchten habe vor der gesetzlichen als vor der ungesetzlichen Aktion der Arbeiterpartei, einseitig attackiert.[7] Auch mit ihrer "Akkumulationstheorie"[8] lieferte sie neben den Erfahrungen aus den nachrevolutionären Kämpfen bis 1923 die Grundlage für eine undifferenzierte Sicht in der KPD auf das überkommene Recht als Unterdrückungsmittel und auf die Menschenrechte als ein Schleier, der nach politischer Erwägung fallengelassen werden kann.[9]

In der Folgezeit waren in der KPD bis 1933 zwei Tendenzen im Verhältnis zu den Menschenrechten und damit eng verknüpft zur Demokratie von Weimar zu verzeichnen. Zum einen war es die mehr oder weniger ablehnende Haltung vor allem der KPD-Führung zur Weimarer Republik und zu ihren in der Verfassung fixierten Menschenrechten, die mit der linksradikalen und sektiererischen Politik am Ende der 20er Jahre ihren Höhepunkt erlebte und eine Analyse des Faschismus sowie die Organisierung von wirksamen Gegenmaßnahmen verbaute und die somit *eine* Bedingung für die problemlose Machtübernahme der Faschisten setzte. Zum anderen besaßen aber kommunistische Juristen wie Felix Halle ein ausgewogeneres Verhältnis zur bürgerlichen Demokratie und ihren Menschenrechten. Juristen der KPD agierten nämlich sehr erfolgreich, um beispielsweise die Folgen einer die Gleichheit vor dem Gesetz und die Grundsätze "nullum crimen sine lege" sowie "nullum poena sine lege" verletzenden Gesinnungsjustiz zu minimieren.[10] Das Recht auf Asyl, welches in der Jakobinerverfassung von 1793 geregelt war und nach Halles Meinung einen Fortschritt der bürgerlichen Entwicklung darstellte[11], wurde so geltend gemacht, daß die deutsche Regierung ihre Auslieferungspraxis änderte.[12] Daneben wurde auch durch den Druck von unten die gesetzliche Regelung der Auslieferung und des Asyls mit bewirkt. Das Gesetz von 1929 entsprach zwar nicht den in Fortführung der Rechtsforderungen der Französischen Revolution entworfenen Vorstellungen der KPD, markierte aber doch einen Progreß. Mit dem Gleichberechtigungsgrundsatz und dem Selbstbestimmungsrecht der Frau gelang es den Arbeiterparteien 1926, zumindest eine Milderung des Abtreibungsparagraphen 218 des StGB von 1871 zu erreichen. Im Strafrechtsausschuß des Reichstages konnte auch durch eine menschenrechtliche Begründung eine Entschärfung des Sexualstrafrechts in den Reformvorschlägen durchgesetzt werden.

Diese Beispiele mündeten ansatzweise in einer theoretischen Auffassung, die *nicht* davon ausgeht, daß das Recht ein monolithischer Block, ein (Nur-) Klassenrecht sei, sondern auch Raum für eine Rechtsentwicklung von 'unten' biete.[13] So war es möglich, die eigenen Rechtsforderungen bei der Asylregelung, bei der Gleichberechtigung der Geschlechter oder beim Sexualstrafrecht durchaus in *Kontinuität und Diskontinuität* zu den bürgerlichen Menschenrechten zu begründen.

III.

Bezüglich der mit dem Strafrecht verbundenen Menschenrechtsregelungen wurde zwar auf deren Einhaltung in der Weimarer Republik bestanden, aber für die strafrechtlichen Zukunftsüberlegungen wurden sie geringgeschätzt. Dafür gab es miteinander zusammenhängende Gründe. Zunächst war es gerade die Strafjustiz in der Weimarer Republik, die in 'politischen Verfahren' offenkundig verfassungswidrig Recht sprach. Zum anderen waren in der Sowjetunion hinsichtlich des Strafrechts z.T. völlig neue Wege eingeschlagen worden. Rechtsphilosophisch wurde die sowjetische Strafrechtsentwicklung insbesondere von E. Paschukanis, dessen Arbeit 'Allgemeine Rechtslehre und Marxismus' aus dem Jahre 1924 das wohl originärste marxistische rechtsphilosophische Werk der 20er Jahre war, vertreten. Paschukanis lehnt sich in seiner Rechtslehre unmittelbar an das Kapital von Marx an und schlußfolgert für das Strafrecht. *Die Erklärung der Menschenrechte,* die politische Ökonomie Ricardos und das System der befristeten Haft seien Phänomene ein und derselben Epoche. Das Strafrecht des Kapitalismus beruhe wie das bürgerliche Recht überhaupt auf dem Äquivalenzprinzip: "Solange die Warenform und die daraus folgende Rechtsform der Gesellschaft weiter ihren Stempel aufdrücken wird, so lange wird auch in der gerichtlichen Praxis die ihrem Wesen nach, d.h. vom nichtjuristischen Standpunkt aus absurde Idee, daß die Schwere jeden Verbrechens auf irgendeiner Waage gewogen und in Monaten und Jahren Gefängnishaft ausgedrückt werden kann, ihre Kraft und reale Bedeutung behalten."[14]

Die marxistische Strafrechtswissenschaft der Sowjetunion ging hingegen von einer *prinzipiellen Negierung* der auf diesen Tauschverhältnissen basierenden Vergeltungsstrafe aus. Sie konzipierte ein Strafrecht in Abgrenzung zu den für sie unmenschlichen, brutalen überkommenen Strafrechtssystemen. Im Mittelpunkt sollte nun die Besserung des primär aus sozialen Gründen straffällig gewordenen Individuums stehen. Für das StGB der RSFSR bedeutete das: Statt Strafen soziale Schutzmaßnahmen, die sich in gerichtlich bessernde, pädagogische und medizinische unterteilten, wobei die gerichtlich bessernden Maßnahmen (insbesondere der Freiheitsentzug) konsequent eingeschränkt werden sollten. So wurde u.a. die Höchstgrenze der Freiheitsstrafe zuerst auf 5 (1921), dann auf 10 Jahre festgelegt. Vor allem bei Eigentumsdelikten von Arbeitenden war vorgesehen, nur durch die Gewerkschaften moralische Sanktionen zu verhängen und auf ein Gerichtsverfahren zu verzichten. Repressivmaßnahmen gegen jugendliche Delinquenten sollten die Ausnahme bilden. Doch statt der Schuld des Täters wurde dessen soziale Gefährlichkeit juristisch institutionalisiert. "Das Prinzip nullum crimen sine lege [wird] durch die Zulassung der Analogie verworfen, die Gefährlichkeit des Täters [rechtfertigt] auch ohne nachweisbares Delikt die Anwendung sozialer Schutzmaßnahmen."[15] Daneben waren die politischen Delikte besonders qualifiziert.

Es kann also konstatiert werden, daß die mit den bürgerlichen Umwälzungen verbundenen und auf das Strafrecht bezogenen Menschenrechte, wie die Bindung an das Gesetz oder der Grundsatz "in dubio pro reo", kaum Beachtung fanden. Dagegen wurde das "revolutionäre Rechtsbewußtsein" zu einer normativen Grundlage von Strafrechtsentscheidungen, was den Richter mit einer Willkürmacht ausstattete. Beeinflußt wurde diese Konzeption, die durch die Ideen der soziologischen Strafrechtsschule inspiriert und vielfach als modern angesehen wurde[16], von der Vorstellung von einer relativ kurzen

Übergangsphase vom Kapitalismus zum Kommunismus, in der der Staat absterben würde. Auf die schnellen ökonomischen Veränderungen sollte das (Noch-)Strafrecht flexibel reagieren können. Der Staat wurde dabei - an Lenin anknüpfend - weitestgehend auf die instrumental verstandene Unterdrückung der Ausbeuterklasse reduziert. Sicherlich ist zu berücksichtigen, daß die Arbeiterbewegung in Rußland durch die Unterentwicklung des Landes und die Konfrontation mit einem sehr jungen und aggressiven Kapitalismus, "bei dem Züge der ursprünglichen Akkumulation mit extremen imperialistischen Methoden verschmolzen"[17], über keine Menschenrechtstradition verfügte. Hinzu kamen die Schwierigkeiten der neuen Gesellschaftsordnung angesichts einer antisozialistischen Welt. Aber im Grunde entspricht die Verminderung der Rechtsgarantien für das Individuum "der Sowjetauffassung, die Individualrechte überhaupt nicht anerkennt und das Staatsinteresse über alles stellt."[18] Das Verhältnis von Individuum und Gesellschaft und damit der Kernsatz des 'Manifests' wird umgekehrt: Die Entwicklung aller ist die Bedingung für die Entwicklung des Einzelnen. Im Strafrechtsdenken der 'Übergangsperiode' besteht die Tendenz, daß das Individuum hinter der Anonymität einer Klasse verschwindet: der guten oder der bösen. Demgemäß ist die Schärfe der Reaktionen.

Die Realität unmittelbar nach der Oktoberrevolution schien die skizzierte Auffassung zu belegen. In der Zeit des Kriegskommunismus waren die Wirtschaftsbeziehungen weitgehend naturalisiert, die wichtigsten Produktionsmittel wurden mit außerökonomischen und -rechtlichen Methoden nationalisiert; der Staat wurde zum Haupteigentümer des überwiegenden Teils des nationalen Eigentums und organisierte einen nichtäquivalenten Produktenaustausch. Aber auch in der Phase der NÖP und noch 1930[19] wurde an einer dementsprechenden Strafrechtskonzeption und ihrer Umsetzung gearbeitet, was der von Paschukanis vertretenen *unmittelbaren* Abteilung des Strafrechts aus den materiellen Existenzbedingungen der Gesellschaft entgegensteht.

So ist für die Sowjetunion in den 20er Jahren, durch eine falsche theoretische Anschauung und die besondere historische Entwicklung Rußlands bedingt, eine weitestgehende Ablehnung der Errungenschaften der internationalen juristischen Kultur, zu denen auch die Menschenrechte gehören, für das Strafrecht auszumachen. Dies brachte zwangsläufig einen Verlust an Rechtssicherheit für das Individuum sowie einen Rechtsnihilismus mit sich und öffnete der auf ein reines Repressivinstrument eingeschränkten Funktionalisierung des Strafrechts das Tor. Insofern ist das Paradoxon zu verzeichnen, daß - entgegen ihren ursprünglichen Intentionen - Stutschka, Paschukanis, Kurski u.a. mit ihrer an der Rücknahme des Staates in die Gesellschaft orientierten Strafrechtskonzeption Ende der 20er Jahre und in späteren Jahren das autoritäre und repressiv-verbrecherische Herrschaftssystem, wie es unter Stalin installiert wurde, bedienten. Hingegen wurden die in dieser Auffassung enthaltenen "heroischen Illusionen" und humanistischen Potenzen verschüttet oder zurückgenommen.[20]

V.

Der für die Strafrechtsforderungen der KPD maßgebliche Felix Halle begrüßte und propagierte die sowjetische Strafrechtsentwicklung vorbehaltlos. Dabei spielte sicherlich eine wesentliche Rolle, daß er 1920/21 über ein halbes Jahr zum Studium des Sowjetrechts in Moskau weilte und im von Kurski geleiteten Volkskommissariat der Justiz arbeitete. Auch danach blieb er als wissenschaftlicher Vertreter des Volkskommissariats der RSFSR im Ausland mit den Geschehnissen dort verbunden[21] und erarbeitete den Anhang zu der 1929 erschienenen deutschen Ausgabe des Hauptwerkes von Paschukanis. Daneben führten die Verschärfung der verfassungswidrigen Klassenjustiz und die Tendenz des Demokratieabbaus in Deutschland zu einer konfliktarmen Darstellung der Rechtsentwicklung in der Sowjetunion, die von der KPD als einzige Alternative hervorgekehrt wurde. So hatten Halles eigene Erfahrungen und die der deutschen Arbeiterbewegung überhaupt keine - auch nicht ansatzweise - Problemsicht auf die sowjetische Strafrechtsentwicklung und -praxis zur Folge. Einwände hinsichtlich einer Aufgabe der Rechtssicherheit durch den Verzicht auf die menschenrechtlichen Regelungen für das Strafrecht weist er mit dem vorschnellen Hinweis zurück, daß ja die Bourgeoisie beispielsweise am 1. Mai 1929 durch das Erschießen der demonstrierenden Arbeiter diese de facto auch einfach über Bord geworfen habe.[22]

Doch durch die Erfahrungen mit der faschistischen Justiz und Strafrechtsentwicklung gewann Halle eine prononciertere Sicht auf die Menschenrechtsregelungen der bürgerlichen Republik und ihre Bedeutung für das Strafrecht. Unmittelbar nach Errichtung der Hitlerdiktatur erfaßte er die neue Qualität dieser Herrschaftsform noch nicht, was auch mit der schematischen Vorstellung der Kommunisten von einer neuen Revolution Ende der 20er Jahre, wonach der Offensive des Faschismus mit der sozialistischen Revolution zuvorzukommen sei, zusammenhing. Damit verknüpft waren die Desorientierung durch die sektiererische und verhängnisvolle "Sozialfaschismusthese", nach der die Sozialdemokratie (vor allem die linke!) ein Flügel des Faschismus sei, der zuerst bekämpft werden müsse, und die trotz aller Widersprüche innerhalb der KPD dominierende Unterbewertung allgemeindemokratischer Aufgaben. Die Führung der KPD negierte am Ende der Weimarer Republik die Unterschiede zwischen bürgerlich-parlamentarischen und faschistischen Herrschaftsmethoden. Reaktionäre Tendenzen galten schon als faschistisch, was dazu führte, daß die Justiz von Weimar z.T. schon als faschistisch bezeichnet wurde.[23]

Zwischen 1934 und 1937 kommt Halle jedoch zu der Einsicht, daß "das Führerprinzip in der Strafjustiz [...] mit den elementarsten Grundsätzen des Rechtsstaates gebrochen (hat)".[24] Den Faschisten als reaktionärstem Teil der Bourgeoisie ginge es um die Beseitigung der Verfassung von Weimar, also darum, "den *Kompromiß* gewaltsam aufzuheben, den seinerzeit die Bourgeoisie und das Kleinbürgertum mit den reformistischen Arbeiterführern geschlossen hatte".[25] Die neue Qualität des faschistischen Straf- und Strafprozeßrechts zeigt sich für Halle in der Beseitigung der "persönliche(n) Sicherheit und Freiheit", der

Aufhebung der verfassungsmäßigen Rechte der einzelnen Bürger, d.h. in der "Rechtlosigkeit des Einzelnen".[26] Weitere Charakteristika sind für ihn die Abschaffung des 'relativ' unabhängigen Richters der 'demokratischen Periode', die Aufhebung der Erfolge in der Emanzipation der Juden und der Frauen u.a. durch Mißbrauch des Strafrechts und die Streichung der Strafbestimmungen zum Schutz Beschuldigter und Unschuldiger gegen Übergriffe des Staates (vgl. §§ 339 bis 346 des StGB von 1871), die Abschaffung der freien Advokatur und der Verteidigungsrechte. "Die angebliche Freistellung der Richter, die Beseitigung des Grundsatzes: keine Strafe ohne Gesetz *führt zur vollkommenen Zerstörung der Rechtssicherheit*",[27] machen den Angeklagten "vogelfrei" (Hervorhebung V.S.). Obwohl Halle richtig konstatiert, daß die Justiz von Weimar den Faschisten den Weg zur Macht mit ebnete und es in den 20er Jahren schon Angriffe auf die freie Advokatur gab, zeige sich die neue Qualität des faschistischen Strafrechts in der "Zerstörung aller Rechtsinstitutionen, *die vom Standpunkt des Humanismus und der Gerechtigkeit Grundlagen der Kultur und Zivilisation sind*".[28]

Indem für Halle das Vorhandensein der Rechtsgarantien "Maßstab der Zivilisation und Kultur", das Recht auf Verteidigung "Teil der Menschen- und Bürgerrechte"[29] ist, die ein proletarischer Staat garantiert, setzt er einen Ausgangspunkt für einen produktiven Zugriff der KPD auf die Menschenrechte, der sowohl das Moment der Kontinuität als auch das der Diskontinuität aufweist. Damit legte Halle natürlich indirekt auch den Finger auf die Wunde im Strafrechtssystem der Sowjetunion Mitte der 30er Jahre, die einem Juristen nicht verborgen bleiben konnte. Das Fehlen dieser Menschenrechte war zwar nicht die letztliche Ursache, wohl aber Ausdruck des autoritären Herrschaftssystems und lieferte die Individuen schutzlos der staatlichen Repression aus.

Wohlgemerkt: Die Ausgangspunkte hatten sich zu denen der 20er Jahre verändert. Damals war das von Marxisten entworfene Strafrechtskonzept auch eine "heroische Illusion", den Staat und seine auch destruktive Gewalt zurückzunehmen. Aber 1935/36 hatte sich das Bild gewandelt. Natürlich wäre es vermessen, von Halle 1936 in Moskau unter der Bedrohung des Faschismus und der damit verknüpften Entweder-Oder-Fragestellung eine offene Kritik zu fordern. Doch ist es auch bei ihm ein Zeichen jenes intellektuellen Konformismus, den er mit vielen teilte, wenn er, für den 1931 die Beseitigung des Abtreibungsverbots auch ein Schritt zur freien Selbstbestimmung und Gleichberechtigung der Frau ist, die Wiedereinführung der Bestrafung in der Sowjetunion begründet.[30] Die durch die Erfahrungen mit dem Faschismus gewonnene neue Position bewahrte ihn auch nicht vor der Illusion, die Verfassung von 1936 real zu bewerten. In einem Beitrag zum Entwurf betont er, daß zu einem Zeitpunkt, wo in einer Reihe von Ländern die liberaldemokratischen Verfassungen zertrümmert werden, in der Sowjetverfassung die großen Gedanken der Freiheit und Menschlichkeit *aus der amerikanischen und französischen Revolution* und darüber hinaus die Grundrechte des gesamten werktätigen Volkes verwirklicht würden. Die Sowjetmacht festige mit der Verfassung ihre sozialistische Gesetzlichkeit und schreite "zu einer Demokratisierung auf breitester Grundlage".[31]

Doch hier irrte Halle, der - im Gegensatz zu seiner Methode in den 20er Jahren - seine Kritik auf den geschriebenen Text eingrenzte. Die Realität sah nun anders aus. Die Säuberungen unter Mißachtung jeglicher Rechtsstaatlichkeit hatten begonnen. Halle wird am 22. August 1937 unter Bruch dieser Verfassung wegen angeblicher konterrevolutionärer Tätigkeit durch Organe des NKWD verhaftet und zum Tode durch Erschießen verurteilt (insofern man überhaupt von Verurteilung sprechen kann). Bereits sein 'Bericht über die Anklageschrift gegen Ernst Thälmann' enthält den handschriftlichen Vermerk Wilhelm Florins: "Vorsichtig betrachten, da Halle als Feind entlarvt ist"[32], was nur ein Indiz für die Mittäterschaft der Moskauer KPD-Führung ist. Damit wurde auch in der KPD eine Linie im rechtswissenschaftlichen Denken ausgelöscht, die zumindest in Ansätzen ein differenzierteres Herangehen an die Menschenrechte, die sowohl der *Ausübung* wie auch der *Limitierung* von (staatlicher) Macht dienen können, ermöglicht hätte. Ein solcher Zugang entsprach jedoch nicht dem Sicherheitsverständnis und der Logik des Machterhalts des herrschenden Monosubjekts Staats- und Parteiführung. Insofern ist das Vergessen einer Tradition, die nicht nur mit dem Namen Halle verknüpft ist, in der DDR nicht auf eine gewisse Mittäterschaft der Moskauer KPD-Führung zu reduzieren, sondern auch inhaltlich determiniert: Es ist eben festzuhalten, daß die deutsche Arbeiterbewegung in der Weimarer Republik und danach gegen rechte Positionen gekämpft hat, die Verfassung und Strafrecht zu *Instrumenten* einer verfassungs- und menschenrechtsfeindlichen Politik herabwürdigten. Als ein Teil dieser Arbeiterbewegung 1949 in der DDR staatliche Macht auszuüben begann, hat sie beschämenderweise ein *im Grunde* gleiche (wenn auch mit anderen Zielstellungen verbundene) Position wie ihre Gegner vertreten: Verfassung, Strafrecht, Rechtspflege wurden als Instrumente einer bestimmten Politik, besser: bestimmter Politiker und politischer Gremien, und nicht als *verbindliches* Maß von Politik verstanden.[33] Damit bestand aber auch kein Bedürfnis, Erfahrungen der deutschen Arbeiterbewegung mit den Menschenrechten, welche sich im Widerspruch zwischen formaler und wirklicher Freiheit bewegten, nun - wo sich die Vorstellung von einer kurzen Übergangsperiode als Irrtum erwiesen hatte - auch für rechtliche Sicherungen gegen eine Verselbständigung des Staates nutzbar zu machen. Der einzig wirklich ernsthafte Versuch in diese Richtung in der DDR war die Verfassungsdiskussion am Runden Tisch 1989/90. Jetzt sollten sowohl diejenigen Menschenrechte, die die partielle Emanzipation des Menschen in den bürgerlichen Revolutionen festschrieben, als auch soziale Menschenrechte in Kontinuität und Diskontinuität zum Marxschen Ansatz für eine Politik in Anschlag gebracht werden, die jede Monopolisierung sozialer Macht verhindert, also ebenso Kapitalkonzentration wie bürokratische Entscheidungsmonopole ausschließt.[34] Die Reduzierung der Ansprüche der Bürgerbewegung vom Herbst 1989 auf die Bürgerrechte der bürgerlichen Revolutionen ist daher zu kurz gegriffen.[35] Vielmehr sollte eine an die Erfahrungen und Forderungen von 1989 anknüpfende Menschenrechtskonzeption über die Formen bürgerlichrepräsentativer Demokratie hinausgehen und in allen gesellschaftlichen Bereichen Teilhaberrechte und damit die demokratische Vergesellschaftung des staatlichen Gewaltmonopols anstreben.[36]

Anmerkungen

1 Vgl. Sozialismus am Scheideweg. Fragen an eine neue Konzeption, Berlin 1990, S. 44, 51.

2 Vgl. Klenner, H., Deutsche Rechtsphilosophie im 19. Jahrhundert, Berlin 1991, S. 215 f. Insofern bleibt K.A. Mollnau [Abschied vom Realsozialismus und Menschenrechtsverwirklichung. In: Staat und Recht, 1990, S. 774] m.E. hinter der Marxschen Erkenntnis zurück, wenn er die mit den bürgerlichen Revolutionen herausgebildeten Menschenrechte als "universale[s], allgemeinmenschliche[s] Wertesystem" charakterisiert.

3 Vgl. Protokoll des Gründungsparteitages der Kommunistischen Partei Deutschlands (30. Dezember 1918 bis 1. Januar 1919), Berlin 1985, S. 184.

4 Vgl. Marx, K./F. Engels, Werke, Bd. 4, Berlin 1977, S. 477.

5 So lehnten 1928 Angehörige der sogenannten Rechten (!) um Heinrich Brandler die Bildung eines Kartells zur Reform des politischen Strafrechts als unmarxistisch ab. Es gebe nur die Beseitigung dieses Strafrechts, da jede andere Reform helfen würde, die Legalisierung der Unterdrückung zu vertuschen [vgl. Clique oder Klasse? Die Zerstörung der 'Roten Hilfe' - Tatsachen, Dokumente, Berlin o.J., S. 17].

6 Luxemburg, R., Gesammelte Werke, Bd. 4, Berlin 1987, S. 358, 363. Es ist schon bezeichnend, daß diese Schrift in der DDR kaum rezipiert wurde. Bei U.-J. Heuer [Marxismus und Demokratie, Berlin 1989] wird die Kritik Luxemburgs mit Lenin zurückgewiesen.

7 Vgl. Protokoll des Gründungsparteitages der Kommunistischen Partei Deutschlands, a.a.O., S. 179-184; K. Marx/F. Engels, Werke, Bd. 7, Berlin 1975, S. 520.

8 Vgl. Haferstroh, P., Zur Imperialismustheorie und Analyse der KPD in den ersten Jahren der Weimarer Republik. In: Jahrbuch für Geschichte, Bd. 36, Berlin 1988, S. 165-180.

9 Vgl. Halle, F., Deutsche Sondergerichtsbarkeit 1918 bis 1921, Berlin/Leipzig 1922, S. VIII, und die von E. Ludwig [Pseudonym für E. Alexander] dazu verfaßte Rezension. In: Internationale Presse-Korrespondenz [Inprekorr], (1922) 80, S. 614.

10 Vgl. Institut für Geschichte der Arbeiterbewegung [IfGA], Zentrales Parteiarchiv [ZPA], I 2/711/1 [Bericht über die Tätigkeit der Juristischen Zentralstelle der KPD vom 1. Oktober 1921 bis zum 1. Oktober 1922].

11 Vgl. Halle, F., Das Asylrecht in der deutschen Republik. Zum Fall von Fort und Joaquina. In: Die Rote Fahne vom 4.11.1921.

12 Vgl. IfGA, ZPA, I 2/711/1.

13 Vgl. beispielsweise F. Halles Rezension zu: H. Freund, Strafgesetzbuch, Gerichtsverfassungsgesetz und Strafprozeßordnung Sowjetrußlands, Mannheim/Berlin/Leipzig 1925. In: Die Internationale, (1926) 8, S. 254.

14 Paschukanis, E., Allgemeine Rechtslehre und Marxismus, Wien/Berlin 1929, S. 169 f. Die von H. Klenner und L. Mamut herausgegebene Neuauflage [Freiburg/Berlin 1991] folgt dieser deutschen Erstausgabe.

15 Freund, H., Strafrechtsreform im Zeichen der marxistischen Theorie. Die neuen sowjetrussischen Entwürfe. In: Zeitschrift für die gesamte Strafrechtswissenschaft, Bd. 51, 1931, S. 307.

16 Vgl. ebenda, S. 303; K. Hiller, Das neue Sexualstrafrecht und die Schwarze Gefahr. In: Die Weltbühne, (1930) 34, S. 270; E. Ferri, Das Strafrecht Sowjetrußlands. In: Die Justiz, Bd. III, 1927/28, S. 311 ff.

17 Sozialismus am Scheideweg. Fragen an eine neue Konzeption, a.a.O., S. 49.

18 Freund, H., Strafgesetzbuch, Gerichtsverfassungsgesetz und Strafprozeßordnung Sowjetrußlands, a.a.O., S. 22; vgl. auch M. Hodann, Sowjetunion Gestern - Heute - Morgen, Berlin 1930, S. 105 ff. und 159 ff.

19 1930 wurden zwei neue Strafgesetzentwürfe durch die Kommissionen Krylenkos [u.a. mit Paschukanis] und Schirwindts vorgelegt, welche die im StGB von 1926 angelegte Konzeption noch stärker fortentwickelten.

20 In meinem Aufsatz 'KPD und sowjetische Kriminalwissenschaften' [Staat und Recht, 1987, S. 852 ff.] habe ich noch einseitig die 'heroischen Illusionen' hervorgehoben.

21 Vgl. IfGA, ZPA, I 2/711/1.

22 Vgl. F. Halles Rezension zu: N. Pasche-Oserski, Strafe und Strafvollzug in der Sowjet-Union, Berlin 1929. In: Revue der Internationalen Juristischen Vereinigung, (1930) 3/4, S. 62.

23 Vgl. Timpe, F., Die juristische Praxis in den politischen Prozessen und die Organisierung der Verteidigung. In: Die Praxis der bürgerlichen Klassenjustiz im Kampfe gegen die revolutionären Bewegungen der Werktätigen, nationalen Minderheiten, Kolonial- und Halbkolonialvölker, Berlin 1928, S. 34.

24 Halle, F., Die Schweiz muß das Verlangen der Hitler-Regierung, Heinz Neumann auszuliefern, ablehnen. In: Rundschau über Politik, Wirtschaft und Arbeiterbewegung, (1935) 3, S. 161.

25 IfGA, ZPA, I 6/3/377 [Denkschrift über die nationalsozialistischen Umsturzbewegungen in Deutschland].

26 Halle, F., Das neue nationalsozialistische Strafrecht. In: Einheit für Hilfe und Verteidigung, Paris (1936) 12, S. 16.

27 Ebenda, S. 17.

28 Halle, F., Neudeutsches Recht. In: Rundschau über Politik, Wirtschaft und Arbeiterbewegung, (1935) 76, S. 2915.

29 IfGA, ZPA, I 6/3/375 [Plädoyer für Ernst Thälmann].

30 Vgl. Halle, F., Geschlechtsleben und Strafrecht, Berlin 1931, S. 8; ders., Die neue sowjetische Gesetzgebung über die erweiterte Fürsorge für Mutter und Kind und über das Verbot des Aborts. In: Rundschau über Politik, Wirtschaft und Arbeiterbewegung, (1936) 32, S. 1305 ff.

31 Halle, F., Gespräch über Verfassung. In: Deutsche Zentralzeitung, Moskau vom 24.6.1936. Ähnlicher Auffassung ist auch K. Rosenfeld [Die erste sozialistische Verfassung. In: Einheit für Hilfe und Verteidigung, (1936) 9, S. 15 f.], der sich 1936 in der Sowjetunion aufhielt und für den nach "19 Jahren der proletarischen Diktatur die zweite Epoche der sozialistischen Revolution: die Ära der ökonomisch gesicherten, demokratischen und sozialistischen Gesellschaft" beginnt.

32 IfGA, ZPA, NL 3/100.

33 Natürlich darf die Geschichte des DDR-Strafrechts hier nicht vereinseitigt werden. So gab es auch die (zwar nicht dominierende) Tendenz, integrative und weniger repressive Formen der Konfliktregelung zu entwickeln [vgl. V. Schöneburg, Sozialismus und Strafrecht: Visionen, Forderungen und Erfahrungen aus 40 Jahren DDR. In: Widersprüche, Offenbach (1990) 36, S. 23-32; Götz Berger (geb. 1905) - Ein Jurist mit aufrechtem Gang. In: Demokratie und Recht, (1990) 4]. Andererseits sollte man sich vor der Illusion hüten, daß die Einhaltung der Menschenrechte und Rechtsstaatlichkeit in der Strafjustiz in der ehemaligen BRD immer gegeben waren [vgl. beispielsweise P. Bakker Schut, Stammheim. Die notwendige Korrektur der herrschenden Meinung, Kiel 1989].

34 Vgl. Busch-Weßlau, J., Sozialistischer Rechtsstaat - neue Form des demokratischen Staates? In: Das Argument, 1990, S. 753.

35 So aber Mollnau, K.A., a.a.O., S. 778.

36 So Kunstreich, T., Demokratische Revolution und nationale Konterrevolution - die Fortsetzung des 'deutschen Sonderwegs'. In: Utopie-kreativ, (1991) 5, S. 20 ff.

KARL A. MOLLNAU

Über die Wyschinski-Rezeption der Babelsberger Konferenz

Er soll genannt werden der Sieger über Alba
Er soll genannt werden der Mörder seiner Schwester
Mit einem Atem sein Verdienst und seine Schuld.
Und wer seine Schuld nennt und nennt sein Verdienst nicht
Der soll mit den Hunden wohnen als ein Hund
Und wer sein Verdienst nennt und seine Schuld nicht
Der soll auch mit den Hunden wohnen.
Wer aber seine Schuld nennt zu einer Zeit
Und nennt sein Verdienst zu anderer Zeit
Redend aus einem Mund zu verschiedener Zeit anders
Dem soll die Zunge ausgerissen werden.
[Heiner Müller, Die Horatier.
In: Texte 6, Berlin (West) 1978, S. 53]

Wer die Geschichte der Rechtswissenschaft in der einstigen DDR schreiben will, der wird von Hermann Klenner reden müssen. Ein Satz, für den es einige Gründe gibt und der kaum über einen anderen Rechtswissenschaftler hierzulande gesagt werden kann.

Wer aber von Klenners Werk redet, der wird schnell gewahr werden, daß man sich der Rechtswissenschaft aus der früheren DDR nicht nur mit den Geräten der Geschichtsentsorgung nähern muß. Aber natürlich ist auch Geschichtsentsorgung erforderlich, und niemand sollte sich wundern, wenn der Überbau der verblichenen DDR abgeräumt wird. Wenn allerdings Behördeneifer, ungebremst von Rechtsstaatlichkeit, sich anschickt, unter dem Stichwort der ideologischen Belastung ganze Disziplinen der Gesellschafts- und Geisteswissenschaften pauschal in den Orkus zu befördern, dann wird schon wieder an einer Geschichtsentsorgungsnotwendigkeit für kommende Generationen gewerkelt.

Hermann Klenners Werk ist mit der Rechtswissenschaftsgeschichte in der DDR intim verkoppelt. Sein Weg und sein Wirken spiegeln in exemplarischer Weise Bewegung und Bewegtheit wider, die es im grundlagentheoretischen Bereich der Rechtswissenschaft der DDR gegeben hat. Auf hohem Plateau interdisziplinärer historischer Bildung stehend, ausgestattet mit der theoretischen Sensibilität und der analytischen Kraft eines scharfen Verstandes, war der Jubilar als

Agierender und/oder Reagierender an allen wesentlichen Konzeptionskontroversen und Richtungskämpfen beteiligt, die in der DDR-Rechtswissenschaft ausgetragen wurden.

Schlüsselereignis für den Niedergang der DDR-Rechtswissenschaft

Will man wissen, was wirklich gewesen ist und welchen Anteil die Rechtswissenschaft an den Fehlentwicklungen der DDR gehabt hat, dann müssen gerade diese Richtungskämpfe analysiert werden. Freilich, diejenigen haben daran kein Interesse, die die neuen Bundesländer auch wissenschaftlich geschichtslos erscheinen lassen wollen und die frühere DDR als politisches Monster hinstellen möchten. Aber auch jene wollen das nicht, die ihre Beteiligung an den Auseinandersetzungen aus ihrer Biographie zu verdrängen suchen, weil sie Angst vor dem Eingeständnis ihrer eigenen Niedertracht von gestern haben.

Es scheint mir symptomatisch für den Zustand der Rechtswissenschaft und ihrer Zukunft sowie ihrer Lehr- und Forschungsstätten in den neuen Bundesländern zu sein, daß das Schlüsselereignis für den Niedergang der Rechtswissenschaft in der einstigen DDR nach der sog. Wende kaum kritisch hinterfragt wurde. Die Rede ist von der Anfang April 1958 vom ZK der SED in Babelsberg durchgeführten staats- und rechtswissenschaftlichen Konferenz. Also jener Veranstaltung, die unter der Bezeichnung 'Babelsberger Konferenz' zu einem festen Begriff wurde. Ein entsprechendes Stichwort gibt es sogar in Meyers Neues Lexikon.

Wenn eingangs von der intimen Verkoppelung des Werkes von Klenner mit der Rechtswissenschaftsgeschichte in der DDR gesprochen wurde, auf dieser Konferenz wurde sie hergestellt und vom faktisch ersten Mann im Staat beglaubigt.

In jener Zeit gehörte es zum landesüblichen Brauch, die auf solchen Konferenzen vorgesehenen Aburteilungen intellektueller Delinquenten mit langwierigen und oft auch unflätigen ideologischen Kampagnen vorzubereiten. So geschah es auch im Fall Klenner. Die gegen ihn gerichtete Kampagne begann auf einer Versammlung der Parteiorganisation der Berliner Juristenfakultät mit einer vergleichsweise harmlosen Kritik an einem Aufsatz zum Thema 'Parteilichkeit und immanente Kritik', der von einem seiner Assistenten verfaßt worden war und den man ihm in die Schuhe schieben wollte.

Die Kritik an Klenners theoretischen Positionen wurde vor allem an seinem Aufsatz 'Über die ideologische Natur des Rechts' festgemacht, den er in einer Festschrift zum 40. Jahrestag der Oktoberrevolution veröffentlicht hatte.

Ihren Höhepunkt erreichte die Kampagne gegen Klenner mit der Veröffentlichung jenes unsäglichen Artikels mit der Überschrift 'Professor Klenner und der Revisionismus' in dem SED-Zentralorgan 'Neues Deutschland'.[1]

Obwohl andere ihr die Feder geführt hatten, zeichnete als Autorin Annemarie Helmbrecht, eine subalterne, zu jeder wissenschaftlichen Arbeit unfähige Mitarbeiterin der Berliner Juristenfakultät[2], aber eine fanatisierte Stalinistin, verantwortlich.

Auf der Konferenz war es dann Walter Ulbricht höchstselbst, der im Hauptreferat und Schlußwort Klenner kritisierte. Aber er ließ es dabei nicht bewenden, sondern heizte durch scharfmacherische Zwischenrufe in der Diskussion die Atmosphäre gegen Klenner an. So wartete Ulbricht plötzlich mit der in Richtung Kriminalisierung weisenden Mitteilung auf, er verfüge über Informationen, wonach Klenner schon längere Zeit ein Sympathisant von Nagy sei. Man erinnere sich: Imre Nagy war wegen Konterrevolution in Budapest erschossen worden.[3]

Wenn auch Juristen wie Hermann Klenner, Karl Bönninger und Heinz Such Hauptadressaten der auf der Babelsberger Konferenz artikulierten Kritik waren, diese Konferenz erhielt ihre Impulse nicht nur aus rechtswissenschaftlichen Problemlagen. In Wirklichkeit war sie nämlich mehr eine innenpolitische Standortbestimmung im Kostüm der Staats- und Rechtswissenschaft.

Die Babelsberger Konferenz war Bestandteil einer Reihe von Maßnahmen, mit der die Ulbricht-Gruppe auf den XX. Parteitag der KPdSU reagierte. Das Ziel war, in der DDR eine Entstalinisierung zu verhindern.

Nachdem es Walter Ulbricht und seinem Anhang Anfang Februar 1958 auf dem 35. Plenum des ZK der SED gelungen war, die innerparteiliche Opposition um Karl Schirdewan auszuschalten[4], wollten die stalinistischen Kräfte ihre Position innenpolitisch und ideologisch weiter ausbauen. Angestrebt wurde die totale Unterordnung des Staates unter den Parteiapparat; dies wurde mit dem Beschluß des Politbüros des ZK der SED vom 12.7.1960 sowie dessen Akzeptierung in einer Ministerratssitzung am 14.7.1960 unter ausdrücklicher Zustimmung der Kabinettsmitglieder aus den Blockparteien erreicht.[5] Auf dem Wege dahin war die Babelsberger Konferenz ein Meilenstein; denn sie legte die ideologischen Grundlagen für die uneingeschränkte und unvermittelte Instrumentalisierung von Staat und Recht durch die Partei, indem sie ein politbürokratisch-instrumentalistisches Staats- und Rechtsverständnis verordnete. Danach waren Staat und Recht nicht nur Anhängsel des Parteiapparates, sondern ihm untergeordnet. Jedes Staats- und Rechtsorgan hatte ein Parallelorgan im Parteiapparat, von dem es dirigiert und kontrolliert wurde.

Weichenstellung durch die Babelsberger Konferenz

Der politbürokratischen Instrumentalisierung von Staat und Recht entsprach ein Programm zur politischen Knochenerweichung der Rechtswissenschaft. Der Einzug der leergedroschenen Phrasen aus der Parteibeschlußexegese in die juristische Lehre und Forschung begann flächendeckend. So war die Babelsberger

Konferenz nicht nur eine Zäsur in der Entwicklung der Rechtswissenschaft der DDR, sondern eine Weichenstellung, die sie auf die Geleise einer Niedergangsjurisprudenz führte. Dies ist der Grund, weshalb in der inzwischen unumgänglichen kritischen Selbstanalyse der Rechtswissenschaft in der ehemaligen DDR eine der ersten Fragen sein muß, wie man es mit der Babelsberger Konferenz und ihrem Geist gehalten hat. Dieser Frage können sich auch jene nicht entziehen, die auf den Karrierekomfort einer vermeintlich nicht weiter zu hinterfragenden Rechtsdogmatik setzen. Rechtskunde bringt noch kein Rechtsverständnis, und Rechtswissenschaft schon gar nicht. Bei alldem ist in Rechnung zu stellen, daß der Geist der Babelsberger Konferenz bis zum Herbst 1989 eine weitgehend ungebrochene Wirkungsgeschichte in der DDR hatte. Zwar gab es unmittelbar nach dem Machtantritt Erich Honeckers, als es aus Gründen der Konsolidierung seiner Position geraten erschien, alles was irgendwie mit Ulbricht zu tun hatte, nicht mehr zur Sprache zu bringen, retardierende Momente; auch konnten sich die Gegner der Babelsberger Konferenz gewisse Freiräume schaffen, aber dafür revanchierten sich in den 80er Jahren die Parteigänger dieser Konferenz mit deren Revitalisierung.[6]

Die Babelsberger Konferenz stellte Weichen für die Rechtswissenschaftsentwicklung in der DDR indem sie

1. den Umgang mit dem stalinistischen Rechtskonzept nach seiner Dechiffrierung in der Sowjetunion definierte und ein poststalinistisches rechtstheoretisches Konzept entwarf;

2. kritisches rechtstheoretisches Nachdenken auf den Index setzte und den Bau eines Cordon sanitaire gegen eine demokratisch-sozialistische Staats- und Rechtsordnung verlangte;

3. die Bildung einer stalinistischen bzw. poststalinistischen Fraktion in der DDR-Rechtswissenschaft auf den Weg brachte[7], deren harter Kern bis zum Oktober 1989 virulent blieb und

4. eine institutionelle Operationsbasis für diese Fraktion schuf, indem die Deutsche Akademie für Staats- und Rechtswissenschaft 'Walter Ulbricht' als oberwissenschaftlich-administrative Leitinstanz für die gesamte juristische Forschung und Lehre in der DDR ausgerufen wurde.

So wie im großen ideologischen Rahmen der Umgang mit Stalin nach dem XX. Parteitag neu definiert werden mußte, so mußte sich damals die Rechtswissenschaft in der DDR klar werden, wie sie sich künftig zu Wyschinskis Rechtskonzept zu verhalten gedachte.

Im ersten Fall engagierte sich Ulbricht selbst. Als Nikita Chruschtschow Stalins Sturz vom Klassikersockel besorgt hatte, erklärte er mit zynischer Abruptheit und als hätte er nie etwas anderes behauptet, Stalin gehöre selbstverständlich nicht zu den Klassikern, um jedoch in gleichem Atemzuge festzustellen, das bedeute nicht, etwa alles das, was Genosse Stalin geschrieben habe, sei falsch, und niemand spreche davon, die Stalinbände nicht mehr benutzen zu dürfen.[8] Dieses durchaus zwieschlächtige Statement hat wahrscheinlich in Moskau Verstimmung ausgelöst, oder zumindest wurde dies befürchtet. Einen Tag später schickte nämlich Ulbricht an Chruschtschow ein Telegramm, worin er die Gründe für seine Rede erläuterte und um gut Wetter bat.[9]

Was nun Wyschinski angeht, so muß zunächst in Erinnerung gebracht werden, daß die Rechtswissenschaft in der DDR zumindest bis 1956 von der offenen, unvermittelten und oft auch primitiven Rezeption der Wyschinskischen Konzeption lebte. Gewiß, nicht jeder Jurist sah - wie Karl Polak - in Wyschinski den größten Theoretiker und Praktiker des Rechts unserer Epoche; auch war nicht für jeden - wie für Hilde Benjamin - das Studium von Wyschinski-Schriften eine Art juristisches Urerlebnis, aber eingeschworen auf Andrej Januarewitsch Wyschinski waren sie alle. Auch Hermann Klenner. Seine 1953 in Berlin in 1. Auflage erschienene Schrift 'Der Marxismus-Leninismus über das Wesen des Rechts' belegt es. Und wenn ich mich an die Vorlesungen erinnere, die ich von 1952 bis Anfang 1956 an der hiesigen Fakultät hörte, so waren manche ihrer Passagen nach dem Grundriß gebaut: Welches ist der kürzeste Weg zwischen zwei Wyschinski/Stalin-Zitaten. Zwei Vorlesungen müssen jedoch ausgenommen werden: Die von Kanger über Kriminalistik und die von Buchda über Rechtsgeschichte.

Hausgemachter DDR-Dogmatismus und verdeckte Wyschinski-Rezeption

Daß Wyschinski nach dem XX. Parteitag auch in der DDR-Rechtswissenschaft nicht länger die unangefochtene Autorität bleiben konnte, war offensichtlich. Zumal in der Sowjetunion erste Kritik an seinem Rechtsbegriff erschien und die Beschuldigungen, die Wyschinski gegen Paschukanis, Stutschka und andere Rechtswissenschaftler vorgebracht hatte, in Frage gestellt wurden.[10] Außerdem regten sich in juristischen Instituten der DDR kritische und innovative Geister und machten gegen den Dogmatismus in der Rechtswissenschaft Front. Mit selbstkritischem Engagement gingen einige Rechtswissenschaftler daran, Positionen zu korrigieren, die sie in den Anfangsjahren der DDR selbst mit vertreten, inzwischen aber als dem Sozialismus nicht gemäß erkannt hatten.

Auf der anderen Seite hätte eine Fundamentalkritik an Wyschinskis Rechtskonzept das Programm Ulbrichts zur Verhinderung der Destalinisierung der DDR an einer wichtigen innenpolitischen Flanke ins Wanken bringen können. In dieser Situation entschloß man sich, die offene Rezeption Wyschinskis zu beenden und zu einer verdeckten überzugehen. Die Marschroute für dieses Unternehmen wurde auf der Babelsberger Konferenz ausgegeben. Zur Tarnung tat man zweierlei: Einmal wurde auf dieser Konferenz der Name Wyschinskis weder positiv noch negativ, weder kritisch noch affirmativ genannt. Zum anderen wurde der Rückgriff auf Wyschinski-Dogmen mit Hinweisen auf DDR-spezifische Probleme verfremdet. Dabei handelte es sich aber keineswegs um Probleme, die sich aus Deformationen und Verletzungen der Gesetzlichkeit in den fünfziger Jahren in der DDR ergaben. Darüber schwieg man sich genauso aus wie über die Verurteilung der Stalinschen Verbrechen auf dem XX. Parteitag der KPdSU.

Die Verwandtschaft und Kongruenz zwischen dem Konzept der Babelsberger Konferenz und den Auffassungen Wyschinskis zeigt sich u.a. in folgenden Punkten:

1. Nicht die soziale Kausalität des Rechts, sondern dessen machteffiziente Funktionalität interessiere. Das Recht wurde deshalb aus dem tatsächlichen Interessenwiderspruch und -streit in der Gesellschaft herausgelöst und in den voluntativ-ideologischen Mechanismus der Politbürokratie eingebunden, der als Definitionsmacht und Hüter eines imaginären, mit Hilfe des Rechts durchzusetzenden gesellschaftlichen Interesses wirkte. Hieß es bei Wyschinski, das Wirkungsziel des Rechts sei die Sicherung von Zuständen und Verhältnissen, die für die Herrschenden genehm und vorteilhaft sind, definierte Ulbricht den Nutzen für die Praxis als Bewertungskriterium für Recht und Rechtswissenschaft.[11]

2. So wie Wyschinski das Wesen des sozialistischen Rechts aus dem Wesen des sozialistischen Staates, der Diktatur des Proletariats und ihrer Mission ableitete, so forderte auch Ulbricht, die Frage der politischen Macht, die Erkenntnis des Wesens der Diktatur des Proletariats zur Grundlage der gesamten Arbeit in Theorie und Praxis des Rechts zu machen.[12] Die uralte Einsicht, wonach Rechtsfragen mittelbar oder unmittelbar auch Machtfragen sind, wurde auf diese Weise zu der These pervertiert: Rechtsfragen sind in erster Linie oder gar nur Machtfragen.

3. Für Wyschinski war Recht die Erfassung und Normierung der Politik; die Erkenntnis des politischen Inhalts der Rechtsnormen stand deshalb für ihn im Mittelpunkt ihrer Auslegung und Anwendung. Ulbricht ging noch weiter, indem er das Recht unvermittelt an die Beschlüsse der Partei band. Für ihn waren die Parteibeschlüsse die lückenlose Grundlage der Gesetze. Deshalb mahnte er, die Lehre von der Partei zur Basis der Rechtswissenschaft zu machen.[13]

Eine derart akzentuierte Hervorhebung der Partei als nicht weiter zu hinterfragender Legitimationsgrundlage des Rechts fand sich bei dem mehr etatistisch orientierten Wyschinski nicht. Aber gerade diese Akzentsetzung ist der Ausgangspunkt, von dem aus die Wyschinski-Konzeption auf der Babelsberger Konferenz mit hausgemachtem DDR-Dogmatismus angereichert wurde. Sein Kernstück war die radikale Leugnung jeder Spezifik des Rechts.

Das Recht als ein relativ selbständiges Moment eingebunden in die gesamtgesellschaftliche Bewegung zu begreifen, dessen Eigentümlichkeiten zu respektieren sind, weil es selbst etwas ist, wäre der Parteibürokratie hinderlich gewesen, sich über das Recht zu stellen. Die Parteibürokratie sah in der relativen Selbständigkeit des Rechts etwas Bedrohliches, denn ein relativ selbständiges Recht wäre auch ihr gegenüber relativ selbständig gewesen. Von hier aus hätte es dann aber nur noch eines kleinen Schrittes bedurft, um die Partei dem Recht als Maß zu unterwerfen. Allein dies konnte ja nicht sein, weil es dem Selbstverständnis der Partei als Führungskraft, die immer recht hat, widersprach. Hier liegt eine ideologische Wurzel der Feindschaft, die die kommunistischen Parteien dem Rechtsstaat entgegenbrachten und entgegenbringen, sobald sie an der Macht sind.

Mit der Kampfansage an die Spezifik und relative Selbständigkeit des Rechts war die Zurücknahme der gesamten Rechtswissenschaftsgeschichte und ihrer theoretischen Einsichten, inbegriffen die der bürgerlichen Aufklärung, vorprogrammiert. Die Totalnegation aller vorsozialistischen Rechtstraditionen und allen vormarxistischen Rechtsdenkens - ein weiteres Element des DDR-hausgemachten Dogmatismus - löste Aktionen aus, die etwas von einer vorweggenommenen Miniaturausgabe der Kulturrevolution chinesischen Zuschnitts an sich hatten. So wurden beispielsweise wenige Tage nach der Babelsberger Konferenz - veranlaßt von einer dogmatischen Hardlinergruppe, die sich um die bereits erwähnte Frau Helmbrecht geschart hatte - die Büsten von Savigny und Dernburg aus der Bibliothek der Berliner Juristenfakultät entfernt und in den Keller verfrachtet; die auf Veranlassung von Hermann Klenner in den Räumen des Instituts für Staats- und Rechtstheorie aufgehängten Bilder von Rechtsphilosophen der Aufklärung mußten verschwinden, und ihre Werke wurden aus der Handbibliothek des Lesesaals ausgesondert, damit sie den Studenten nicht unkontrolliert zugänglich waren.

Dem Geist solcher Bilderstürmerei entsprach die Verlogenheit, die in der Implementationsphase der Babelsberger Konferenz offenbar wurde und namentlich die Wyschinski-Rezeption betraf. Als nämlich die KPdSU 1961 auf ihrem XXII. Parteitag die Kritik an Stalin und Wyschinski erneuerte und teilweise verschärfte, wurde nun auf einmal die auf der Babelsberger Konferenz praktizierte verdeckte Wyschinski-Rezeption in eine offen Wyschinski-Kritik umzufunktionieren versucht. Karl Polak, ideologischer Architekt der Babelsberger Konferenz und inzwischen ihr tonangebender Interpret und oberster Dogmenverwalter, blieb es vorbehalten, diesen Roßtäuschertrick öffentlich zu machen.

Im Vorwort zur 3. Auflage seiner 'Dialektik in der Staatslehre' überraschte er mit der Mitteilung, die Durchsetzung der Babelsberger Konferenz sei erschwert worden, weil viele Staats- und Rechtswissenschaftler nicht begriffen hätten, daß deren "Position des Kampfes gegen die bürgerliche Ideologie und den Revisionismus zugleich die Kampfansage gegen die dogmatische Erstarrung des staats- und rechtswissenschaftlichen Denkens war, wie sie sich unter dem Einfluß Wyschinskis herausgebildet hatte.".[14]

Daß Polak ausgerechnet solche Worte schrieb, zeugt von hartleibiger Unverfrorenheit, denn gerade er war es, der nicht allzulange vor der Babelsberger Konferenz einen umfangreichen Artikel publizierte, der einzig und allein der hemmungslosen Verherrlichung der Theorie und Praxis des Andrej Wyschinski diente.[15] Aber nicht nur das: Die konzeptionellen Akzente und Eckpunkte, die dieser Artikel enthielt, schrieb dann Polak in seiner Funktion als juristischer Ghostwriter Walter Ulbrichts nieder in dessen Babelsberger Konferenz-Referat. Selbst der schlimme Kosmopolitismus-Vorwurf, den Ulbricht gegen Klenner erhob, dürfte von diesem Artikel angeregt worden sein. Zumindest taucht in der ideologischen Verdienstliste Wyschinskis, die Polak aufmachte, die "Aufdeckung der ganzen Ungeheuerlichkeit kosmopolitischer Rechtskonstruktion" auf.[16]

Bei dem Versuch, die Babelsberger Konferenz und damit sich selbst in einen Anti-Wyschinski zu verzaubern, wurde Polak von anderen DDR-Juristen unterstützt. Dabei wurden die Grenzen zwischen Demagogie und Oberflächlichkeit zunehmend fließender. So, wenn etwa Wyschinskis rechtstheoretisches Konzept als Forderung angesehen wurde, den wissenschaftlichen Reichtum des juristischen Denkens der bürgerlichen Gesellschaft heranzuziehen, und wenn dafür Wyschinski ausgerechnet von glühenden Parteigängern der Babelsberger Konferenz kritisiert wurde.[17]

Das Bemühen, die ideologische Herkunft der Babelsberger Konferenz im dunkeln zu lassen, blieb in der DDR-Rechtswissenschaft erfolgreich, weil eine wirkliche Analyse dieser Konferenz von der dafür zuständigen Partei- und Wissenschaftsbürokratie verhindert wurde. Allerdings gab es einige Versuche, denen aber in der Regel ein unsanftes Ende bereitet wurde.

Geradezu phänomenal ist es allerdings, daß auch nach der sog. Wende Spurenverwedelung im Umgang mit stalinistischen Konzepten und Thesen in der DDR-Rechtswissenschaft betrieben wird. Das Argumentationsmuster ist denkbar einfach: Man behandelt den Stalinismus in der Rechtswissenschaft als rein sowjetische Erscheinung und kühlt sein gewendetes Mütchen an Wyschinski. Die Rechtswissenschaftler in der DDR waren in dieser Sicht höchstens die Opfer, und wenn man jemanden von ihnen kritisieren müßte, dann nur die Übersetzer und Herausgeber der Wyschinski-Texte. Unappetitlich wird es, wenn Leute sich dieser Vorgehensweise befleißigen, die ihren Ruf als gnadenlose Ein- und Durchpeitscher der Babelsberger Konferenz begründeten.[18]

Legenden hatten wir genug. Was heute die Rechtswissenschaftler aus der einstigen DDR brauchen, ist die Glaubwürdigkeit des Neubeginns. Niemand von uns hat den Mut zum Widerstand, zur Fundamentalkritik aufgebracht, aber gleich grau waren die Rechtswissenschaftler im Räderwerk des dahingegangenen Systems auch nicht.[19] Und war nicht auch das eine oder andere für die DDR-Perestroika vorgedacht? Gewiß, nachdem die Revolution ihre Mütter und Väter entlassen hat, kann kaum etwas davon auf Verwirklichung rechnen. Ob es freilich umsonst war, darüber ist das letzte Wort noch nicht gesprochen.

Anmerkungen

1 Neues Deutschland v. 26.2.1958.

2 Das hinderte aber jene, die das Sagen hatten, nicht daran, Frau Helmbrecht nach der Babelsberger Konferenz zum kommissarischen Direktor des Instituts für Staats- und Rechtstheorie der Humboldt-Universität zu machen. Allerdings konnte sie sich nicht lange in dieser Funktion halten. Nachdem sie eine Dissertation vorgelegt hatte, die nicht einmal den Elementaranforderungen entsprach, wurde sie aus dem wissenschaftlichen Verkehr gezogen.

3 Staats- und Rechtswissenschaftliche Konferenz. Protokoll, Berlin 1958, S. 61, [im folgenden als 'Protokoll' zitiert].

4 Siehe hierzu die Stellungnahme von Schirdewan, K. vom 1.1.1958; jetzt zugänglich in: Beiträge zur Geschichte der Arbeiterbewegung, (1990) 4, S. 498 ff.

5 Der Beschluß wurde erstmals veröffentlicht in: Ebenda, S. 438 ff.

6 Vgl. etwa: Autorenkollektiv unter Leitung von Benjamin, H., Zur Geschichte der Rechtspflege der DDR 1949-1961, Berlin 1980, S. 360 ff. [Abschnitt: SED und Rechtswissenschaft]; Staats- und Rechtsgeschichte der DDR, Berlin 1983, S. 145 ff. [Dieser Grundriß wurde herausgegeben vom Bereich Staats- und Rechtsgeschichte der Sektion Rechtswissenschaft der Humboldt-Universität zu Berlin und verfaßt von I. Melzer - Leitung -, H. Schröder, H. Kuntschke, L. Jelowik, K. Görner]; eine kritische Rezension dazu schrieb G. Riege. In: Staat und Recht, 1984, S. 595 ff.; ferner einige Beiträge, die zum 40. Gründungsjubiläum der Babelsberger Akademie in (1988) 9 von Staat und Recht erschienen; sowie das Referat von W. Weichelt auf der staats- und rechtswissenschaftlichen Konferenz [Sept. 1989], Teilabdruck in: Neue Justiz, 1989, S. 438 ff.

7 Einen fördernden Einfluß auf die Fraktionsbildung übten die berühmt-berüchtigten Einschätzungsartikel von K. Polak aus, in denen die Rechtswissenschaftler der DDR nach dem Grad ihrer Loyalität zur Babelsberger Konferenz zensiert und sortiert wurden.

8 Ulbricht, W., Rede auf der Berliner Delegiertenkonferenz der SED am 17.3.1956. In: Neues Deutschland vom 18.3.1956.

9 Abgedruckt bei Gabert, J./L. Prieß (Hg.), SED und Stalinismus, Berlin 1990, S. 91.

10 Besonders wichtig war in dieser Hinsicht ein Artikel von Piontkowski in der 'Iswestija' vom 1.3.1957.

11 Wyschinski, A.J. In: Sowjetische Beiträge zur Staats- und Rechtstheorie, Berlin 1953, S. 76; Protokoll S. 30, 36 ff.

12 Wyschinski, A.J., a.a.O., S. 7 ff., 38 f., 125; W. Ulbricht, Protokoll, S. 39.

13 Wyschinski, A.J. in: Rechtswissenschaftlicher Informationsdienst, 1953, Nr. 13, Spalte 549, 565 f.; W. Ulbricht, Protokoll, S. 41.

14 Polak, K., Zur Dialektik in der Staatslehre, Berlin 1963, S. XVII.

15 Polak, K., Über A.J. Wyschinskis Lehren und seine Praxis. In: Neue Justiz, 1955, S. 65 ff.

16 Ebenda, S. 71.

17 Arlt, R./W. Lungwitz, Sozialistisches Recht und bürgerliche Traditionen. In: Staat und Recht, 1963, S. 817.

18 Arlt, R., A.J. Wyschinski - Rechtspraktiker und Rechtstheoretiker des Stalinismus. In: Staat und Recht, 1990, S. 146 ff.

19 Selbst unter der Anhängerschaft der Babelsberger Konferenz gab es, wenn auch nur vereinzelt, Bewegung. In diesem Zusammenhang ist Karl-Heinz Schöneburg zu erwähnen, der sich von einem Protagonisten der Babelsberger Konferenz zu einem ihrer schärfsten Kritiker entwickelte, und zwar lange vor 1989. Sch. ist - soweit wir sehen - auch der einzige, der seinen Diskussionsbeitrag auf dieser Konferenz öffentlich und in aller Form zurückgenommen hat. [Vgl. Schöneburg, K.-H., Besinnung. In: Einheit von Geschichte, System und Kritik in der Staats- und Rechtstheorie, Teil 2, Berlin 1989, S. 236 ff.]

HANS HEINZ HOLZ

Die solonische Gesetzgebung

Politik und Rechtspolitik bei der Formung der athenischen Demokratie

Die Anfänge einer Rechtspolitik, wie sie uns in der solonischen Gesetzgebung in Athen am deutlichsten überliefert vorliegen[1], aber auch in anderen Poleis wohl vergleichbare Parallelen hatten[2], stehen im Zusammenhang einer umgreifenderen Entwicklung der archaischen Gemeinden Griechenlands zu differenzierter organisierten gesellschaftlichen Einheiten. Die Bedeutung, die die Herausbildung von Rechtsordnungen für die frühgriechische Weltanschauung hatte, läßt sich im metaphysischen und kosmologischen Gebrauch des Rechtsbegriffs in der vorsokratischen Philosophie - von Anaximander an - ablesen[3]. Darauf und auf die spezifisch rechtsgeschichtlichen Aspekte dieses Prozesses[4] soll hier nicht näher eingegangen werden. Daß die solonische Gesetzgebung vor dem Hintergrund politischer Machtansprüche des neu in den Kreis der ägäischen Mächte eintretenden Athen erfolgte, soll vielmehr zur Ergänzung der Rechtsgeschichte mit archäologischen und religionsphilosophischen Befunden belegt werden[5].

I.

Synoikismos

In mykenischer Zeit war die Landschaft Attika in eine Gruppe von Grundherrschaften aufgeteilt, von denen mindestens zwölf durch Überreste von befestigten Anlagen, 'Burgen', feststellbar sind. Lockere Zusammenschlüsse mag es in der athenischen Ebene, dem Pedion, um den Hauptort Athen, in der marathonischen Tetrapolis, im Bezirk von Eleusis, bezogen auf das dortige Heiligtum gegeben haben. Die Hauptorte waren nicht mehr als dorfähnliche Zentren des Wohnens und der nachbarschaftlichen Gemeinschaft. Selbst um 600 lebten sogar in der größten Stadt, Athen, noch die Mehrzahl der Bürger von der agrarischen Haupttätigkeit draußen auf dem Lande.

Andererseits bildete, im Gegensatz zu den meisten anderen griechischen Städten, die in enge Küstenebenen und Flußmündungstäler gezwängt waren[6] oder zu Gebirgskantonen gehörten, das relativ weiträumige und fruchtbare Hinterland eine ausreichende Ernährungs- und Erwerbsgrundlage für die athenische Bevölkerung. Bevölkerungsüberschuß trat nicht so bald auf.

Noch von Perikles' Zeit zu Beginn des Peloponnesischen Krieges (431) berichtet Thukydides - hier als Zeitgenosse unbedingt zuverlässig - über die Athener, "daß die meisten seit je gewohnt waren, auf dem Land zu leben" (II, 14). Und er schließt daran die Geschichte von der Gründung des Stadtstaats:

"Unter Kekrops und den ersten Königen bis auf Theseus wohnte man in Attika in Einzelstädten, jede mit eigenem Rathaus und eigenen Beamten [...]; jede Gemeinde verwaltete und beriet sich selbst, einige von ihnen führten sogar gegeneinander Kriege [...] Dann aber wurde Theseus König, ein nicht nur verständiger, sondern auch mächtiger Mann; er gab dem Land überhaupt erst eine feste Ordnung, löste Ratsversammlungen und Amtsgewalt in den einzelnen Städten auf und vereinigte alle in der jetzigen Stadt, die er ihnen als einzige Rats- und Amtsstätte anwies. Jeder bewirtschaftete wie früher seinen Besitz, er zwang sie nur, einzig und allein diese Stadt anzuerkennen, die, weil nunmehr alle die Steuern an sie entrichteten, sich machtvoll entwickelte und als solche von Theseus den Nachfolgenden übergeben wurde. Seither feiern die Athener bis auf den heutigen Tag die Synoikien zu Ehren der Göttin Athene als Staatsfest" (II, 15).

Die dramatis personae der Einigungsgeschichte (synoikismos) sind natürlich sagenhaft. Auch der Vorgang selbst - hier in eine mythische Symbolhandlung zusammengefaßt - hat sich über längere Zeit erstreckt: Eleusis wurde erst um 650 'eingemeindet', andere Teile Attikas früher, zuerst wahrscheinlich die Küste bis Sunion und die marathonische Tetrapolis. Daß die Theseus-Sage auf die Stiftung der Polis hin stilisiert wurde, wird uns noch zu beschäftigen haben. Ab Ende des 8. Jahrhunderts (vielleicht noch etwas später) dürfte Athen sich als Haupt- und Regierungsstadt eines Bezirks von Landgemeinden etabliert haben, seit 683/2 gibt es die Archontenlisten, die die Namen der drei Träger der jährlich wechselnden höchsten Staatsämter verzeichnen. Athen ist also nach der Entmachtung des Königs eine Art patrizische Republik geworden, mit einem kleinen Kreis von adligen Familien (den großen Grundherren aus der Königszeit, Eupatriden genannt), die sich in die Regierung teilten und deren Besitz eben draußen in der Landschaft lag.

Diese allmähliche und auf agrarisches Hinterland sich erstreckende Ausdehnung Athens absorbierte die Kräfte der Stadt, die darum weder zur Entwicklung eines eigenen Exportgewerbes überging noch am ostmittelmeerischen Zwischenhandel noch an der Kolonisationsbewegung des 7. Jahrhunderts teilhatte[7]. Die Athen vorgelagerte Insel Aigina war weit reicher und wirtschaftlich einflußreicher, Athen übernahm die aiginetische Währung. Das jenseits des Golfs benachbarte Megara beherrschte den Verkehr über den Isthmos und - da zu ihm auch die Insel Salamis gehörte - die Schiffahrt im saronischen Golf; es unterhielt eine große Flotte und betrieb weitreichende Kolonisation. Megara konnte es sogar wagen, in die athenische Innenpolitik eingreifen zu wollen: Der Herrscher von Megara, Theagenes, unterstützte seinen Schwiegersohn aus dem adligen athenischen Geschlecht der Philaiden bei dem Versuch, sich in Athen zum Tyrannen zu machen; der Staatsstreich scheiterte allerdings, weil die

Landbevölkerung zur eingesessenen Aristokratie hielt und den Usurpator auf der Akropolis belagerte und zur Flucht zwang (636 oder 632). Damals müssen also die Klassengegensätze, die eine Generation später um 600 fast bis zum Zerbrechen des Staates in einem Bürgerkrieg geführt hätten[8], noch nicht aufgebrochen gewesen sein.

Der Synoikismos und die Konsolidierung als zurückgezogene Landmacht - peripher zu den expansiven, wirtschaftlich unternehmungslustigen und politisch mächtigen Handels- und Handwerks-Städten - charakterisiert also die erste Phase der Geschichte Athens[9]. So bleibt auch die erste Gesetzgebung in Athen, die Drakons von 624, ganz an die Festschreibung des alten nomos der Grundherrengesellschaft gebunden[10]. Sie ist, gegenüber den Gesetzen der Tyrannen, rückständig[11] und trägt so den Keim für die Unruhen der folgenden Generation in sich.

Der Synoikismos ist, wie Heuss betont, ein singulär attisches Phänomen[12]. Die andere große Gebiets- und Machtkonzentration im archaischen Griechenland vollzog sich auf dem Wege kriegerischer Unterwerfung: Spartas Eroberung des südlichen Peloponnes und später die Ausdehnung seiner Oberherrschaft auf fast die ganze Halbinsel durch die Konstruktion des Peloponnesischen Bundes. Athen dagegen als Hauptort Attikas war nicht der Hegemon, dem die Landschaft unterworfen war, sondern der Sammelpunkt, zu dem die Bürger der Region hinstrebten - zunächst natürlich die adligen Grundbesitzer, die dann das Patriziat, die Nobilität der Stadt bildeten und aus deren Kreis auch die vornehmen Handelsherren hervorgingen; nach und nach aber doch auch Freie, die zu einer Art handwerklichem Mittelstand heranwuchsen. Diese zahlenmäßig bescheidene, aber strukturell wichtige, Migration war der Ursprung der attischen Phylen- und Demen-Isonomie, wie sie sich später herausbildete, als auch zunächst der Anlaß zu den sozialen Spannungen, zu deren Lösung die solonische Gesetzgebung vorgenommen wurde. Denn mit der Konzentration der ökonomischen Aktivitäten auf die Hauptstadt mußte sich erst einmal die Verarmung des agrarischen Hinterlandes verbinden.

II.

Expansion

Der Synoikismos, der sich tatsächlich wohl über mehrere Jahrhunderte hingezogen hat und nicht eine 'Stiftungstat' gewesen ist, wie sie später im Staatsmythos dem Theseus zugeschrieben wurde[13], machte Athen etwa um die Mitte des 7. Jahrhunderts zum flächengrößten griechischen Polis-Staat nach Sparta, doppelt so groß wie Argos und dreimal so groß wie Korinth, hinter denen es jedoch an Reichtum, Einfluß und gewerblicher Produktivität zurückstand. Doch mußte die Zusammenfassung des agrarischen Hinterlandes und die von der Zentralpolis ausgehende Förderung der Produktion und Vermarktung der Produkte einerseits allmählich einen handelspolitischen Expansionsdruck erzeugen, andererseits mit der Umstellung vom Gütertausch auf die Geldwirtschaft eine Umschichtung der Eigentumsverhältnisse und der Klassenstruktur herbeiführen. Noch 636 (oder 632) allerdings waren die Klassengegensätze, wie wir schon erwähnten, nicht so weit zugespitzt, daß nicht Adel und Bauernschaft gemeinsam den Versuch Kylons, sich zum Tyrannen zu machen, niederschlugen. Das Interesse an der Tyrannis scheint - neben dem außenpolitischen Aspekt der Einwirkung Megaras - innenpolitisch am ehesten (wie in anderen Poleis) bei den noch schwachen Handwerkern bestanden zu haben, die sich vom Tyrannen eine progressive Gewerbepolitik erhoffen durften, ohne sich jedoch durchsetzen zu können. Die blutige Vergeltung an den Anhängern Kylons deutet jedenfalls darauf hin, daß es um mehr als die Vereitelung eines individuellen Putsches eines ehrgeizigen Adligen ging und daß man tiefgreifende Klassengegensätze vermuten darf[14], die Adel und Gewerbebürgertum entzweiten. Bis zum Ausgang des Jahrhunderts veränderte sich die Lage. Die Zusammenfassung der Landschaft und der Ausbau Athens zu einem Handelsknotenpunkt für das Hinterland machten die Umstellung von der vorherrschenden Subsistenzwirtschaft auf Überschußproduktion möglich, Attika ging vom kärglichen Getreideanbau zur Ölbaumkultur über. Damit wurde die Bauernschaft vom Handel abhängig, der den Export des Öls und den nun erforderlich werdenden Import von Getreide betrieb. An die Stelle des Produktenaustauschs trat mehr und mehr das Zahlungsmittel Geld. "Die Marktpreise werden abhängig von den Konstellationen des Verkehrs, von der Konkurrenz des italischen, sizilischen, pontischen Getreides. Jedes Unternehmen, jede notwendige Anschaffung, die Deckung von Mißerfolgen erfordert bares Geld [...] Der vermögende Adlige, der Kaufmann, der glückliche Unternehmer prosperieren dabei; auch der Staat hat Vorteil davon, wenn er die richtigen Hafen- und Marktgefälle erhebt. Dagegen der Kleinbauer, der Pächter, der Tagelöhner werden mit doppelter Wucht von den neuen Verhältnissen getroffen [...] So verfällt die Bauernschaft immer mehr in Schulden"[15]. Kleinere Poleis, die ihren Reichtum eher auf Gewerbefleiß stützen konnten, waren von diesen Umstellungen in geringerem Maße betroffen und mochten daraus sogar ihre Vorteile ziehen, im Übergang zu Massenproduktion (wie die Keramik in Korinth, die Wollverarbeitung in Megara) und Handel. Athen-Attika, wo die Masse der Bevölkerung bäuerlich geblieben war, geriet in eine Krise. Die Notwendigkeit, sich die Handelswege aus dem saronischen Golf für eigene Kauffahrt zu öffnen, sich Stützpunkte außerhalb der eigenen Region zu schaffen, Zugang zu Edelmetall-Minen zu bekommen, um Geld prägen zu können, drängte sich auf. Die Athener mußten aus ihrer 'splendid isolation' zu einer handelspolitisch orientierten Außenpolitik übergehen. Die Nachbarpolis, die ihr Land- und Seewege sperrte, war Megara, das zum dorischen Stammesbereich von Argos gehörte und als eine bedeutende Seemacht zahlreiche Kolonien gegründet hatte.

Megara, das den Isthmus zu Lande sperrte, besaß auch die Insel Salamis, von der die Ausfahrt in den Golf kontrolliert werden konnte. Die athenische Sage von dem *Räuber* Skiron, der die Straße nach dem Peloponnes unsicher machte und von Theseus getötet wurde, ist aussagekräftig: In Megara war Skiron ein

Nationalheros. Aber nicht eigentlich der Landweg war es, der die Athener für Öl- und Keramikexporte interessierte und auf dem sie ihre Getreideimporte bezogen, sondern der Seeweg. Und es ist keine abwegige Vermutung, daß die megarischen Schiffe den Golf ebenso als 'Seeräuber' beherrschten, wie Skiron die isthmische Straße; die schon ins 7. Jahrhundert zurückreichende Einrichtung der Naukrarien, deren zwölf zu jedem Bezirk (Phyle) gehörten und die damals so etwas wie eine 'Küstenwacht' gewesen sein müssen[16], läßt den Schluß zu, daß die überlegene Flotte Megaras wohl auch Überfälle und Plünderungen an der attischen Küste durchführte. Jedenfalls war es ein Bedürfnis Athens, sich den Golf freizukämpfen.

Allerdings gingen die Athener eher zögerlich an die Aufgabe. Jahrzehntelang, aber doch mit großen Unterbrechungen und halbherzig geführt, erfüllten die Kämpfe mit den Megarikern um Salamis die zweite Hälfte des 7. Jahrhunderts. Gegen Ende waren die wenig erfolgreichen Athener gar so lustlos und auch durch die inneren sozialen Spannungen wohl so geschwächt, daß die Regierenden, also die Adligen, ein Gesetz erließen, "das demjenigen die Todesstrafe androhte, der die leidige Salamisfrage irgendwie wieder aufrühre"[17]. Die Adelsgeschlechter mochten wohl auch fürchten, daß eine Fortsetzung des Krieges, die ja auf das einfache Volk, das die Schiffe bemannen mußte, angewiesen war, die Position der unzufriedenen verarmten Schichten gestärkt und innere Reformen erzwungen hätte. So ist es in der Tat ja auch geschehen. Solon nämlich, "der zu gut die wirtschaftliche und handelspolitische Bedeutung dieser der athenischen Küste vorgelagerten Insel erkannte"[18] und der wohl auch begriff, daß eine Stabilisierung der inneren Ordnung Athens durch Gesetzesreformen nur auf der Grundlage eines äußeren Sieges zu erreichen sein würde, wandte sich in einer legendär überlieferten Szene an das Volk und erwirkte die Wiederaufnahme des Krieges gegen Megara[19]. Die Überlieferung besagt, Solon habe den Feldzug gegen die Insel selbst geleitet und siegreich beendet. Wie dem auch sei, jedenfalls gewann er durch sein erfolgreiches Auftreten solches Ansehen beim Volk und auch Respekt bei seinen Standesgenossen (die ja dann den Hauptgewinn von der aufblühenden Handelsschiffahrt hatten), daß er einige Jahre später (594) zum bevollmächtigten Gesetzgeber (Aisymneten = 'Schlichter' der Klassenkämpfe) gewählt wurde.

Der Sieg über Megara markiert das erste machtpolitisch bedeutungsvolle Auftreten Athens auf der griechischen Szene. Aber die Sicherung der Ausfahrt war nur das eine. Offenbar brauchte Athen einen Stützpunkt auf der Strecke zum Schwarzen Meer, von wo (so scheint es) schon damals Getreide importiert wurde und wohin sicher auch Manufakturwaren exportiert wurden. Die Athener bemächtigten sich der Stadt Sigeion, nahe der Einfahrt in die Dardanellen, und gerieten darüber in Streit mit den Mytilenern, die einen schwunghaften Handel und Kolonisation im Pontus betrieben. Es entwickelte sich ein langer und wechselvoller Krieg, der durch einen Schiedsspruch des Periander von Korinth um 600 insoweit zugunsten Athens entschieden wurde, als dieses

Sigeion behalten sollte, aber die mytilenische Konkurrenzgründung Achilleion, die die Dardanellen sperren konnte, hinnehmen mußte[20]. Sigeion blieb von da an ein wichtiger Außenposten.

Die Kämpfe um Salamis und Sigeion - beide in die Lebenszeit und politische Tätigkeit Solons fallend - sind die ersten Anzeichen für das geglückte Ausgreifen Athens in die ägäische Welt. Die Gegner, zwei der reichsten und mächtigsten Poleis der Zeit, lassen erkennen, daß die junge attische Macht, ein Neuling unter den älteren, reicheren Stadtstaaten, nun danach strebte, in der griechischen Politik eine bedeutende Rolle zu spielen. Der Beginn eigener Münzprägungen um diese Zeit der beginnenden Expansion dokumentiert deren wirtschaftspolitische Seite, die ersten repräsentativen Großplastiken kurz vor und um 600 sind Zeugnisse des sich in Monumenten bekundenden gesteigerten gesellschaftlichen Selbstbewußtseins.

III.

Theseus

Athen tritt also, so haben wir gesehen, relativ spät in den Kreis der Städte, die einen politischen Machtanspruch erheben und eine expansive Außenpolitik treiben. Nun erst gegen Ende des 7. Jahrhunderts haben sich seine inneren Verhältnisse so weit ausgestaltet, aber auch - wie die zur solonischen Reform führenden inneren Konflikte zeigen - so krisenhaft zugespitzt, daß die Stadt sich den Weg nach außen, zu den großen Handelsrouten über See und Land, freikämpfen mußte. Der Krieg mit den dorischen Herrschaften, die den saronischen Golf sperrten - also der Kampf um Salamis mit Megara und die Eroberung Aiginas -, ist das Indiz für das Hinausstreben Athens aus der provinziellen Enge.

Zum neuen Machtanspruch und Staatsbewußtsein der Polis gehörte es, einen Staatsheros zu verehren, in dessen Person sich eine Gründungslegende mit der Demonstration von Stärke und Größe und einer überregionalen Ausstrahlungskraft und Repräsentanz vereinigten. Man kann, etwas zugespitzt, sagen: Seit dem Ende des 7. Jahrhunderts erwählte Athen sich einen Nationalhelden - Theseus.

Der Vorgang ist bemerkenswert, weil er mit erkennbar politischem, rationalem Kalkül 'inszeniert' wird. Im agrarischen Athen gab es eine Anzahl Gemeinden, in denen Herakles verehrt wurde, der ja von alters her als Beschützer der Bauern gegen allerlei Bedrängnisse galt[21]. Nun ist Herakles aber der Heros von Argos und der Repräsentant dorischen Lebensgefühls und adliger Tüchtigkeit (arete) im allgemeinen[22]; auch sind seine Geschichten Ausdruck einer früheren Gesellschaftsform. Für die Tradition des Aufsteigers Athen und für die Gründungstat des Synoikismos ist er nicht zu gebrauchen.

Indessen spielt sein Mythos im attischen Hinterland ein Rolle; sein Ruhm wird gemeingriechisch anerkannt. Was lag näher, als ihm einen Zwilling zur Seite zu setzen, dessen Mythos auf athenische Geschichte zugeschneidert und mit moderneren Motiven ausgestattet wurde. Religionspolitische Strategie und religiös-politische Zeitstimmung gingen zusammen, um eine Heroensage zu bilden, deren "kompilatorische" Konfiguration[23] von der "gewachsenen" anderer Heroen deutlich absticht.

Da konnte man auf einen marathonischen Lokalhelden zurückgreifen, der eine gewisse Verwandtschaft zu Herakles besaß: Theseus. Er hatte den wilden kretischen Stier gebändigt, den Herakles in Erfüllung einer seiner Aufgaben nach Griechenland gebracht hatte und der dann aus Tiryns entlaufen und nach Marathon gekommen war und dort die Bauern bedrohte. Zum ursprünglichen Themenkreis der Theseus-Sage (die an weit zurückliegende historische Begebenheiten erinnert - kriegerische Auseinandersetzungen mit den Seevölkern von jenseits der Ägäis) gehören ferner die Amazonenschlacht und die Fahrt nach Kreta mit der Beseitigung des Minotaurus, die in andere Sagenkreise - Minos, Ariadne, Dionysos - verwoben ist; hier ist athenische Vorgeschichte im Spiel, so daß das Bild des Theseus als eines lokalen Befreierhelden aktiviert werden konnte.

Um die staats- und rechtspolitische Rolle zu begreifen, die die Schaffung eines neuen athenischen Mythos zu spielen hatte, muß der Vergleich mit Herakles ein wenig genauer durchgeführt werden. Die Taten des Herakles orientieren sich an den Aufgaben des agrarischen Feudaladels: Er tötet die Ungeheuer, die die Äcker zerstören oder die Bauern bedrohen, er legt den lernäischen Sumpf trocken (die Hydra), er holt reiche Beute aus fernen Ländern. Was er tut, hilft dem Volke aus Nöten, aber es ändert nicht die Verfassung. Der Dodekathlos ist der Kern dieses Sagenkreises, vielerlei ritterliche Abenteuergeschichten winden sich darum, manches tritt erst später hinzu. Für die uns interessierende Ausgangslage um 600, als Theseus gegen Herakles antritt, müssen wir uns an den älteren Sagenbestand halten - und aus politischen Gründen an den argolischen. Die thebanisch-ötäische Tradition (der ein Jahrhundert später Pindar so viel entnimmt) ist für das Verhältnis Herakles-Theseus von geringerer Bedeutung.

Auch Theseus hat Taten zu vollbringen, die dem Volke nützen (aber aus eigenem Entschluß, nicht durch göttliches Schicksal auferlegt). Er beschirmt jedoch keine Bauern gegen Verwüstungen und Ungeheuer. Er stellt vielmehr die Straßen sicher, auf denen die Kaufleute ziehen und die Landleute ihre Produkte zur Stadt bringen. Fünf gefährliche Räuber sind es, die er auf dem Weg von Troizen, wo er aufgewachsen ist, über den Isthmus nach Athen besiegt; einer von ihnen, Skiron, ist ein Stadtheros von Megara, hier zum mörderischen Wegelagerer degradiert, ein durchsichtiges politisches Motiv, gegen das sich die Megariker auch gewehrt haben. Nur eine von den sechs Taten, die am ältesten bezeugte, dient noch dem Schutz der Felder, die Erlegung der kromyonischen Sau, die dem erymanthischen Eber in der

Heraklesgeschichte entspricht[24]. Es geht bei Theseus um eine neue Wirklichkeit; nicht mehr ist der Landbau der Wildnis abzuringen, und Schadensbringer sind weit weniger wichtig als früher; jetzt ist es nötig, Handelswege zu sichern, Stützpunkte zu errichten (wie Theseus es auf der Rückfahrt von Kreta in Delos tat) und staatliche Ordnung zu stiften (der Synoikismos wird ihm zugeschrieben samt der Stiftung der Panathenäen).[25]

Auch die kriegerischen Leistungen sehen anders aus. Herakles' Raub des kretischen Stiers, der Rosse des Diomedes, des Gürtels der Hippolyta und der Rinder des Geryon sind Piratenstücke. Theseus' Sieg über die Amazonen und Bezwingung des Minotaurus sind staatspolitische Taten, und auch der Kentaurenkampf bei der Hochzeit des Peirithoos ist ein Moment des gesellschaftlichen Nomos der Gastfreundschaft.

Die Parallelität der Taten des Herakles und des Theseus liegt auf der Hand und ist schon oft bemerkt worden. Die Theseus-Sage ist später und in vielen Einzelheiten nach dem Muster der Herakles-Sage modelliert worden. Erst gegen Ende des 6. Jahrhunderts wurde sie unter eindeutig politischem Vorzeichen in einem von dem Alkmeoniden Kleisthenes inspirierten (verloren gegangenen) literarischen Werk ausgestaltet. Sie ist darauf angelegt, die Herakles-Sage zu überlagern, so daß beide Heroen dann als Gewährmänner attischer Macht auftreten können; der archäologische Befund wird das bestätigen.

Theseus wird nicht nur der Repräsentant einer neuen Gesinnung der Polis-Ordnung. Er wird auch - und das ist einzigartig athenisch - der Förderer der plebejischen Schichten. Die Theseus-Sage ist in der marathonischen Tetrapolis zu Hause. Diese ist aber das Kerngebiet der plebejischen Bewegung (der Diakrier), die aus den Kleinbauernschichten erwuchs, die Solon vor der Versklavung bewahrt hatte und aus denen dann Peisistratos die Hauptmacht seiner Anhänger rekrutierte. Als dieser 546 mit einer militärischen Invasion zum zweiten Male die Tyrannis errichtete, landete er im Gebiet von Marathon. Peisistratos war es auch, der in Erinnerung an den Synoikismos die Panathenäenfeste einrichtete und Theseus als den ersten König des vereinten Attika verehren ließ.

Theseus war, worauf schon Eduard Meyer hinwies, der Heros des demokratischen Athen (im weiteren Sinne der Grundtendenz athenischer Staatlichkeit seit Solon), in dem auch die 'kleinen Leute' politisch und sozial ihre Stellung hatten[26]. Zuerst wurden sie durch die solonische Gesetzgebung entschuldet, dann fanden sie Möglichkeiten des Ausbruchs aus der heimischen Enge und des Aufstiegs bei Kolonisationsunternehmungen der Peisistratidenzeit. Der Volksbeschluß, der Kolonisten auf Salamis Land zuwies, aber die Eigenbebauung vorschrieb und Verpachtung unter Strafe stellte (sowohl für den Verpächter wie für den Pächter), trägt deutlich den Stempel der politischen Gesinnung der Diakrier. In Erweiterung der solonischen Sozialgesetzgebung wird Müßiggang für strafbar erklärt (wie in anderen Städten unter Tyrannen auch). Peisistratos führte eine Staatspension für Invaliden ein. Großzügige Bauten

(Wasserversorgung, Tempel) sorgten für Arbeit, glänzende Feste für das Selbstgefühl des Bürgers. Der neue Staatsheros, der in die mythische Königsliste versetzt wurde (als Sohn und Nachfolger des Königs von Athen, Aigeus, und der troizenischen Athena-Priesterin und Königstochter Aithra) und dem man die Einigung Attikas, also die eigentliche Stiftung des Gemeinwesens zuschrieb, entsprach genau diesem Bürgersinn. Der zweifache Wandel, der Athen um 600 erfaßte und im gesamten 6. Jahrhundert soziale und politische Bewegungen auslöste, die in den anderen griechischen Poleis keine vergleichbaren Parallelen fanden, drückte sich in dem religionspolitisch konzipierten Staatsmythos aus: Der Übergang von einer patrizischen Oligarchie zu einer verfassungsrechtlich und administrativ wohl organisierten Demokratie, und der Übergang aus der Provinzialität zu einer nach Vormachtstellung strebenden Außenpolitik, die sich dann in den Perserkriegen so überzeugend bewährte. Beide Aspekte sollten kulturpolitisch repräsentiert werden (was Athen grundlegend von Sparta unterscheidet, welches nie eine Kulturpolitik trieb); seit Peisistratos gab es kontinuierlich eine aktive Kulturpolitik der politischen Führung Athens[27]. Diese hat ihre Anfänge in dem bewußten Aufbau eines athenischen Staatsbewußtseins durch die Ausbildung der Theseus-Sage seit der Wende vom 7. zum 6. Jahrhundert; um die Geschichte Athens von seinem Einstieg in die griechische Politik an zu begreifen, ist es darum wichtig, die frühen Einsatzstellen dieses Staatsbewußtseins, die eng mit der solonischen Gesetzesreform verknüpft sind, hervorzuheben. Der Geist der solonischen Polis und ihr selbstbewußtes Auftreten in der Gemeinschaft der griechischen Staaten wurde durch die Theseus-Sage und -Verehrung mythologisch untermauert und gefestigt.

IV.

Die beiden Stiere; der ältere Löwengiebel auf der Akropolis

In eben dieser Zeit des politischen Aufschwungs um die Wende vom 7. zum 6. Jahrhundert setzt auf der athenischen Akropolis eine für das Staatsverständnis der Athener bedeutungsvolle Bautätigkeit ein, von der uns nur jene Reste erhalten geblieben sind, die nach der Zerstörung beim Persereinfall 480 überdauert haben. Zu diesen Resten gehört die rechte Hälfte eines Kalkstein (Poros)-Giebels, "der wohl die Frontseite des vermutlichen Ur-Parthenon schmückte. Dargestellt ist eine sehr kräftig modellierte Löwin, die einen jungen Stier reißt"[28]. Der Jungstier wird von der Löwin, die mit den Vorderpranken seine Hinterschenkel faßt, unter sich zu Boden gepreßt. Der rückwärts gewendete Kopf des sterbenden Tieres mit halb geöffnetem Maul liegt unter den Zitzen der riesigen Raubkatze. Die beiden Körper, in gegenläufiger Richtung zueinander, bilden ein kompaktes Volumen, das der flachen Schräge des Giebels genau eingepaßt ist. Die Löwin blickt, den Kopf im rechten Winkel zum Körperprofil gedreht, frontal aus der Fläche heraus.

Die Konfiguration folgt deutlich einem heraldischen Muster; sie erlaubt die Rekonstruktion des gesamten Giebelreliefs nach einem spiegelbildlichen Schema, wie Walter H. Schuchardt sie versucht hat: Zwei einander symmetrisch entsprechende Löwen, zwei erlegte Stiere, rechts und links von der Mittelachse, die lotrecht durch den Gipfelpunkt des Giebeldreiecks verläuft. Diese Anordnung entspricht einem archaischen Darstellungsmuster und würde an sich noch keine darüber hinausgehende Deutung zulassen, gäbe es nicht die Weiterentwicklung des Parallelismus zu einer politisch-mythologischen Ikonographie.

Zweifellos führt in der archaischen Bildkunst die Entwicklung vom heraldischen Zeichen zu individualisierten Wesen[29], und diese allgemeine Entwicklung bildet den geistesgeschichtlichen Hintergrund für die Möglichkeit, den Zwillingsparallelismus sozusagen 'typologisch' zu deuten (so wie die Theologen von einer 'typologischen' Entsprechung von Altem und Neuem Testament sprechen). Die Löwin ist, das versteht sich, das Symbol der Stadt und ihres königlichen, kriegerischen Herrn. Der erlegte Stier ist der besiegte Gegner. Athens Königssohn Theseus, der auszieht, um den Minotaurus zu bezwingen und Athens Seefahrerstellung in der Aegäis zu begründen, ist die naheliegende gegenständliche Assoziation zu diesem Giebelschmuck - der Giebel, um 600, ein frühes Zeichen für das erwachende außenpolitische Machtbewußtsein der Athener[30]. Aber Theseus hatte zweimal einen Stierkampf zu bestehen. Vor der Fahrt nach Kreta mußte er schon auf dem Weg nach Athen den marathonischen Stier beseitigen, und der wieder wurde mit dem kretischen Stier gleichgesetzt, den Herakles nach Argos zu bringen hatte[31]. Die Sagenmotive berühren sich und gehen ineinander über. Die beiden Stiere, von den Löwinnen gebeugt, mochten als die zwei Stiere angesehen werden, die Theseus zu überwinden hatte. Einer von ihnen konnte aber auch der Stier sein, den Herakles unterwarf - und dann bedeuten die beiden Löwinnen in mythischem Synkretismus oder 'typologischer' Entsprechung die 'Zwillingshelden' Herakles und Theseus. Athens Nationalheros Theseus bekommt in dieser Zurodnung eine ältere, ehrwürdigere Prägung; er wird zum 'neuen' oder 'zweiten' Herakles, verschmilzt im mythischen Bewußtsein mit diesem[32] und repräsentiert so einen älteren und höheren politischen Rang, als es der 'Parvenu' Theseus an sich vermöchte.

Zugegeben: Die Deutung ist, allein auf dieses Fundstück gestützt, phantasievoll; erst die weitere Kette religionspolitisch aussagekräftiger Zeugnisse aus der Zeit von Solon bis Peisistratos gibt ihr Plausibilität. Indessen wäre auch eine 'schwache' Lesart für das Verständnis der politischen Lage zur Zeit Solons hilfreich. Denn jedenfalls ist das Emblem der siegreichen Löwin, das in seiner symmetrischen Doppelgestalt den Charakter einer Standarte hat, auf dem Giebel des Tempels der Stadtgöttin eine Manifestation politischen Machtanspruchs. Und das Ausmaß des Tempels, des "vermutlichen Ur-Parthenon"[33], spricht für ein neues Selbstbewußtsein der Bürger. Wahrscheinlich gehörte der Giebel mit einer Breite von 17,40 m und einer Höhe von 2 m zu einem dorischen Peripteros. Knells Analyse des Stils der Tierfiguren läßt ihn glaubhaft zu einer Datierung um die Wende vom 7. zum 6. Jahrhundert kommen[34] - und man könnte denken, daß sich in diesem ersten nachweisbaren Monumentalbau der Bürgerstolz und das Staatsbewußtsein nach der Eroberung von Salamis ausdrückten.

Die Beziehung auf einen athenischen Polis-Heros, durch die Athen sich nun gegen die dorischen Nachbarn (Megara, Argos) religiös selbständig machte, ist nicht von heute auf morgen durchgesetzt worden. Der dorische Stammesheld Herakles, der ja auch (wie wir schon sagten) in Attika zahlreiche Kulte hatte und gemeingriechisch große Popularität besaß, spielt bis über die Mitte des 6. Jahrhunderts hinaus noch eine wichtige, ja dominante Rolle in der bildenden Kunst. Ein kleiner Giebel[35], der die Einführung des Herakles in den Olymp darstellte, gehörte wohl einem Tempel aus der Zeit um 580. Der sog. 'Rote Giebel'[36], um 560, zeigt Herakles im Kampf mit dem Triton. Ungefähr gleichzeitig mit dem Athena-Tempel, der den älteren Löwengiebel trug, dürfte der kleine Poros-Giebel sein, der den Kampf des Herakles mit der Hydra schildert[37]. Architektonische Zeugnisse genug, um die Bedeutung des Motivwechsels beim Löwengiebel hervortreten zu lassen. Sie machen aber auch einleuchtend, daß eine Überlagerung von Theseus- und Heraklesmotiv beim Betrachter nahelag und durchaus beabsichtigt gewesen sein kann[38].

Jedenfalls steht die vermehrte Bautätigkeit im Tempelbezirk auf der Akropolis, die um und ab 600 belegt ist, in engem Zusammenhang mit der politischen Konsolidierung und Aktivierung des athenischen Staats. Reste von mindestens neun Tempeln und Schatzhäusern sind im sog. 'Perserschutt', d.h. in den später zur Erweiterung der Burgmauer verwendeten Trümmern nach der Zerstörung durch die Perser 480, nachzuweisen; die bedeutenderen Stücke sind heute im Akropolismuseum ausgestellt. Der nun nach außen sich wendende, Einfluß erstrebende und gewinnende, Respektierung seiner Machtansprüche fordernde Staat hatte ein neues Bedürfnis nach Repräsentation, die über die religiöse Selbstdarstellung lokaler Kultur hinausging. An die Stelle der lokalen Herakles-Verehrung (die z.B. durch die Stücke Akropolismuseum Inventurnummern 9 und 55, Nr. 2, vielleicht Nr. 6508 belegt ist), in der sich Athen gesamtgriechisch als provinziell erweist, trat nun ein Symbol singulär athenischer Herkunft und Signifikanz. Der Doppellöwe des älteren Löwengiebels repräsentiert wie ein Staatswappen diese neue politische, historische Qualität.

V.

Der jüngere Löwengiebel

Zweifellos ist der archaische Athena-Tempel, zu dem der ältere Löwengiebel gehörte, ein Monument des erwachenden Expansionswillens und des seiner wachsenden Stärke innewerdenden Gemeinschaftssinns der athenischen Polisbürger, vor allem natürlich des herrschenden Patriziats, aber doch gewiß auch jener Bürger, die von Solon angefeuert zur siegreichen Schlacht um Salamis ausgezogen waren und ihre Göttin, löwenhaft, an ihrer Seite wußten. Ohne dieses neue gewonnene Selbstbewußtsein wäre es wohl auch kaum zu der sozialen Umwälzung gekommen, aus der die Urform der athenischen Demokratie hervorging. Die Gesetzgebung Solons zielte auf eine stabile Staatsform, die die Basis für die neue Außenpolitik Athens bilden sollte. Ohne den Ausgleich der sozialen Gegensätze, ohne die 'Versöhnung' der Klassen wäre der Aufstieg Athens nicht möglich gewesen.

Doch davon später! Zunächst soll, um die Ausbreitung des archäologisch-religionsgeschichtlichen Materials abzurunden, die nächste Stufe der Aus- und Umbildung des Staatsmythos betrachtet werden. Diese wird ablesbar an der Giebelstruktur eines mächtigen Tempels, der um 580/70 errichtet und dessen Erneuerung fünfzig Jahre später durch Peisistratos vorgenommen wurde; die Fundamente dieses Tempels sind heute noch zwischen Parthenon und Erechtheion auszumachen.

Vom älteren Bau sind Fragmente eines Kalkstein-Giebels erhalten, der zu den merkwürdigsten Zeugnissen von Mythenkonkreszenz gehört[39]. "Aus dem linken Giebelzwickel windet sich die mächtige Gestalt des fischleibigen Nereus oder Triton, um dessen Hals und Schultern Herakles seine Arme geschlungen hat"[40]. Die Szene gehört zur Geschichte vom Raub der Äpfel der Hesperiden; Herakles erzwingt von Nereus die Auskunft über den Weg - ein eher nebensächliches Abenteuer im Dodekathlos.

Der rechte Zwickel ist rätselhaft. "Drei miteinander verschlungene Schlangenleiber winden sich vom Zwickel in das Giebelfeld und gehen dort in menschliche Körper mit aufgerichteten bärtigen Köpfen über. Weitere Fragmente zeigen, daß eine auf dieses Mischwesen gerichtete Gestalt zu ergänzen ist"[41].

Was dieses Fabelwesen personifizieren soll, ist umstritten. Der Katalog des Akropolismuseums bestimmt es als Nereus - dann wäre die Szene eine Doublette zum linken Zwickel. Lullies schlägt Proteus vor, den Menelaos nach dem Verbleib Helenas fragt; diese Episode wäre jedoch ohne erkennbare Beziehung zum Sinn des Athena-Tempels. Buschor will die Personifikation der Elemente - Erd-Schlangen und geflügelte Köper = Feuer, Wasser, Luft als flüchtige Elemente - im Dreileibigen sehen, m.E. eine für diese frühe Zeit zu weit hergeholte Allegorie. Dreileibigkeit wird dem Geryones zugeschrieben, den Herakles besiegen muß, um seine Rinder zu entführen; das wäre eine entfernte Parallele zum Kampf mit Nereus im linken Zwickel; doch ist der Dreileibige in keinerlei Kampf verwickelt, das Geryones-Abenteuer (das zudem mit dem schon von Pindar bemerkten Odium des Rechtsbruchs behaftet ist) kommt also für die Deutung der Figur kaum in Frage. Der Dreileibige wirkt dagegen freundlich-hilfreich und 'kommunikativ', ganz im Gegensatz zum linksseitigen Kampf mit Nereus. Ludwig Curtius nennt ihn ein "gutmütiges Geisterwesen" und betrachtet die drei Männer als Brüder, von denen "der eine Wasser, der andere Feuer, der dritte einen Vogel in der linken Hand hält". Es sei "ein Verwandlungswesen, das allen Elementen angehört und dessen Name noch nicht gefunden ist"[42].

Die genannten Deutungen des Dreileibigen bleiben unbefriedigend. Eine verdoppelte Nereus-Episode (mit vermuteten Nereiden im Mittelfeld) ist ikonographisch zu dünn, um als Schaufront eines (oder des) Haupttempels auf der Akropolis akzeptabel zu sein. Andererseits ist ein formaler wie inhaltlicher Parallelismus unverkennbar, der wiederum durch die fernstehende Menelaos-Episode nicht ausreichend abgedeckt wäre. Nimmt man aber Schuchardts Vorschlag an, die mächtige Gruppe von zwei Löwen, die einen Stier töten (Akropolismuseum Kat. Nr. 3), als das fehlende Mittelfeld zu identifizieren - und diese Rekonstruktion hat viel für sich -, dann müßte der Bedeutungsbezug marginaler Herakles-Abenteuer zu dieser eindrucksvollen symbolischen Machtdemonstration erklärt werden, was schwer fallen dürfte.

Das Dunkel lichtet sich jedoch, wenn wir von der Theseus-Sage ausgehen. Theseus wird von Minos herausgefordert, seine göttliche Abstammung von Poseidon zu beweisen; er taucht nach einem vom kretischen König ins Meer geworfenen Ring und trifft auf Triton, den Sohn der Göttin Amphitrite, der Gattin des Poseidon. Triton ist (ähnlich dem Proteus und den meisten Meergottheiten) der Verwandlung fähig und gilt im Mythos auch als eine andere Form des Nereus. Er weist Theseus freundlich den Weg zu Amphitrite, von der er dann Ring und Strahlenkrone erhält.

Die Analogie ist deutlich: Herakles erkämpft sich die Auskunft, Theseus erhält sie aus göttlicher Zuneigung; Herakles stiehlt den Hesperidenapfel, Theseus erhält die Krone Amphitrites zum Geschenk[43]. Der Abstieg des Theseus ins Meer ist ein wichtiger Teil seiner Befreiungstat, Athen vom Menschentribut an Minos zu entbinden; und zugleich Symbol der Meerverbundenheit, eines neuen Zugs athenischer Politik im beginnenden 6. Jahrhundert. In dieser Bedeutungskonstellation bekommt das Bildmotiv die Dignität, als Marginalie im Schaugiebel des Haupttempels zu erscheinen. Und da, um 580, Theseus immer noch der mythologischen Absicherung bedarf (denn er ist gesamtgriechisch ein neuer und unbekannter Heros), wird ihm als Analogie eine vergleichbare Situation aus der Heraklessage gegenübergestellt - Herakles' Kampf mit Nereus; aber durchaus unterschieden: Herakles mit dem Meergreis im Ringkampf am Boden kniend, Theseus aufrechtstehend (bzw. im Knielaufschema) als Fragender vor dem lächelnden Dreileibigen.

Knell hat wohl mit Recht darauf hingewiesen, daß das Motiv durch die Formbedingung des Giebelzwickels evoziert wurde: Die Enge des spitzen Dreiecks ließ nur eine flach gedrückte Szene zu, die Randständigkeit nur eine Begebenheit, die nicht zentral, wohl aber erläuternd ist.

Denn natürlich ist das optisch beherrschende Mittelstück der eigentliche Sinnträger. "Unbeschadet der stark fragmentierten Überlieferung ist klar, daß die

Löwen nicht mehr wie beim älteren Giebel auf ihren unter den Leib gezogenen Hinterbeinen hocken, sondern in weitem Schritt aufgerichtet nach vorn drängen. Dort - in der Giebelmitte - liegt der zusammengebrochene Stier, in dessen Leib sich die beiden Löwen mit ihren Vorderpranken festgekrallt haben"[44]. Hier ist das heraldische Emblem des älteren Löwengiebels ganz in ein individualisiertes Geschehen weiterentwickelt. "Dabei fällt auf, daß das additive Gegenüber der beiden Löwen, wie es noch den ersten Giebel kennzeichnet, abgelöst ist durch eine formal und inhaltlich aufeinander bezogene Einheit, weil beide Raubkatzen unmittelbar auf den Stier, den sie unter sich begraben haben, konzentriert sind, so daß die Tierkampfgruppe eine klar definierte Mitte besitzt. Das Zentrum des Giebels wird nicht mehr durch antithetisch aufeinander gerichtete Elemente gefüllt, sondern durch die Tierkampfgruppe selbst beschrieben"[45]. Was beim älteren Relief ein Herrschafts-*Zeichen* war, ist nun die *Darstellung* der Macht-*Ausübung* geworden. Der zusammenbrechende Stier ist der Feind schlechthin, *jeder* Feind, ob Minotaurus oder Stier von Marathon oder wer sonst auch immer. Die beiden symmetrisch angeordneten Löwen sind der zweiteilige Stadtheros, Herakles-Theseus in Zweieinheit, durch die Andeutungen in den Seitenfeldern zusätzlich namhaft gemacht, aber doch eigentlich identisch, nämlich der verkörperte Staat Athens. Theseus ist im Begriffe, Herakles in sich aufzusaugen und zu inkarnieren. Das emblematische Bildschema ist so verbindlich geworden, daß noch fünfzig Jahre später die Peisistratiden beim Neubau des Tempels in Marmor an ihm festhielten[46].

Das Innewerden der eigenen Kraft, das sich in monumentaler Plastik äußert, begleitet die architektonische Selbstdarstellung der Gemeinschaft. Scheinbar völlig unvorbereitet (obwohl sicher durch Kenntnis der inselionischen und argivischen Skulpturen ausgelöst) treten uns ab 620 die überlebensgroßen Jünglingsstatuen des Dipylon-Meisters und des Poseidon-Heiligtums am Kap Sunion entgegen - Zeugnisse einer beginnenden Erfahrung der physischen Individualität und offenbare Manifestationen eines neuen selbstbewußten und anspruchsvollen Bürgerstolzes. Der 'Kalbträger' von der Akropolis stellt in dieser Reihe die nächste Stufe dar, der Stifter des Weihegeschenks läßt seinen Namen Kombos in die Vorderseite der Basis meißeln; der Gestus der Statue ist typisierend, aber das Rituelle der Handlung doch schon ins Persönliche gewendet. Kombos muß - dem Wert der Marmorstatue nach zu urteilen - ein wohlhabender und angesehener Gutsbesitzer gewesen sein. Er "hat sein Bild der Gottheit als Weihgeschenk erstellen lassen. In ruhiger Haltung tritt er vor sie hin [...] Freilich nicht in Form eines 'Porträts' im Sinne eines einzelnen und gesonderten, aus der Ordnung heraustretenden Individuums. Vielmehr als Vertreter gültiger Ordnung, seines Standes und herrschender frommer Sitte"[47]. Die bei aller Gebundenheit der Form freie Haltung, der offene Blick, die körperliche Präsenz von Mensch und Tier lassen das Ich-Gefühl dieser Generation erkennen[48].

VI.

Solon Archon

Die Differenz zwischen dem älteren und dem jüngeren Löwengiebel mit dem Übergang von der emblematischen Repräsentation zur Darstellung eines religionspolitisch wirksamen Bildprogramms läßt sich als ein erster Schritt zur Politisierung des Mythos auffassen[49], und es wird nun zu zeigen sein, wie sich die solonische Gesetzgebung in diese Entwicklung einpaßt und wie das archäologische Material die gesellschaftlichen und politischen Rahmenbedingungen erhellt, unter denen Solons Verfassungskonzeption entstand. Die Einmaligkeit des athenischen Wegs zur Demokratie, unter anderen griechischen Poleis, und der durch sie vorgezeichnete Weg der Philosophie in Athen werden damit ein nicht nur geistesgeschichtliches Profil bekommen. (Daß die Politisierung des Mythos dann die griechische Tragödie in Athen - und nur in Athen - als Staatskunst und -kultus ermöglichte, sei hier nur am Rande erwähnt).

Die archäologischen Befunde - die schwarzfigurige Keramik, die Großplastik, die Tempelbauten - signalisieren ein aufstrebendes Gemeinwesen. Indessen sind die ersten zwei Jahrzehnte dieses Aufstiegs durch wachsende soziale Ungleichheiten und Spannungen gekennzeichnet, die schließlich zu einer revolutionären Situation kurz nach der Jahrhundertwende führten. Anders aber als in den großen und kleineren Zentren von Handel und handwerklicher Produktion, wo eine neue, zum Wohlstand gelangte Schicht an die Macht drängte und die Vorherrschaft des grundbesitzenden Adels abschüttelte - was vielerorts zu der vom plebejischen Gewerbebürgertum getragenen Regierungsform der Tyrannis führte -, gab es in Athen zunächst nur einen schwachen, relativ zur Gesamtbevölkerung Attikas geringen gewerblichen Mittelstand. Die agrarische Basis des Stadtstaates prägte auch seine politische Struktur.

Jene griechischen Poleis, denen es an nennenswertem Hinterland mangelte, waren während des 7. Jahrhunderts zu weit ausgreifenden Kolonisationsunternehmungen übergegangen, um den Bevölkerungsüberschuß abzuleiten und zugleich Stützpunkte für den Export gewerblicher Waren zu errichten. Sie hatten das Mittelmeer vom Bosporus bis nach Spanien und Südfrankreich mit einem Netz von Handelsverbindungen und Filialgemeinden überzogen. Nicht so Athen. Als es im ausgehenden 7. Jahrhundert durch wachsende Bevölkerungszahlen zur Intensivierung der Landwirtschaft und zum Export von Überschüssen wie zum Import von Mangelwaren gezwungen wurde, stieß es überall bereits auf mächtige Konkurrenten. Korinth hatte die geschätzten attischen Keramiken des geometrischen Stils vom Markt verdrängt und durch ein Angebot von Massenware guter Qualität sich zum führenden Keramiklieferanten des gesamten Mittelmeerraumes aufschwingen können. Der Übergang zu einer im großen Stil betriebenen Ölbaumkultur hatte den attischen Grundbesitz abhängig von der Jahreswitterung und damit krisenempfindlich gemacht. Die umfangreichen Exporte setzten hohe Investitionen voraus: Lagerhaltung (große

Amphoren) und Verarbeitung (Ölpressen), Transport und Ausnutzung von Marktkonjunkturen. Nur die reichen Grundbesitzer konnten mit dieser Entwicklung Schritt halten. Kleinere Bauern gerieten in Schulden, mußten Hypotheken aufnehmen, konnten Zinsen und Steuern nicht mehr zahlen. Den Pächtern wuchsen die Pachten über den Kopf, zumal wenn sie von Naturalabgaben auf das sich immer mehr durchsetzende Zahlungsmittel Geld umgestellt wurden. Tagelöhner (thetes) konnten von ihrer Entlohnung - einem Sechstel des erwirtschafteten Ertrags - nicht mehr leben, zumal ja das Grundnahrungsmittel Getreide zum Teil eingeführt und also gegen Geld erworben werden mußte[50]. Während früher die wohl geringe Zahl Landarbeiter im Winter auf den Bauernhöfen Unterschlupf fand, wich ihre nunmehr größere Zahl - gegenüber dem Großgrundbesitz heimatlos geworden - in die Stadt aus und bildete dort ein verelendetes Proletariat[51]. Immer mehr Menschen gerieten in Schuldknechtschaft, mußten sich als Sklaven ihren Gläubigern übereignen, und viele wurden, wenn sie auf dem eigenen Gut überzählig waren, ins Ausland verkauft.

Dies ist das Bild, das Solon in seinen Elegien vermittelt:

> "[...] Scharen Verarmter
> kommen als Sklaven verkauft heimatlos weit in die Welt,
> tief ist ihr Nacken gebeugt und das Haupt durch schmachvolle
> Fessel" (D 3, 23-25).[52]

Das Elend der Massen ist es, durch das der Staat aus dem Gleichgewicht gebracht, die Wohlordnung (eunomia) in Unordnung (dysnomia) verwandelt wird; und eben dies, die Ordnung, in der das Wohl aller oder das allgemeine Wohl (das commune bonum wird die spätere Staatslehre sagen) gesichert ist, macht das Wesen und den Sinn der Gemeinde, des Staates aus. Das 'Gemeinsame', to koinon, in dem die einzelnen ihren 'gerechten' und durch gegenseitige Achtung und Rücksicht bestimmten Platz haben, ist der (normative) Terminus für den Staat, die Polis, das Gemeinwesen[53]. Dike, die jedem das Seine zuteilende (dikein) Göttin, ist die Hüterin dieser Ordnung, der "heiligen Grundfesten Dikes" (semna Dikes themethla - D 3, 14), was abstrakt auch heißen kann: der heiligen Grundfesten der Rechtszuweisung. Auf diesen Grundgegensatz menschlichen Gemeinschaftslebens Eunomie-Dysnomie bezieht sich durchgängig das Staatsdenken Solons:

> "Endlos mit Jammer beschwert Ungesetz unsere Stadt.
> Wohlgesetz aber schafft Wohl und Heil für jegliches Wirken"
> (D 3, 31-32).

Die Eunomie ist mehr als nur die gerade bestehende gerechte Ordnung der Gesellschaft oder deren zu erstrebendes Ideal. Sie ist das metaphysische Gesetz der Geschichte, sie bewirkt durch den Lauf der Zeiten hindurch den Untergang des Unrechts. Daß Recht sich nicht im Gerichtsspruch erschöpft, hat schon Hesiod erfahren, der die Bestechlichkeit, Voreingenommenheit und Ungerechtigkeit der Richter anklagt[54]. Und schon Hesiod beruft sich wie später Solon auf eine gerechte Ordnung, die sich letztlich in der Zeit darstellt. Das von der Zeit zugeteilte Recht (D 24,3: Dike chronou - ein Gen. subi.!) ist ein Grundgedanke, der bei Solon immer wiederkehrt; von Dike, der Göttin sagt er:

> "Sie aber weiß um Vergangnes und Künftiges, auch wenn sie schweiget,
> rächend tritt sie hervor, ist ihre Stunde erst reif"
> (D 3, 14-15).

Die Zukunft des Gemeinwesens hängt von der Eunomie ab, nicht nur das gegenwärtige Wohlergehen. In der menschlichen Gesellschaft waltet eine Art kosmisches Gesetz. "Die göttliche Strafe [...] vollzieht sich immanent durch die Störung des sozialen Organismus, die eine jede Verletzung des Rechts bewirkt. In einem solchen Staat bricht Parteihader und Bürgerkrieg aus [...], große Scharen von Mittellosen müssen ihr Vaterland verlassen und wandern in die Schuldknechtschaft [...] Solon erfaßt hier und an anderen Stellen ganz klar den Gedanken einer inneren Gesetzmäßigkeit des sozialen Lebens [...] Solon setzt den Gedanken eines gesetzmäßigen Zusammenhangs von Ursache und Wirkung in der Natur unverkennbar voraus und stellt dazu die Gesetzmäßigkeit des sozialen Vorganges ausdrücklich in Parallele"[55]. Darum ist es die Aufgabe der Bürger im allgemeinen und des Staatslenkers im besonderen, die ausgeglichene Ordnung aller Glieder, das rechte Maß zu bewahren. "Die Begriffe des Maßes und der Grenze, die für die griechische Ethik von so grundlegender Bedeutung werden sollten, zeigen deutlich das Problem an, das für Solon und seine Zeit bewußt im Mittelpunkt steht: die Gewinnung einer neuen Lebensform durch die Kraft des inneren Erkennens"[56].

Daß Solon in seinem Gesetzgebungswerk das rechte Maß erstrebte, werden wir noch sehen. Es wäre jedoch ein Irrtum anzunehmen, daß er im Kampf gegen den Verfall der staatlichen Ordnung maßvoll und zurückhaltend gewesen sei. Er war ein radikaler Agitator für die Änderung der gesellschaftlichen Zustände[57]. Geldgier (philagyria) und Herrschsucht (Hyperêphania) wirft er den Patriziern vor und droht ihnen: "Wir werden uns nicht gütlich zum Gehorsam bewegen lassen"(D 4). Den Führern des Volks wirft er 'rechtloses Denken' (adikos noos) und Prasserei vor und droht ihnen mit dem schicksalsbestimmten Untergang:

> "Ruchlos ist die Gesinnung der Führer des Volkes, doch denen
> hat schon das Schicksal bestimmt wegen solch frevelnden Muts
> endlose Leiden zu dulden; sie wissen ja niemals die Lüste
> maßvoll zu zügeln und nie sich zu bescheiden beim Mahl.
> [...] Reichtümer schachern sie all', achten Gesetz nicht noch Recht.
> [...] Weder von heiligem Gut noch von des Staates Besitz
> lassen die Finger sie weg, sie rauben und stehlen, wo's angeht".
> (D 3, 7-13)

Mit großartigem rhetorischem Gestus ist diese Elegie aufgebaut, die das Volk aufstacheln soll, jenes Volk, dem er an anderer Stelle vorhält:

"Ihr habt ja selber beflissen den Herren die Leiter gehalten;
wundert euch nicht, wenn zum Dank nun man mit Knechtschaft euch lohnt".
(D 8, 3-4).

Zuerst wird Athens Unzerstörbarkeit betont, mit mächtigem vokalischem Auftakt: Hemetera de polis - unsere Stadt - oupot' oleithai - wird niemals zugrunde gerichtet werden; dazwischen kata men Dios - gemäß Zeus. Polis und Zeus sind verklammert durch die Bindepartikel de - men: de polis - men Dios, die eine Zusammengehörigkeit andeuten. Nicht genug damit: Weiter wird Pallas Athene genannt, die ihre Hand über die Stadt hält. Vier Verse mit zahlreichen schweren Spondeen (im Griechischen), eine fast liturgische Intonation:

"Ratschluß und Wille des Zeus und der seligunsterblichen Götter
ist es, daß nie unsre Stadt sinkt in Verderben dahin.
Denn des Allgewaltigen stolze Tochter Athena
breitet droben die Hand schirmend über sie aus"

(Hemetera de polis kata men Dios oupot' oleithai
aisan kai kakarôn theôn phrenas athanatôn.
Toiê gar megathymos episkopos obrimopatrê
Pallas Athênaiê cheiras hyperthen echei)
(D 3, 1-4).

Das so erhobene Selbstbewußtsein wird nun aber mit harten Schlägen erschüttert. Von Geldgier getrieben, bereiten die Bürger selbst ihrer Stadt den Untergang (v. 5-6), die rechtlose Gesinnung der genußgierigen, prassenden Führer führt zum Untergang (v. 7-10), Tempel- und Staatsgut eignen sie sich an (v. 12-13). Wer mit denen gemeint ist, die Reichtümer und unrecht Gut anhäufen (v. 11), steht außer Frage: Natürlich nicht das einfache Volk, sondern die Großgrundbesitzer und Handelsherren, die andere knechten und aussaugen. Gegen sie wird in der nächsten Versgruppe Dike, die unentrinnbare Gerechtigkeit angerufen (v. 14-16). Die Folgen des Unrechts werden als Wirken der Dike drohend dargestellt (v. 17-22): Knechtschaft, Aufruhr, Bürgerkrieg, Zerstörung von Leben und Glück der Vielen (pollôn). Der Egoismus der Reichen hat dies bewirkt[58].

Im nächsten Distichon appelliert Solon an die betroffenen Opfer, die Verarmten und in die Sklaverei Verkauften. Er warnt, niemand werde diesem Schicksal entgehen, auch wenn er hoffe, sich durch Rückzug von den politischen Geschäften hinter seine Mauern schützen zu können. Und dann wendet er sich mit seinem Programm, der Eunomie, ans Volk: "Dies euch, Athener, zu lehren befahl mein Gemüt mir: wie Unordnung der Stadt das meiste Übel beschert, Wohlordnung aber alles dem Ganzen zum Wohle und gut gefügt zum Vorschein kommen läßt" (v. 30-32).

"Die Agitation tat ihre Wirkung. Solon erhielt von seinen Mitbürgern unbeschränkte Vollmacht für die Reform des attischen Staatswesens"[59]. Das war eine außerordentliche Stellung, die der des Tyrannen Pittakos auf Lesbos entsprach (den Alkaios so fanatisch bekämpfte). Es ist klar, daß das Archontenamt des Solon dem Patriziat abgenötigt wurde, sicher auch unter dem Eindruck der Siege der Volkspartei und der von ihr getragenen Tyrannen in den ionischen Gemeinden[60]. Reformen waren unerläßlich, wenn Athen sich entfalten und die Chance einer expansiven Handels- und Außenpolitik, die doch gerade auch der patrizischen Oberschicht zugute kommen würde, nutzen wollte. So war Solon zwar einerseits deutlich ein Sprecher der Volkspartei, aber andererseits, als Nachkomme einer alten adligen Familie und Angehöriger des wohlhabenden Mittelstands[61], ein Kompromißkandidat. "Dabei ließ er durchaus keinen Zweifel, daß seine Politik sich in erster Linie an der Interessenlage der nichtprivilegierten Schichten orientierte und daß der Preis, der zu zahlen war, von den herrschenden Kreisen einzutreiben war. Es war eine ausgesprochene Konzession an das 'Volk', als diese ihm schließlich den Weg freigaben, und das Eingeständnis zugleich, daß sie selbst nicht mehr weiter wüßten und jetzt nur noch Solon als ultima ratio bliebe, wenn Schlimmeres verhütet werden sollte, um die Wogen das schwankende Schiff nicht überspülen zu lassen"[62].

594/3 übte Solon sein diktatorisches Amt als Archon und Gesetzgeber aus.

VII.

Solon Diallaktes

Welche politische Lage fand er vor, der außerordentliche Gesetzgeber? "Zwischen den Adel und die Bauernschaft treten die neuen Stände der Gewerbetreibenden und der Kaufleute mit ihrem Anhang von Handwerkern, Krämern und Schiffern [...] Die Städte wachsen, die Bauern ziehen hinein, um hier ihr Brot besser zu verdienen als draußen auf dem Lande. Fremde, die in der Heimat kein Glück hatten oder in den Parteikämpfen fliehen mußten, lassen sich nieder [...] Die Landbevölkerung strebt nach Befreiung von dem unerträglichen ökonomischen Druck, die reichgewordenen Bürger nach Teilnahme am Regiment, die Nachkommen der Zugewanderten, welche an Zahl die Altbürger oft überragen mögen, nach Gleichberechtigung mit der erbgesessenen Bürgerschaft. Alle diese Elemente werden unter dem Namen des 'Demos' zusammengefaßt, wie zur Zeit der Französischen Revolution unter dem des 'tiers état' [...] *Sie alle bekämpfen das Adelsregiment*"[63]. Die Verlaufsform solcher Klassenauseinandersetzungen kennen wir aus vielen griechischen Poleis. Nachdem sie die Volkspartei zum Siege führten, begründen ihre Führer eine populistisch gestützte, militärisch abgesicherte Alleinherrschaft, die

Tyrannis; die unterlegenen Adligen werden vertrieben, unterdrückt, verfolgt und versuchen ihrerseits, die Macht wieder an sich zu reißen. Gegebenenfalls wird auch die Hilfe auswärtiger Staaten in Anspruch genommen. Es folgen Unruhen, Bürgerkriege und oft schließlich der Niedergang der alten Machtstellung der Polis.

Athen aber hatte sich gerade erst den freien Handelsweg in die Aegäis und den Stützpunkt auf dem Weg zum Pontus erkämpft. Es besaß keine Kolonien und noch keine dauerhaften Handelsniederlassungen. Es war keine außenpolitisch gefestigte hellenische Macht, sondern ein noch unsicherer Aufsteiger. Seine innenpolitischen sozialen Probleme waren nur durch wirtschaftliche Expansion zu lösen. Dazu bedurfte es als Territorialstaat und nicht nur als Warenumschlagplatz sowohl einer soliden agrarischen und gewerblichen Produktionsbasis als auch eines wohl organisierten und länderkundigen Außenhandels. Die Produktion war auf die attische Bauernschaft und die städtischen Handwerker angewiesen, der Handel konnte ohne die Erfahrung, die Beziehungen und die auf großes Vermögen gestützte Risikobereitschaft[64] des alten Patriziats nicht auskommen. Die politische Spätentwicklung Athens in der griechischen Umwelt erzwang einen Ausgleich zwischen den Klassenparteien, um das gemeinsame Interesse der staatlichen Machtenfaltung zu fördern. Es macht Solons Größe aus, daß er trotz der eindeutigen Parteinahme im Klassenkampf die Einsicht in die historische Lage und in die Notwendigkeit des Ausgleichs besaß; und daß er außerdem beide Parteien auf einen Ausgleich festlegen konnte, der nicht nur Augenblickskompromiß war, sondern das Grundmuster für eine stabile zukünftige Form der athenischen Polis bildete und deren unvergleichliche kulturelle Blüte ermöglichte.

Das solonische Gesetzgebungswerk ist hinreichend bekannt[65]; wir brauchen es hier nur in Stichworten zu referieren. Es gliedert sich in drei Hauptstränge, einen sozialpolitischen, einen wirtschaftspolitischen und einen verfassungspolitischen: "In der Entschuldung der Bürgerschaft, in der Reform von Münze, Maß und Gewicht, sowie in der Gesetzgebung, welche die solonische Verfassungsreform mit einschließt"[66].

1. Am einschneidensten war sicher die seisachtheia - die 'Lastenabschüttlung'. "Durch ein Gesetz wurden alle Schulden, welche auf den Grundstücken lasteten oder bei denen die Person des Schuldners selbst verpfändet war, für ungültig erklärt, die Schuldsklaven freigegeben und die Aufnahme von Schulden auf den Leib sowie der Verkauf der Kinder für alle Zukunft untersagt. Außerdem wurden zahlreiche in die Fremde verkaufte attische Bürger auf Staatskosten zurückgekauft"[67]. Damit war auf einen Schlag eine neue, dem Staat verpflichtete und an seinem Gedeihen teilhabende Schicht geschaffen (bzw. restituiert) worden, die zusätzlich dadurch geschützt wurde, daß eine Höchstgrenze für Grunderwerb die weitere Ausdehnung des Großgrundbesitzes verhinderte und die Klein- und Mittelbauern förderte. Auch die Bestimmung, daß landwirtschaftliche Produkte außer Öl nicht exportiert werden durften, sicherte den Bauern einen heimischen Absatzmarkt. Anderer-

seits wurde der Großgrundbesitz in seinem alten Umfang nicht angetastet; so blieben für den Ausbau des Fernhandels die nötigen Vermögensressourcen erhalten und der Adel brauchte nicht um seine wirtschaftliche Vorrangstellung zu fürchten.

2. Die Umstellung auf ein neues Münz-(Währungs-)system machte Athen unabhängig von seinen bisher dominanten Nachbarn. Die verstärkte Ausbeutung der Silbergruben von Laurion schuf die Voraussetzung für eigene Münzprägungen und wirtschaftliche Expansion. Eichgesetze für Maße und Gewichte gaben dem Handel Sicherheit. Das Einbürgerungsrecht für zugewanderte Handwerker begünstigte die Entwicklung des Gewerbes und gab Athen eine gesamtgriechische Weltläufigkeit. Solon selbst förderte besonders die Ansiedlung von Töpfern aus der Peloponnes, um der berühmten, aber gegen Korinth zurückgefallenen Keramikproduktion neuen Auftrieb zu geben. "So beginnt Athen sich seit und durch Solon in eine Industrie- und Handelsstadt umzuwandeln. Daß die Amtslokale der Behörden und des Rates vom Fuß der Burg an den Markt verlegt wurden und dieser fortan den Mittelpunkt des öffentlichen Lebens bildete, ist ein Symptom dieser Wandlung"[68]. Koalitionsfreiheit schuf den Raum für die - in der weiteren Entwicklung Athens wichtigen - Genossenschaften. Strenge Gesetze gegen Müßiggang und Verschwendung lassen den Vergleich mit calvinistischer Wirtschaftsethik aufkommen; damit wurde auch das sichtbare Wohlstandsgefälle in Schranken gehalten und die staatsbürgerliche Solidarität der Bürger quer durch die Klassen gestärkt. In diesem Sinne wirkte auch die - schon zur Verfassungsgebung gehörige - Pflicht der Reichen, öffentliche Aufgaben zu finanzieren (lêitourgiai - 'Liturgien') und ihre militärische Ausrüstung selbst zu bezahlen, während die armen Schichten für den Dienst im Heer (als Leichtbewaffnete) und in der Flotte (als Ruderer) Ausrüstung, Verpflegung und Entlöhnung erhielten.

3. Tief in die Polisverfassung griff eine Neuregelung des Bürgerrechts ein. "Ererbte Vorrechte erkennt Solon nirgends an; mit den Privilegien des Adels fallen die des Stadtbürgers. Damit fällt auch die rechtliche Abhängigkeit der Hintersassen von den Grundherren fort; das erbliche Klientelverhältnis ist durch Solon wenn nicht durch Gesetz, so tatsächlich aufgehoben. Wenn bisher der Patron seine Gefolgschaft, die pelatai, schirmte und vor Gericht vertrat, so bestimmte Solon, daß es jedem Bürger freistehe, über ein Unrecht, das einem anderen zugefügt wird, Klage zu erheben"[69]. Diese völlige Rechtsgleichheit - Isonomie - ist das Vorbild späterer Demokratien geworden; sie verband sich mit der Zugehörigkeit aller Staatsbürger zur Volksversammlung (ekklesia) und ihrer Wählbarkeit in den Rat der 400 bzw. Abordnung in den Volksgerichtshof (hêliaia), der als oberstes Berufungsgericht fungierte. Die Universalität der Volksversammlung gleicht die Machtdifferenz aufgrund der Besitzverhältnisse zu einem großen Teil wieder aus.

Denn die Organisation der Verfassungsorgane war allerdings mit der Einteilung in Einkommenklassen gekoppelt - vier Klassen mit Einkommen im Wert von 500 Scheffeln, 300 Scheffeln, 200 Scheffeln Getreide und darunter. Allein die 'Fünfhundertscheffler' (pentakosiomedimnoi) hatten das passive Wahlrecht für die höchsten Staatsämter (Archontat, Mitgliedschaft im Areopag, Schatzmeister des Staatstempels der Athena); Ritter (Dreihundertscheffler) und Zeugiten (Zweihundertscheffler) konnten in die niederen Ämter der Staatsstellen gewählt werden. Alle, auch die Ärmsten, hatten aber das aktive Wahlrecht. Den Ämterprivilegien der Reichen wurde also dadurch die Waage gehalten, daß sie allesamt vom gesamten Volke gewählt werden mußten. Den politischen Sinn jedes einzelnen stärkte die Bestimmung, daß jeder, der bei einem Aufruhr oder Bürgerkrieg nicht Partei ergriff, des Bürgerrechts verlustig ging.

Der Klasseneinteilung entsprach die Heeresordnung. Die zwei obersten Klassen mußten Pferde und Bewaffnung der Reiterei stellen, die Zeugiten dienten als schwer bewaffnetes gepanzertes Fußvolk (Hopliten) und statteten sich ebenfalls auf eigene Rechnung aus, das einfache Volk bildete auf Staatskosten die leichten Hilfstruppen und die Ruderer. Im Kriegsfalle wurden die Besitzenden aufgrund ihres Vermögens gestaffelt zu Rüstungssteuern herangezogen.

Die ausgewogene Verfassung, die die Rechte und Zuständigkeiten so verteilte, daß sich die Instanzen gegenseitig kontrollierten und die Klassen zur Kooperation gezwungen wurden, gestattete es den Bürgerkriegsparteien, sich miteinander zu versöhnen, ohne daß sich eine als unterlegene hätte unterdrückt fühlen müssen. Diese Leistung brachte Solon den Ehrentitel 'diallaktes' (Versöhner) ein. Indem er das Volk der Polis in einer Staatsidee, einem Bewußtsein der koionia als gesetzter Verfassung, realisiert durch ein gleichgewichtiges Institutionengefüge, vereinigte, machte er das Gemeinwesen Athen (die 'res publica') politisch handlungsfähig. "Die Voraussetzungen zu einer Aktivierung der äußeren Politik Athens mußten erst durch eine Neuordnung der inneren Verhältnisse geschaffen werden", erkennt Bengtson[70]. Eben diese innere Neuordnung als Eunomie, als wohl geregeltes Ineinandergreifen der Teile der Gesellschaft, hat Solon gestiftet. Darauf war er mit Recht stolz[71]:

> "Ansehn so viel als ihm zukommt, gewährte ich willig dem Volke,
> nahm seiner Würde nichts weg, fügte auch nichts ihr hinzu.
> Wiederum duldet' ich's nicht, daß die reichen und mächtigen Herren
> mehr besäßen als das, was ihnen rechtens gebührt.
> Also wehrte mit starkem Schilde ich beiden Parteien,
> daß nicht mit unrechter Macht einer den andern bedrückt"
> (D 5, 1-6).

Solon ist sich bewußt, daß seine Mittlerstellung (D 25, 8 f) ihm von beiden Seiten wenig Dank einträgt, und die Fragmente D 23-25 sprechen davon. Aber gewiß ist ihm sein Versöhnungswerk nicht allein seiner persönlichen Gaben, seiner Überzeugungskraft, seiner Autorität, seiner Taktik wegen gelungen. Vielmehr haben die widerstreitenden Parteien doch auch ihr gemeinsames Interesse, die politische Stärke Athens, erkannt und waren darum zu Zugeständnissen bereit; ja, die Wahl Solons zum Archonten war selbst schon ein solches Zugeständnis. Wer also über die historisch singuläre Chance, die

Solon hatte und wahrnahm, nachdenkt (- und auch darüber nachdenkt, wie hier historische Weichen für die Zukunft Athens und ganz Griechenlands und der griechischen Kultur gestellt wurden), tut gut daran, sich der Wende zur Außenpolitik zu erinnern, die Athen gegen Ende des 7. Jahrhunderts vornahm und als deren Ausdruck wir die religions- und staatspolitischen Bildprogramme der Akropolisarchitektur betrachten dürfen, die ja auch in der Peisistratidenzeit konsequent weiter entwickelt und ausgebaut wurden - ebenso wie der Theseusmythos und -kult. Die einmalige Konstellation von wirtschaftlicher Verspätung, erwachender außenpolitischer Aktivität und sozialer Krise führte dazu, daß die Forderung der Unterdrückten und Ausgebeuteten nach sozialer Gerechtigkeit und das ökonomische Interesse der Ausbeuter und Herrschenden in Konjunktion traten und die ideelle Normativität des Eunomie-Gedankens in staatsrechtliche Realität übergehen konnte[72].

VIII.

Ausblick

Solon, dessen Werk nur gelten konnte, wenn seine eigene persönliche Autorität dahinter zurücktrat, ging nach Ablauf seines Archontats zehn Jahre auf Reisen. Der Parteihader lebte wieder auf, wenn auch innerhalb der Grenzen seiner Verfassung. Während zweier Jahre, 589 und 584, war es nicht einmal möglich das Archontenamt zu besetzen. Die in die staatlichen Institutionen eingebundenen und in ihrer Macht eingeschränkten Patrizier wollten das Rad der Geschichte zurückdrehen zur Oligarchie, zum System ihrer Privilegien und Raubzüge. Sollte Solons Werk nicht zugrunde gerichtet und damit auch die Substanz des athenischen Staats zerstört werden, so bedurfte es noch einmal der durchsetzenden Machtausübung. Das ist die Geschichte der Tyrannis des Peisistratos, eines Verwandten Solons, der als Führer der plebejischen Partei der Diakrier die Herrschaft an sich riß, aber dann - auch er - eine klassenübergreifende Stabilisierungspolitik trieb, die erst die Früchte der solonischen Neuordnung einholte.

Die peisistratidische Phase der Geschichte der athenischen Staatsverfassung ist hier nicht mehr Gegenstand unserer Betrachtung. Ihr Verhältnis zur solonischen Phase hat niemand wesentlicher erfaßt als Hegel:

"Als ordentliche Verfassungen und Gesetze bei den Griechen notwendig wurden, so sehen wir Gesetzgeber und Regenten von Staaten entstehen, die dem Volk Gesetze auflegten und es nach diesen beherrschten. Das Gesetz als allgemein erscheint dem Individuum als Gewalt, insofern es das Gesetz nicht einsieht, nicht begreift, - so als Gewalt noch jetzt, - so zuerst dem ganzen Volke, bis nachher nur dem Einzelnen. Es ist notwendig, ihm zuerst Gewalt anzutun, bis es zur Einsicht kommt und das Gesetz ihm zu seinem Gesetz wird, aufhört, ein Fremdes zu sein. Die meisten Gesetzgeber und Einrichter der Staaten übernahmen es selbst, dem Volke diese Gewalt anzutun und die Tyrannen desselben zu sein. Welche es nicht selbst übernahmen, in solchen Staaten mußten es andere Individuen übernehmen; die Sache selbst ist notwendig [...] Die Herrschaft des Peisistratos gewöhnte die Athenienser an die Gesetze des Solon und machte sie zur Sitte, sodaß nach Vollendung dieser Angewöhnung die Oberherrschaft überflüssig wurde und seine Söhne aus Athen vertrieben wurden und jetzt erst die Solonische Verfassung sich für sich erhielt. Solon hat so die Gesetze wohl gemacht, aber ein anderes ist es, diese gesetzlichen Einrichtungen zur Gewohnheit, Sitte, zum Leben eines Volkes zu machen"[73].

Anmerkungen

1 Vgl. Eduard Meyer, Hermann Bengtson, Werner Jaeger, Alfred Heuss, Erik Wolf. Vorsolonische Gesetzgebungen wie die des Lykurg in Sparta, des Charondas in Katane und des Drakon in Athen sindnoch nicht als Ausfluß einer planmäßigen Rechtsgestaltung unter politischen Gesichtspunkten anzusehen, sondern eher Sammlungen und Vereinheitlichungen geltenden ungeschriebenen Gewohnheitsrechts, wenn auch mit einzelnen eingreifenden Neuerungen. (Zaleukos ist mit zu vielen sagenhaften Zügen ausgestattet, als daß wir sein 'Gesetzbuch' hier berücksichtigen dürften). Das Neue zu Beginn des 6. Jahrhunderts v.u.Z. bei Solon ist jedoch, daß Satzungen (thesmos, im Gegensatz zum gewachsenen nomos) zur Veränderung und organisierenden Gestaltung der Gesellschaft entworfen und als politisches Mittel zur Bewältigung von Staatskrisen eingesetzt werden - und daß wir in den solonischen Dichtungen davon ausführlichere und reflektierende schriftliche Zeugnisse besitzen.

2 Schon Ulrich Wilcken (Griechische Geschichte, 4. Auflage, München 1939, S. 82) erkennt im späten 7. und frühen 6. Jahrhundert den "Kampf der unteren und mittleren Schichten gegen die Aristokratie" als einen Kampf "im Interesse des Rechtsschutzes" und in der nächsten Phase "des Demos um die politischen Rechte" als Ursprung der älteren Tyrannis. Die bedeutendsten Tyrannen waren Gesetzgeber, die das den sich ausbildenden Formen von Gewerbe und Handel nicht mehr entsprechende alte Recht reformierten: Pheidon von Argos (der ein Gewichts- und Währungssystem einführte, das sog. 'Pheidonische Maß'), Periander von Korinth (dem eine Art 'Wirtschaftsgesetzgebung' zu verdanken ist), Pittakos auf Lesbos, der (ähnlich Solon) als 'Aisymnet' (Versöhner) in einer mörderischen Bürgerkriegssituation des Klassenkampfs *gewählt* wurde. Verfassungs- und Verwaltungsreformen gehören zur Tyrannis: "Die Tyrannis verdankt ihren Aufstieg dem Druck, der vom Demos auf das aristokratisch regierte Gemeinwesen ausgeübt wurde, sie war aber auch der Vollstrecker seiner Wünsche. An mehr als einer Stelle nahm der Tyrann die Reform der Phylen in seine Hand". A. Heuss, Propyläen-Weltgeschichte, Bd. III, 1, Frankfurt a. M./Berlin/Wien 1962, S. 145, und insgesamt zur Rechtspolitik der Tyrannen ebenda, S. 146. Während die sozialpolitischen Aspekte der Tyrannis in fast allen Untersuchungen ausgebreitet dargestellt werden, sind deren rechtspolitische Komplemente fast

unberücksichtigt geblieben. Daß es sich um rechtspolitische Programme handelt, mit denen geplant "von bestimmten Gedanken aus in verworrene politische Verhältnisse eingegriffen wird", betont auch Bruno Snell (Dichtung und Gesellschaft, Hamburg 1965, S. 78), daß Tyrannen wie Periander, Pittakos und Kleobulos von der Antike zu den 7 Weisen gezählt wurden, und unter ihnen wieder zu denen, die durch Taten und als Gesetzgeber (nomothetes) weise waren, rückt Solon, der ja auch als einer der sieben galt, in den Umkreis der politischen Neugestaltung der griechischen Gesellschaft im 7./6. Jahrhundert.

3 Hierauf werde ich ausführlicher in meiner 'Problemgeschichte der dialektischen Philosophie' eingehen.

4 Zur Rechtsgeschichte vgl. neben dem älteren Standardwerk von Lipsius, J.H. die Arbeiten von L. Gernet, J.W. Jones, H.J. Wolff und E. Wolf.

5 Die methodische Zusammenschau von Kunst und Rechtsgeschichte mag nicht häufig sein, hat aber Vorbilder. Vgl. Kunst und Recht. Festgabe für Hans Fehr, Karlsruhe 1948.

6 Die andere Ausnahme ist Sparta - und es ist bedeutungsvoll, daß es die beiden 'Flächenstaaten' Athen und Sparta waren, die zu den Hauptmächten Griechenlands aufsteigen konnten.

7 Vgl. Meyer, E., III, S. 590.

8 Solon D 3, 17 ff., spricht davon, daß 'Bürgerkrieg' (der Reichen gegen die Armen) geführt werde.

9 Der archäologische Befund unterstützt die historische Einschätzung. Die bedeutende Rolle Athens in der Keramik des geometrischen Stils geht verloren, Korinth setzt sich an die Spitze der Produktion und des neuen Stils, auch attische Töpfer orientieren sich, obschon unbeholfen, an korinthischen Vorbildern; ihr eigener Stil kann sich dabei nicht frei entwickeln, er findet erst später, als auch die repräsentativen Aufgaben der Bauplastik gestellt werden, zu sich selbst. Vgl. zum Material Buschor, E., Griechische Vasen, Neuausgabe München 1969.

10 Bengtson, H., Griechische Geschichte, München 1965, S. 85. E. Meyer, III, S. 593; er bezeichnet die drakonischen Gesetze als schon nach fünfundzwanzig Jahren zu Solons Zeiten 'unbrauchbar', [ebenda, S. 600].

11 Wilcken, U. (a.a.O., S. 92) schreibt: "[...] wurde Drakons Kodifikation, die im wesentlichen das Recht des Adelsstaates wiedergab, bald als so reaktionär empfunden, daß die Forderung nach neuen Gesetzen auftrat [...] Mußten doch die verschuldeten Freibauern im Falle der Zahlungsunfähigkeit als Schuldknechte im Lande ihre Schuld abarbeiten, falls sie nicht als Sklaven mit ihrer Familie ins Ausland verkauft wurden. Die Hörigen aber, die auf den Gütern ihrer Grundherren arbeiteten, brauchten diesen zwar nur ein Sechstel ihres Ertrages abzutragen, waren aber an die Scholle gebunden und entbehrten daher der völligen bürgerlichen Freiheit".

12 Heuss, A., a.a.O., S. 83.

13 Zur offiziellen Staatsgeschichte wurde der Theseus-Mythos offenbar erst durch Peisistratos, der auch 566 die Einrichtung der alle vier Jahre stattfindenden Panathenäen veranlaßte, die der Sage nach von Theseus begründet wurden. Außerdem wurde jährlich die Synoikia, das Fest des staatlichen Zusammenschlusses, gefeiert. Vgl. Deubner, L., Attische Feste, Leipzig 1932.

14 Die Aufständischen besetzten die Burg und wurden von den Verteidigern der Staatsordnung belagert. Darüber berichtet Thukydides I, 126, 10 weiter: "Kylon aber und sein Bruder konnten entfliehen. Als die anderen in arge Bedrängnis gerieten - einige starben sogar vor Hunger -, da setzten sie sich als Schutzflehende an den Altar der Burg. Als die zum Wachdienst befohlenen Athener bemerkten, sie würden im Heiligtum sterben, befahlen sie ihnen aufzustehen, und zwar mit dem Versprechen, ihnen kein Leid zuzufügen; dann aber führten sie sie ab und töteten sie. Einige, die sich sogar an die Altäre der hehren Göttinnen beim Vorbeigehen gesetzt hatten, machten sie nieder". (Wer an historischen Analogien seine Freude hat, mag die Parallelität zur Pariser Kommune bemerken). Die Forderung nach Sühne für diesen Bruch einer geheiligten Sitte wurde dann zu einem sich über zwei Jahrhunderte haltenden ideologischen und propagandistischen Topos in den innen- und außenpolitischen Machtkämpfen.

15 Meyer, E. III, S. 506 f.

16 So Bengtson, H., S. 96: "Die Bedeutung der 48 Naukrarien, in die Attika eingeteilt war, ist umstritten. Vielleicht handelte es sich um eine Bezirkseinteilung zum Schutz der Küste gegen Seeräuber".

17 Preime, E., Solon - Dichtungen, 3. Auflage, München 1945, S. 55.

18 Ebenda.

19 Die Szene bei Diog. Laert. I, 46. Von der Salamis-Elegie, die Solon auf der Agora vortrug, sind drei Fragmente erhalten, deren letztes, offenbar der Schluß, lautet:

"Auf gen Salamis! Laßt um die köstliche Insel uns kämpfen!
Denn die drückende Schmach von uns zu schütteln ist Zeit".

20 Für unsere weitere Argumentation ist die Datierungsfrage wichtig. Da die Kämpfe um Sigeion durch die Teilnahme des Alkaios terminiert sind, ist dessen Chronologie wichtig. Hier folge ich den Ausführungen von Max Treu (Alkaios - Lieder, München 1963, S. 116 ff.) die mir überzeugend scheinen. Ohne Begründung verlegt Bengtson (a.a.O., S. 96) wie vor ihm E. Meyer (III, S. 596) den Schiedsspruch Perianders auf ca. 600. Dieses Datum scheint auch dadurch gesichert, daß der athenische Anführer Phrynon, den Pittakos von Mytilene im Zweikampf tötete, olympischer Sieger im Jahr 636/35 war. Der Zweikampf wird auf 607/6 angesetzt (Stichwort Pittakos in Paulys RE). Die Friedensvermittlung Perianders, die Athen den Handelsweg zum Pontus offenhielt, könnte also kurz vor dem solonischen Angriff auf Salamis stattgefunden haben, woraus sich ein weiterer realpolitischer Grund ergäbe, vor den eigenen Toren (bzw. Molen) ungehindert zu bleiben.

21 Die spezielle Rolle des Herakles als Beschützer der Bauern, die zu den ältesten Schichten seines Mythos gehört, hat Ulrich von Wilamowitz-Moellendorf (Euripides' Herakles, Neuauflage Darmstadt 1984) herausgearbeitet: "Er baut den Acker nicht, aber er gibt den Ackerbauern die Sicherheit, ihrem Geschäfte nachzugehen; so sind die ersten sechs Kämpfe alle gefaßt und insofern fügen sich auch die Ställe des Augias gut an. Die folgenden vier aber zeigen, wie dem streitbaren Mann die Schätze der Welt zu Gebote stehn, die er nach allen vier Winden siegreich durchzieht" (II, S. 61). Ausführlichere Analyse ebenda, S. 61 ff. Der Heros wird, etwa im 8. Jahrhundert, gemeingriechisch "ein universales Heldenbild". Und: "Fast jedes Dorf hat in Attika sein Heiligtum des Gottes Herakles" (ebenda, S. 36). Der als *Gott* verehrte Herakles mag gerade als Beschützer der Bauern mit Hera, der Hoheitsgöttin der Familie und der häuslichen Ordnung, die auch für den Schutz der Acker und Herden zuständig war, zusammengehen, zu der er offenbar in frühen Schichten der Religion positiv gehörte. Vgl. W. Pötscher, Hera, Darmstadt 1987, pass. In früher Zeit scheint Hera mit einem Partner Heros aufgetreten zu sein, der später, als der jüngere olympische Götterkreis sich durchsetzte, durch den Himmelsgott Zeus substituiert wurde. Vgl. W. Pötscher, ebenda, S. 111. - In jüngeren Schichten rückt Herakles dann näher zur Menschenwelt, wie alle jene Mischkinder, die Zeus mit seinen Geliebten zeugte. Usener wies darauf hin, daß dies häufig das Schicksal "älterer Götter" gewesen ist: "Weil diese alten Götter mehr und mehr als Heroen gefaßt und zu der Menschheit in engere Beziehung gesetzt werden, bilden sie nun gleichsam eine Mittelschicht zwischen Göttern und Menschen". (H. Usener, Griechische Götternamen, 3. Auflage, Frankfurt a. M. 1948). Das gilt für die Wirkung der Herakles-Figur im besonderen: "Hie der Gott, dort der Heros, das ist der Gegensatz, den es zu erklären und zu begreifen gilt" (1.c., S. 36); für den Sagenhelden Herakles wird man Wilamowitz zustimmen dürfen: "Die weit überwiegende Mehrzahl der Heraklessagen hat einen geschichtlichen Sinn" (a.a.O., S. 33).

22 Zu Herakles als Stammesheros von Argos vgl. Wilamowitz, U. v., 1.c., pass. Die Konzentration dorischen Wesens in Herakles: ebenda, S. 19. Die Lebenswelt, deren 'arete' Herakles verkörperte, ist die des Landadels, der seine bäuerlichen Hintersassen zu beschützen hat und der seinen Ruhm bei Piratenzügen in fremde Gegenden sucht. Die ersten sechs 'Arbeiten' des Herakles gelten dem Schutz der Landwirtschaft; vier weitere sind Raubzüge in die Lande der Nachbarn; die beiden letzten, auch sie Piratenstücke, führen apotheotisch über die Erfahrungswelt der Griechen hinaus und versetzen ihn in einen göttlichen Bereich - den Garten der Hesperiden und die Unterwelt der Toten; Unsterblichkeit ist der Preis. Wilamowitz hat (1.c. D. 55 ff.) diese Komposition des Dodekathlos (der Sage von den zwölf Arbeiten) als Kernstück der heroischen Herakles-Geschichte überzeugend nachgezeichnet.

23 Wilamowitz, U. v., 1.c., S. 57 f. - Daß die Theseus-Sage parallel zur Herakles-Sage konstruiert ist, betont auch E. Meyer (1.c., III, S. 240), der den politischen Hintergrund [ebenda, S. 718] ausspricht. Wir werden später zu erörtern haben, wie sich die Befunde der Vasenmalerei des 6. Jahrhunderts zu dieser These von einer politischen Mythopoiese verhalten.

24 Spätere Autoren haben die mythologische Äquivalenz gefühlt. Die kromyonische Sau wurde zum Muttertier des erymanthischen Ebers und des kalydonischen Ebers erklärt.

25 Noch viel später hat Ovid mit feinem Gespür diese ordnungsstiftende Rolle des Theseus benannt: "qui virtute sua binarem pacaverat Isthmon - der mit seiner Mannhaftigkeit den an zwei Meere stoßenden Isthmos befriedet hatte" (Metamorph. VII, 405) und später geht er von dem agrarischen Aspekt der beiden herakles-ähnlichen Taten - der Überwältigung des marathonischen Stiers und der Erschlagung der kromyonischen Sau - ganz rasch zu den eigentlichen Leistungen, der Bezwingung der Räuber über (ebenda, S. 431 ff.).

26 Meyer, E., l.c., III, S. 718: "Das Idealbild des Theseus, des mächtigen, volksfreundlichen Herrschers, ist in dieser Zeit geschaffen worden" - das heißt zwischen 600 (Solon) und 528 (Peisistratos' Tod). - Noch einmal sei an den feinfühligen Ovid erinnert, der festhält: "agitant convivia patres et medium vulgus nec non" - zu Theseus Ehren "feiern die Patrizier und nicht minder des einfache Volk Festgelage". (Metamorph., VII, 431 f.).

27 Für das 5. Jahrhundert vgl. dazu Meier, Ch., Die politische Kunst der griechischen Tragödie, München 1988. - Über die Anfänge im 6. Jahrhundert heißt es bei Meier einleitend: "Wir hören aus dem 6. Jahrhundert von vielen Versuchen, in diese Richtung zu wirken. Und wir können mit einiger Wahrscheinlichkeit erschließen, daß eine Reihe politischer Denker durch Verbreitung von Einsicht und Wissen, aber auch durch Ermunterung dazu beitrug, in den breiten Schichten das Bewußtsein zu wecken, auch, vielleicht gar gerade sie seien für die Stadt verantwortlich. Zudem suchten sie die institutionellen Voraussetzungen dafür zu ermitteln. Es ging darum, die Unzufriedenheit mit den Zuständen in politische Forderungen umzumünzen. Die Chance dazu wuchs mit der allmählichen wirtschaftlichen Konsolidierung, die nicht zu letzt dank den Tyrannen in Athen (und wohl auch in anderen Orten) eintrat" (ebenda, S. 22).

28 Athen, Akropolismuseum, Kat. Nr. 4. Für unsere Frage spielt es keine Rolle, wie die Hypothese eines 'Ur-Parthenon' zu beurteilen sei. Jedenfalls gehört der Giebel zu einem großformatigen Tempel auf der Akropolis.

29 Vgl. hierzu Kähler, H., Das griechische Metopenbild, München 1949; E. Homann-Wedeking, Die Anfänge der griechischen Großplastik, Berlin 1950. - Im einzelnen ist dieser Prozeß im Zusammenhang der Entdeckung der Individualität zu verfolgen. Vgl. B. Snell, Die Entdeckung des Geistes, Hamburg 1946 u.ö.

30 Die Nutzung archäologischen Materials für unsere Fragestellung wurde angeregt durch die neue Arbeit von Heiner Knell (Mythos und Polis - Bildprogramme griechischer Bauskulptur, Darmstadt 1990). Während die klassische Archäologie bisher vorwiegend stil- und formgeschichtlich oder strukturanalytisch orientiert war, versucht Knell einen neuen methodologischen Ansatz. Ihm geht es "weniger um kunstgeschichtliche Probleme im engeren Sinne [...], sondern vor allem um die mit solchen Kunstwerken transportierten Inhalte und Aussagen" [ebenda, S. IX]. Er unterscheidet "zwischen Bildprogramm zum einen und Bildpropaganda zum anderen" [ebenda, S. XI], um den Bedeutungsgehalt der Darstellungen an griechischen Tempeln von dem Charakter römischer Kunst abzuheben, in der die Verkörperung staatspolitischer Ideen fast den Charakter von bildhaften Dekreten bekam. "Bildprogramm im hier verwendeten Sinn kann sich deshalb sowohl auf einen bestimmten Kult beziehen, als auch auf einen Darstellungswillen, der der Konkurrenz zwischen verschiedenen Poleis Rechnung trägt oder politischen Zielsetzungen dienlich ist"

(ebenda). Unter Programmen verstehen wir also bewußte Formulierungen eines Polis Geistes in religiös-mythischer Sprache und Symbolik. Der Ortsmythos selbst, sein Verbindlichkeitsanspruch und seine Geltung, ist ein Politicum, in ihm kristallisiert sich - über die jeweilige historische Situation hinaus - eine gesellschaftliche Kontinuität und Identität. - Der geistesgeschichtlich ausgeweitete Gebrauch, den wir - mit Blick auf die politischen Hintergründe der solonischen Gesetzgebung - hier von Knells Interpreta tionsverfahren machen (das er selbst mit größter Behutsamkeit handhabt), geschieht auf eigene Verantwortung und sollte bei vorsichtigeren Altertumswissenschaftlern nicht zu einem Vorurteil gegen den belangvollen Forschungsansatz von Knell führen. Die historische Bedeutungsanalyse, die er auf archäologische Befunde anwendet und die in einigen Aspekten mit der Arbeitsweise der Warburg-Schule verwandt ist, stellt eine Bereicherung der Archäologie der griechischen Kunst dar.

31 Wenn es erlaubt ist, ein späteres Zeugnis für diese Konkreszenz in Anspruch zu nehmen, so könnte auf die weißgrundige Oinochoe des Theseus-Malers, Paris, Petit Palais Nr. 313, hingewiesen werden (um 510), die Theseus abbildet, "wie er den marathonischen Stier fesselt, ganz so, wie Herakles mit dem Kretischen Stier verfuhr" (J. Boardman, Schwarzfigurige Vasen aus Athen, Mainz 1977, S. 248). Der Theseus-Maler greift nachdrücklich den nun politisch voll etablierten Theseus-Kult als Ausdruck athenischen Großmachtbewußtseins auf, die Allusion an Herakles ist jetzt eine Selbstverständlichkeit, die nicht mehr der Legitimation des Theseusmythos dienen muß, sondern seinen mythologischen Ort definiert. Mir scheint der Rückschluß nicht unbegründet, daß diesem ideengeschichtlichen Stadium Vorstufen vorausgingen, auf denen erst die Anerkennung des Theseus neben Herakles und austauschbar mit ihm durchgesetzt werden mußte.

32 Zur Denkform des Mythos vgl. Cassirer, E., Philosophie der symbolischen Formen, Band II, Darmstadt 1953.

33 Akropolismuseum, Kat. Nr. 4.

34 Knell, H., a.a.O., S. 2. - Akropolismuseum, Kat. Nr. 4: "Anfang 6. Jahrhundert". Werner Fuchs datiert später 580/70.

35 Akropolismuseum, Kat. Nr. 9 und 55.

36 Akropolismuseum, Kat. Nr. 2.

37 Akropolismuseum, Kat. Nr. 1.

38 Die schwarzfigurige Vasenmalerei, vorherrschend in Athen von ca. 630 bis 520, unterstützt die Vermutung über das Verhältnis Herakles-Theseus. Boardman, J., a.a.O., S. 242: "Herakles wurde zur populärsten Gestalt auf den schwarzfigurigen Vasen aus Athen; das mag daran liegen, daß Athena - die Stadtgöttin Athens - seine Beschützerin war und regelmäßig zusammen mit ihm auftritt. Diese Verbindung mag auch politisch ausgenützt worden sein [...] Auch die Tatsache, daß seine Beliebtheit in der Kunst Athens schließlich durch Theseus in Frage gestellt wurde, hat ihre politischen Bezüge". Ältere schwarzfigurige Vasen, allen voran die berühmte sog. 'François-Vase' des Kleitias (vgl. J.

Boardman, a.a.O., S. 37 f.) zeigen vor allem das kretische Minotaurus-Abenteuer, also die staatspolitisch begründete Tat des Theseus. Die den Leistungen des Herakles verwandten Taten auf dem Zug von Troizen nach Athen treten erst später als Motive auf. Vgl. J. Boardman, a.a.O., S. 247 f. Die Bevorzugung der Heraklessage mag natürlich auch mit dem Export der Vasen zusammenhängen; Herakles war ein gesamtgriechisch beliebter und verehrter Heros, und die Beziehung Herakles-Athena machte es möglich, das athenische Selbstverständnis ins Spiel zu bringen - weshalb das Herakles-Motiv eben auch ideologisch ausbaufähig und leicht aus Theseus zu beziehen war. Umso wichtiger ist es, daß schon früh auf der für den Export bestimmten 'François-Vase', die in Chiusi/Etrurien gefunden wurde, um 570 das Theseus-Motiv in seinen originalen Mythen-Bestandteilen (Sieg über den Minotaurus, Kampf der Lapithen und Kentauren) auftaucht. Der vom Töpfer (Ergotimos) und Maler (Kleitias) je zweimal signierte Krater von 66 cm Höhe ist zweifellos eine programmatische Arbeit: "Zweihundert Figuren in sechs Friesen umziehen das große Gefäß in dichter Folge, 143 Innschriften benennen die Figuren, Tiere, Mischwesen und Dinge. Eine Fülle epischer Themen ist hier zu einem großen einheitlichen Zyklus zusammengefaßt" (J. Döring. In: Boardman/Döring/Fuchs/Hirmer, Die griechische Kunst, München 1966, S. 99). Die anderen Themen, die vorwiegend aus der Achilleis stammen, verweisen auf die in Solons oder Peisistratos' Zeit in Athen vollzogene Endredaktion der Ilias zum Vortrag bei den Panathenäen - auch hier kann man eine kulturpolitische Kundgabe ahnen.

39 Akropolismuseum, Kat. Nr. 3 und 35.

40 Knell, H., a.a.O., S. 3. Knell weist im Anschluß an Brommer (Herakles, 1953) auf die Beiläufigkeit dieses Abenteuers im Herakles-Zyklus hin und hält es für erklärungsbedürftig, warum gerade ein nicht 'gängiges' Herakles-Motiv hier prononciert herausgestellt wurde.

41 Knell, H., a.a.O., S. 4.

42 Curtius, L., Die klassische Kunst Griechenlands, Darmstadt 1959, S. 139.

43 Wilamowitz (Herakles, a.a.O., S. 46) weist noch auf eine andere Analogie hin: "Acheloos muß dem Herakles das Füllhorn geben. Der Preis des Tritonkampfs ist derselbe. Wenn Theseus in das Meer taucht, um sich von Amphitrite den Kranz zu holen, der jetzt in den Sternen der himmlischen Krone strahlt, so ist das, wenn nicht Übertragung, so doch inhaltlich das nämliche". Das Ineinanderübergehen von Nereus, Triton, Acheloos, dem Dreileibigen und auch Proteus hat Wilamowitz (Der Glaube der Hellenen, Bd. I, Darmstadt 1955, S. 214 ff.) nachvollzogen. Ihr gemeinsamer Gattungsname ist 'halios gerôn', der 'Meeresgreis', der die Gabe der elementarischen Verwandlung hat. Vgl. K. Kerenyi, Die Mythologie der Griechen, Darmstadt 1956, S. 46 ff.; dreifach ist die Erscheinung des Meergreises als Phorkys, Proteus und Nereus (=Triton), "im Grunde genommen ist aber immer derselbe 'Alte des Meeres' gemeint" (K. Kerenyi, a.a.O., S. 47). Der Meergreis kann auch ketos, Meerungeheuer heißen, und Triton ist der deinos theos, der schreckliche Gott (obschon er dem Theseus wohlgesonnen war, aber eben als dem Sohn des Poseidon) - doch er ist "wahrhaftig und gütig" - Hesiod Theog. 233.

44 Knell, H., a.a.O., S. 2.

45 Ebenda.

46 Ebenda, S. 39.

47 Langlotz, E./W. Schuchardt, Archaische Plastik auf der Akropolis, Frankfurt a. M. 1943, Nr. 3.

48 Es ist die Zeit der Lyrik des Alkaios und der Sappho auf Lesbos, in der uns sprachlich begrifflich die Ausbildung des Ich-Bewußtseins nachvollziehbar wird. Vgl. Snell, B., Die Entdeckung des Geistes, a.a.O, S. 56 ff. Aus Athen liegen uns - außer den solonischen Gedichten - keine parallelen literarischen Zeugnisse vor; doch ist der Befund der Bildkunst entsprechend zu deuten. - Wir müssen uns es hier versagen, diese Zusammenhänge ausführlicher darzustellen, die jedoch wohl in die Geschichte der Ursprünge dialektischen Denkens gehören. Vgl. B. Snell, Dichtung und Gesellschaft, Hamburg 1965, S. 56 ff.; H. Fränkel, Dichtung und Philosophie des frühen Griechentums, München 1962, S. 147 ff.

49 Die nächsten Schritte sind dann die elaborierten Bildungsprogramme des Athena-Tempels der Peisistratiden, des Apollon-Tempels der Alkmeoniden zu Delphi und des Schatzhauses der Athener zu Delphi. Vgl. Knell, H., a.a.O., pass. Zur Politisierung des Mythos hat zweifellos das delphische Orakel mit seinen Eingriffen in das politische Geschehen beigetragen.

50 Heuss (a.a.O., S. 137) spricht von einer "Verarmung der Schichten". "Es waren die kleinen Grundbesitzer, deren geringer Landbesitz keine Sicherheit gegen Mißernten und Preisschwankungen bot. Sie mußten Darlehen aufnehmen und gerieten so den reichen Gläubigern, das heißt den Großgrundbesitzern gegenüber, in Schulden. Die Folgen waren Verpfändung eines Teils ihrer Felder und damit Hinschwinden der Möglichkeit, jemals von den Schulden loszukommen, letztlich Vertreibung von Haus und Hof, wenn nicht gar persönliche Schuldhaft und damit Verkauf über die Grenze, ein Schicksal, dem sich nur durch Flucht außer Landes entgehen ließ [...] Die tieferen Gründe für diese Katastrophe müssen in einem Rentabilitätsschwund für den kleineren Betrieb liegen, wohl infolge ihrer von Haus aus schlechten Produktionsbedingungen und einer entsprechenden Verbesserung auf den größeren Höfen, woraus sich ein Sinken des Preisniveaus ergab, das die Kosten der kleinen Wirtschaften nicht mehr deckte". Vgl. auch E. Meyer, a.a.O., S. 594 f. und H. Bengtson, a.a.O., S. 94 f. Bengtson schreibt: "Gegen Ende des 7. Jahrhunderts findet man den größten Teil des anbaufähigen Landes in den Händen der großen adligen Familien, eine Erscheinung, die mit der Stabilisierung von nahezu der gesamten wirtschaftlichen Macht beim Adel gleichbedeutend ist. Die breite Masse der Bevölkerung, die freien Lohnarbeiter und ein beträchtlicher Teil der ehemaligen Kleinbauern, befand sich in strikter Abhängigkeit von den großen adligen Grundherren; sie waren diesen entweder als Schuldner verpflichtet oder sie waren in den Stand der Hörigkeit hinabgesunken [...] Die grausame Härte des Obligationenrechts, das bei Zahlungsunfähigkeit die Versklavung der Person und der Familie des Schuldners nach sich zog, muß zu einer unerträglichen Verschärfung der sozialen Gegensätze in Attika wesentlich beigetragen haben".

51 "Die Tagelöhner, die während der Ernte halfen, dann aber ohne geregeltes Einkommen auf der Straße lagen und vom Bettel und allenfalls von Gelegenheitsarbeit lebten, waren schon der homerischen Zeit bekannt. Infolge der allgemeinen Bevölkerungsvermehrung wurden sie jedoch zahlreicher. Zu ihnen stießen die Söhne von kleinen Bauern, die auf dem Hof kein Auskommen hatten" (Heuss, A., a.a.O., S. 137). Bevölkerungsvermehrung, Verschuldung, Landenteignung kamen zusammen und steigerten den Effekt der Pauperisierung eines Teils der Bevölkerung, für den die limitierten Möglichkeiten der Stadt keine Kompensation boten. Athen wurde auf den Weg der Expansion getrieben.

52 Vgl. auch D 24, 5 ff. - Die Versübersetzung Solons von Preime, E., Solon, Dichtungen, München 1945. In einzelnen Fällen übersetzen wir direkt in Prosa, wenn es aus Gründen der terminologischen Genauigkeit geboten erscheint.

53 Vgl. Jaeger, W., Solons Eunomie, Berlin 1926. - Ders. Paideia, Band I, Berlin 1954, S. 194. Von D 3, 26-27 sagt Jaeger: "Niemals in der Welt ist die Verflochtenheit des Einzelnen und seines Schicksals in das Leben des Ganzen anschaulicher und packender geschildert worden als in diesen Worten des großen Warnungsgedichts".

54 Zu Hesiod vgl. Jaeger, W., Paideia, a.a.O., S. 89 ff.; H. Fränkel, a.a.O., S. 104 ff.; B. Snell, Dichtung und Gesellschaft, a.a.O., S. 56 ff.; F. Wehrli, Die Hauptrichtungen des griechischen Denkens, Zürich 1964 pass. - Die Nähe Solons zu Hesiod ist immer hervorgehoben worden. Sie mag u.a. auch darin begründet sein, daß beide, in einer der bäuerlichen Weltanschauung noch verbundenen Denkweise, menschliche Rechtsordnung und kosmische Ordnung als Entsprechungen und ineinander verwoben auffaßten.

55 Jaeger, W., Paideia, a.a.O., S. 193 - 195. - F. Wehrli, a.a.O., S. 88: "Im politischen Leben offenbart sich für Solon die Heimsuchung des Unrechts als immanente Gesetzlichkeit des Geschehens. Parteikämpfe und Krieg gehen nach seinen Worten so notwendig aus der Habgier der Mächtigen hervor, wie Schnee und Hagel aus der Wolke falle oder wie der Donner auf den Blitz folge".

56 Jaeger, W., Paideia, a.a.O., S. 204. - Kleobulos, Tyrann von Lindos, einer der sieben Weisen, gilt als Autor des Spruchs "Das Maß ist das Beste" (to metron ariston); B. Snell, Leben und Meinungen der 7 Weisen, München 1943, S. 11; über die Zuordnung der Sprüche ebenda, S. 7 f.

57 Fränkel (a.a.O., S. 256) spricht von "Agitation". Unverständlicherweise läßt Snell (Dichtung und Gesellschaft, a.a.O., S. 93), der doch sonst ein feines Gefühl für gesellschaftliche Prozesse hat, sich durch die normative Rede vom Maß den Blick für die leidenschaftliche Empörung verdecken, mit der Solon das Volk aufstachelt. Er schreibt: "So findet sich denn in seinen programmatischen Versen nichts von dem Pathos der Unterdrückten, das bei der Entstehung moderner Demokratien oft einen Ton von Haß in die politischen Diskussionen gebracht hat". Das ist ganz falsch.

58 Snell, B., Dichtung und Gesellschaft, a.a.O., S. 94: "Was er bekämpft, ist das Überhandnehmen der Privatinteressen gegenüber dem Recht im Staat".

59 Fränkel, H., a.a.O., S. 256; Heuss (a.a.O., S. 166) sagt von Solon: "Auch Solon ist ein Mann, der darum Bescheid weiß, wie man an den Vitalnerv der Massen zu greifen hat. Zweifellos hatte er das Zeug zum 'Volksführer', zum 'Demagogen', sogar in dem späteren Sinn, den individuelles Ausdrucksvermögen dieser gerade für Athen markanten Stellung im Staat verschaffte".

60 Darauf weist Jaeger, W., Paideia, a.a.O., S. 191 hin: "Insbesondere wäre die politische Bewegung, die von den wirtschaftlich Schwachen ausging, ohne die Anregungen des ionischen Ostens nicht denkbar, mit ihr die überragende Führergestalt Solons, in der sich gleichfalls Attisches und Ionisches untrennbar durchdringt".

61 Wilcken, U., a.a.O., S. 93: Solon "erschien hierfür besonders geeignet, da er einerseits mit dem alten Königshause verwandt, andererseits als Handelsherr sozial dem Mittelstande angehörig, politisch der Mann der mittleren Linie war".

62 Heuss, A., a.a.O., S. 166.

63 Meyer, E., a.a.O., S. 510.

64 Der Ausdruck 'Kindynos', offenbar ein nicht-griechisches Fremdwort, für 'Gefahr' = 'Risiko' taucht bei Solon (und seinen Zeitgenossen auf Lesbos) zuerst auf. Fränkel (a.a.O., S. 271) sieht darin einen "Terminus des Handels". Die Bereitschaft zum Risiko wird im gesellschaftlichen Bewußtsein aufgefangen durch das Vertrauen auf die Gerechtigkeit (dike), die sich im menschlichen wie im natürlichen Kosmos durchsetzt. Vgl. B. Snell, Dichtung und Gesellschaft, a.a.O., S. 90 f. Solons Dike-Metaphysik hat eine unmittelbare politische Funktion.

65 Ausführliche Darstellung bei Meyer, E., a.a.O., S. 602 ff.

66 Bengtson, H., a.a.O., S. 96.

67 Meyer, E., a.a.O., S. 602 f.

68 Ebenda, S. 612.

69 Ebenda, S. 603.

70 Bengtson, H., a.a.O., S. 96.

71 In der großen "Rechenschaftselegie" (D 24) legt Solon größten Wert auf die Entschuldung der Bauernsame, auf den Freikauf der Sklaven. Dies waren deutlich die Hauptinteressen seiner Anhänger, ihnen sagt er: "Ich hab's vollendet, wie ich's damals euch versprach" (D 24, 17); und er betont, daß er dazu Macht (bia) gebraucht habe, um sie mit Recht (dikê) verbinden zu können. Dann erst, und als Konsequenz der Machtausübung, kann er sich rühmen, der Gewalttat von beiden Seiten gewehrt zu haben (D 24, 22 ff.). Die "Rechenschaftselegie" ist ein unzweideutiges Zeugnis für die Front, die Solon im Klassenkampf bezog und für die Stabilisierungsstrategie, die er verfolgte.

72 Untersuchungen wie die vorliegende mögen dazu beitragen, das Verhältnis des logisch Allgemeinen und des historisch Singulären, mit anderen Worten: "die eigentümliche Logik des eigentümlichen Gegenstandes" zu erhellen. Was Solon durchführte, war die Konsequenz einer Revolution in einer revolutionären Situation. Das Eigentümliche war, daß das Hauptinteresse der herrschenden Klasse an wirtschaftlicher Expansion sich mit den Interessen des 'Demos' sich so verknüpfen ließ, daß die Weltanschauung des 'Demos' sich auch gegenüber den Patriziern als normativ durchsetzen ließ; daß also eine 'Hegemonie' des 'Demos' sich ausbildete, die die weitere staatliche Entwicklung Athens, auch gegen reaktionäre Interludien, bestimmte. - Das konservative Gegenbild ist Sparta, der Vergleich von Athen und Sparta hat einen typologischen Wert.

73 Hegel, G.W.F., Vorlesungen über die Geschichte der Philosophie. In: Werke, Moldenhauer/Michel (Hg.), Frankfurt a. M. 1970, Bd. 18, S.. 183 und 185.

Bibliographie der Schriften von Hermann Klenner
- Februar 1952 bis Dezember 1990 -

Die Schriften sind *innerhalb* der Rubriken chronologisch geordnet und fortlaufend numeriert, wobei der Zeitpunkt der Veröffentlichung auch bei der Anordnung der Beiträge in Zeitschriften u.a. Periodika berücksichtigt wurde (Jahr, Heft-Nr.).
Bei Zeitschriften u.a. Periodika, die in Berlin herausgegeben werden, wurde auf die Angabe des Verlagsortes verzichtet.

Übersicht

A. *Monographien*

1 Formen und Bedeutung der Gesetzlichkeit als einer Methode in der Führung des Klassenkampfes (Diss.), Berlin 1952, 71 S., (Gr. Schr.reihe d. Dt. Inst. f. Rechtswiss.; III).

2 Der Marxismus-Leninismus über das Wesen des Rechts, Berlin 1954, 98 S., (Gr. Schr.reihe d. Dt. Inst. f. Rechtswiss.; VI); 2. überarb. Aufl., Berlin 1955, 104 S.

3 *[Mit] A. Steininger:*
Die Überwindung der Lassalleschen Staatsideologie. Eine Voraussetzung für die demokratische Lösung der deutschen Frage in den 60er Jahren des 19. Jahrhunderts, Berlin 1955, 110 S., (Schr.reihe Staats- und Rechtstheorie d. Dt. Inst. f. Rechtswiss.; 3).

4 Studien über die Grundrechte. Mit Dokumentenanhang, Berlin 1964, 278 S.

5 Die politischen Bürgerrechte in der DDR. Hg.: DDR-Komitee für Menschenrechte, Berlin 1967, 63 S.; auch englisch und französisch in: Ebenda, 61 S.

6 Rechtsleere. Verurteilung der Reinen Rechtslehre, Berlin 1972, 109 S.; auch Frankfurt a. M. 1972; Lizensausgabe.

7 *[Mit] G. Klenner:*
Menschenrechte unter den Bedingungen des wissenschaftlich-technischen Fortschritts., Berlin 1976, 79 S.; auch englisch in : Ebenda.

8 Rechtsphilosophie in der Krise, Berlin 1976, 181 S., (Schriften zur Philosophie und ihrer Geschichte; 3).

9 Menschenrechte - Illusion und Wirklichkeit. - Berlin 1976, 8 S.

10 Freiheit, Gleichheit und so weiter. Dreizehn Streiflichter über die Menschenrechte, Berlin 1978, 144 S., (Schr.reihe Recht in unserer Zeit; 10).

11 John Locke und der Formierungsprozeß der politisch-juristischen Standardtheorie des Bürgertums, Berlin 1979, 36 S., (Sitzungsberichte d. Akad. d. Wiss. d. DDR; 10 G).

12 Marxismus und Menschenrechte. Studien zur Rechtsphilosophie. Anhang: Menschenrechtskataloge aus Vergangenheit und Gegenwart, Berlin 1982, 528 S., (Schriften zur Philosophie und ihrer Geschichte; 31).

13 Revolutionsprogramm als Reformationstheorie: Der Revolutionsbegriff utopischer Kommunisten in England Mitte des 17. Jahrhunderts, Berlin 1983, 37 S., (Sitzungsberichte d. Akad. d. Wiss. d. DDR; 6 G).

14 Vom Recht der Natur zur Natur des Rechts, Berlin 1984, 234 S., (Staats- und rechtstheoretische Studien; 14).

15 *[Mit] M. Buhr und J. D'Hondt:*
Aktuelle Vernunft. Drei Studien zur Philosophie Hegels, Berlin 1985, 141 S.

16 *[Mit] R. Müller:*
Gesellschaftsvertragstheorien von der Antike bis zur Gegenwart. Vorträge, Berlin 1985, 80 S., (Sitzungsberichte d. Akad. d. Wiss. d. DDR; 2 G).

17 Vom Recht der Natur zur Natur des Rechts, Moskau 1988, 319 S., (russischsprachige Lizensausgabe der deutschsprachigen Ausgabe, Berlin 1984).

18 Des Thomas Hobbes bellum omnium contra omnes, Berlin 1989, 39 S., (Sitzungsberichte d. Akad. d. Wiss. d. DDR).

19 *[Mit] M. Buhr und J. D'Hondt*
Aktuelle Vernunft. Studien zur Philosophie Hegels, Berlin 1990, 310 S.

20 Deutsche Rechtsphilosophie im 19. Jahrhundert, Berlin 1991, 257 S.

B. Editionen

1 *[Mithg. und Einleitung]:*
Baumgarten, A., Rechtsphilosophie auf dem Wege, Berlin 1972; auch: Glashütten im Taunus 1972; Lizenzausgabe.

2 *[Hg. und mit einem Anhang versehen]:*
Hobbes, Th., Leviathan oder Materie, Form und Gewalt eines kirchlichen und staatlichen Gemeinwesens, Teil 1 u. 2, Leipzig 1978, 393 S.

3 *[Hg. und mit einem Anhang versehen]:*
Locke, J., Bürgerliche Gesellschaft und Staatsgewalt. Sozialphilosophische Schriften, Leipzig 1980, 356 S.

4 *[Hg. und mit einem Anhang versehen]:*
Hegel, G.W.F., Grundlinien der Philosophie des Rechts, Berlin 1981, 645 S., (Philosophiehistorische Texte).

5 *[Hg. und mit einem Anhang versehen]:*
Winstanley, G., Gleichheit im Reiche der Freiheit. Sozialphilosophische Traktate, Leipzig 1983, 339 S.; 2. korr. Aufl., Leipzig 1986; Lizenzausgabe im Fischer-Verlag Frankfurt a. M. 1988.

6 *[Hg. und mit einem Anhang versehen]:*
Humboldt, W. v., Individuum und Staatsgewalt. Sozialphilosophische Ideen, Leipzig 1985, 281 S.

7 *[Hg. und mit einem Anhang versehen]:*
Locke, J., Bürgerliche Gesellschaft und Staatsgewalt, Berlin 1986; Lizenzausgabe des 1980 in Leipzig erschienenen Bandes.

8 *[Hg. und mit einem Anhang versehen]:*
Milton, J., Zur Verteidigung der Freiheit. Sozialphilosophische Traktate, Leipzig 1987, 308 S.

9 *[Hg. und mit einem Anhang versehen]:*
Kant, I., Rechtslehre. Schriften zur Rechtsphilosophie, Berlin 1988, 668 S., (Philosophiehistorische Texte).

10 *[Hg. und mit einem Anhang versehen]:*
Spinoza B., Politischer Traktat, Leipzig 1988, 188 S.

11 *[Hg. und mit einem Anhang versehen]:*
Kirchmann, J.H. v., Die Wertlosigkeit der Jurisprudenz als Wissenschaft, Freiburg/Berlin 1990, 141 S.

12 *[Hg. und mit einem Anhang versehen]:*
Harrington, J., Oceana, Leipzig 1991, 509 S.

13 *[Hg. mit Mamut, L. und mit einem Anhang versehen]:*
Paschukanis, E., Allgemeine Rechtslehre und Marxismus, Freiburg/Berlin 1991, 365 S.

C. *Aufsätze u. a. Beiträge in Einzelveröffentlichungen*

1 Das Recht der Rehabilitierung. In: Fragen des Beweisrechts im Strafprozeß, Berlin 1957, S. 70-74.

2 Das Recht auf Arbeit bei Johann Gottlieb Fichte. In: Festschrift für Erwin Jacobi, Berlin 1957, S. 149-163.

3 Zur ideologischen Natur des Rechts. In: Staat und Recht im Lichte des Großen Oktober, Berlin 1957, S. 82-101.

4 *[Mit] G. Pflicke:*
Einführung in das staats- und rechtswissenschaftliche Studium. In: Lehrmaterialien der Hochschule für Ökonomie (Hg.), Berlin 1962 (im folgenden: Lehrmat. Hochsch. Ök.).

5 Die Volksvertretungen als Massenorganisationen und höchste Machtorgane. In: Lehrmat. Hochsch. Ök., Berlin 1962.

6 Das Wesen des sozialistischen Rechts und die sozialistische Gesetzlichkeit. In: Lehrmat. Hochsch. Ök., Berlin 1962.

7 Das sozialistische Recht. In: Lehrmat. Hochsch. Ök., Berlin 1962.

8 Zum Wesen und System der sozialistischen Grundrechte. In: Lehrmat. Hochsch. Ök., Berlin 1962.

9 *[Mit] G. Pflicke:*
Einführung in das staats- und rechtswissenschaftliche Studium. In: Lehrmat. Hochsch. Ök., Berlin 1963.

10 Das sozialistische Recht und die Grundrechte der Staatsbürger. In: Lehrmat. Hochsch. Ök., Berlin 1963.

11 The Peoples elected Governing Institutions of the GDR. In: Lehrmat. Hochsch. Ök., II. University Summer Vacation Course, Berlin 1965, S. 137-157.

12 *[Mit] G. Pflicke:*
Einführung in das juristische Studium. In: Lehrmat. Hochsch. Ök., Berlin 1965.

13 Ökonomik und sozialistisches Recht. In: Lehrmat. Hochsch. Ök., Berlin 1965.

14 Rechtstheorie. In: Lehrmat. Hochsch. Ök., Berlin 1966.

15 Zu unbewältigten Grundrechtsproblemen. In: Demokratie und Grundrechte, Berlin 1967, S. 117-122.

16 Arthur Baumgarten. In: Forschungen und Fortschritte, Berlin 1967, S. 187-118.

17 Grundrechte. In: Politisches Wörterbuch, Berlin 1967, S. 262-263.

18 Sein und Sollen im Erfahrungsbereich des Rechts. In: World Congress on Philosophy of Law, Milano 1967, S. 27-29.

19 Rechtstheorie. In: Lehrmat. Hochsch. Ök., Berlin 1967.

20 Zur Einschätzung bürgerlicher Rechtsstaatstheorien. In: Illusion und Wirklichkeit des Rechtsstaates, Berlin 1968, S. 219-221.

21 Zur Stellung der Rechtstheorie im Wissenschaftsgefüge der sozialistischen Gesellschaft. In: Aktuelle Probleme der marxistisch-leninistischen Rechtstheorie, Berlin 1968, S. 7-13.

22 Menschenrechte hier und heute. In: Selbstbestimmung und Menschenrechte, Berlin 1968, S. 7-13.

23 Grundrechte. In: Philosophisches Wörterbuch, G. Klaus/M. Buhr (Hg.), Leipzig 1969, S. 460-465.

24 Recht. In: Ebenda, S. 914-916.

25 Souveränität. In: Ebenda, S. 993-995.

26 Lenins Auseinandersetzung mit der bürgerlichen Demokratiekonzeption in der heutigen Zeit. In: Philosophie-Kongreß der DDR. Teil V, Berlin 1970, S. 61-66.

27 Sein und Sollen in der Rechtswissenschaft. In: Schneider, P. (Hg. im Auftr. der IVR), Sein und Sollen im Erfahrungsbereich des Rechts. Vorträge des Weltkongresses für Rechts- und Sozialphilosophie [Mailand - Gardone Riviera, 9.IX.-13.IX.1967]. Arch. Rechts u. Sozialphilos., Wiesbaden 1970, Beiheft, Neue Folge, 6, S. 145-153.

28 Über die Rechtfertigungsnotwendigkeit generalisierter juristischer Entscheidungen [Thesen]. In: Hubien, H. (Hg.), Le raisonnement juridique, Bruxelles 1971, S. 501-504.

29 Hegel: Rechtswissenschaft - Mathematik ohne Vernunft? In: Hegeljahrbuch, Meisenheim 1972, S. 164-169.

30 Die marxistische Menschenrechtskonzeption. In: Fischer, M. u.a. (Hg.), Dimensionen des Rechts (memory of René Marcic), Bd. 2, Berlin (West) 1974, S. 793-804.

31 Gewaltenteilung. In: Klaus, G./M. Buhr (Hg.), Philosophisches Wörterbuch, Leipzig 1974, S. 501-503.

32 Menschenrechte. In: Ebenda, S. 779-784.

33 Souveränität. In: Ebenda, S. 1111-1112.

34 Kapitalistisches Gesellschaftssystem und Rechtsfunktion - materialistisch betrachtet. In: Anuario de filosofia des derecho, Bd. XVII, Madrid 1974, S. 385-388.

35 Zur Juristensprache. In: Neubert, A./R. Ruzicka, Verständlichkeit, Verstehbarkeit, Übersetzbarkeit. Sprachwissenschaft und Wissenschaftssprache, Berlin 1975, S. 48-50, (Sitzungsberichte der Akad. d. Wiss. d. DDR; 1973, 18 G).

36 Vorwort zu: Spezialbibliographie über die in der DDR zu Problemen der Menschenrechte erschienene Literatur, Potsdam 1975, S. 3-11.

37 Zur ideologiekritischen Methode der marxistischen Rechtstheorie. In: Grundfragen der Methodologie der marxistisch-leninistischen Rechtswissenschaft, Leipzig 1975, S. 1-6.

38 Feuerbach und der Ansatz der Rechtstheorie von Karl Marx. In: Beiträge zur Marx-Engels-Forschung, Berlin 1975, S. 55-71.

39 'Rechtsphilosophie - auf Feuerbachs Grundlage?'. In: Lübbe, H./H.M. Saß (Hg.), Atheismus in der Diskussion, München 1975, S. 72-88, 97-98, 101-102, 106-107.

40 Juristische Gesetzlichkeit und gesellschaftliche Gesetzmäßigkeit. In: Objektive Gesetzmäßigkeit und bewußtes Handeln, Berlin 1975, S. 238-242, (Materialien des IX. Philosophie-Kongresses der DDR).

41 Läßt Hegel die Dialektik in seiner Rechtsphilosophie stille stehn? In: Dialektik - Staat - Recht. Beiträge marx.-len. Staats- und Rechtstheoretiker auf dem X. Internationalen Hegelkongreß, Moskau 1974. - Berlin 1976, S. 29-41, (Staats- und rechtstheoretische Studien; 1); Kurzfassung in: Hegel-Jahrbuch 1975, Köln 1976, S. 58-64.

42 Aneignung des römischen Rechts? In: Irmscher, J., Probleme der Aneignung des antiken Erbes, Berlin 1976, S. 15-19, (Sitzungsberichte d. Akad. d. Wiss. d. DDR; 6 G).

43 Zur Rechtslehre der reinen Vernunft. In: Buhr, M./T.I. Oiserman (Hg.), Revolution der Denkart oder Denkart der Revolution, Berlin 1976, S. 162-177.

44 Der tote Fichte vor der preußischen Zensur. In: Universalhistorische Aspekte und Dimensionen des Jakobinismus, Berlin 1976, S. 160-194.

45 Plädoyer für eine materialistische Rechtstheorie. In: Rechtswissenschaft und Arbeiterbewegung, Köln 1976, S. 27-44.

46 Namibia und die Menschenrechte. In: Schriften und Informationen des DDR-Komitees für Menschenrechte, Berlin 2/1976, S. 27-47; auch englisch in: Bulletin of the GDR Committee for Human Rights (im folgenden: Bulletin), Berlin 2/1976, S. 24-44.

47 Dialektische Probleme in der Rechtsphilosophie Hegels. In: Die Rechtsphilosophie Hegels und die Gegenwart, Moskau 1977, S. 19-29 (russ.).

48 Anmerkungen zu 'Savigny'. In: Kuczynski, J., Gelehrtenbiographien, Berlin 1977, S. 158-173.

49 Menschenrechte im Klassenkampf. In: Sozialismus - Menschlichkeit, Freiheit und Demokratie, Berlin 1977, S. 201-223.

50 Menschenrechte - Heuchelei und Wahrheit. In: Ebenda, S. 224-243.

51 Menschenrecht - kein Interventionsfeld gegen Frieden und Sozialismus. In: IPW-Forschungshefte, Berlin 3/1977, S. 158162; auch in: 60 Jahre Große Sozialistische Oktoberrevolution - 60 Jahre Kampf um den Frieden und die Rechte der Menschheit, Berlin 1978, S. 150-153 (Abhandl. d. Akad. d. Wiss. d. DDR, W 7).

52 Recht. In: Wörterbuch der marxistisch-leninistischen Soziologie, Berlin 1977, S. 535-537.

53 Rechtssoziologie. In: Ebenda, S. 538-540.

54 Methodologische Bemerkungen zu den gegenwärtigen Grundrichtungen der bürgerlichen Rechtsideologie. In: Imperialistische Staats- und Rechtsentwicklung. Zur Analyse und Kritik ihrer Praxis und Ideologie, Berlin 1977, S. 19-31, (Abhandl. d. Akad. d. Wiss. d. DDR, W 3).

55 Historisches zu: Gesetzesaussagen in der Rechtswissenschaft. In: Rechtswissenschaft und objektive Gesetze der Gesellschaft, Leipzig 1977, S. 88-97.

56 Leviathan und Behemoth oder Vernunft und Aufruhr. In: (Hg.): Hobbes, Th., Leviathan, Leipzig 1978, S. 339-368.

57 Herder und das historische Denken in der Rechtswissenschaft. In: Johann Gottfried Herder. Zum 175. Geburtstag, Berlin 1978, S. 35-52, (Sitzungsberichte d. Akad. d. Wiss. d. DDR, 8 G).

58 Mommsen, der Jurist. In: Kuczynski, J., Studien zu einer Geschichte der Gesellschaftswissenschaft, Bd. 9, Berlin 1978, S. 182-242.

59 Greatness and Misery of Philosophy of Law. In: Sur la philosophie du droit, Beograd 1978, S. 63-75.

60 Menschenbild und Menschenrecht. In: Philosophie und Humanismus, Weimar 1978, S. 206-213.

61 Menschenrechte, materialistisch hinterfragt. In: Schriften und Informationen des DDR Komitees für Menschenrechte, Berlin 4/1978, S. 3-28; auch englisch in: Bulletin, Berlin 4/1978, S. 3-25.

62 Grund- und Persönlichkeitsrechte in der DDR. In: Berichte zum X. Internationalen Kongreß für Rechtsvergleichung, Budapest 1978, S. 239-241, (Konferenzmaterial).

63 Zur Begriffsbestimmung der Effektivität des Rechts. In: Die gesellschaftliche Wirksamkeit des sozialistischen Rechts - Probleme ihrer Begriffsbestimmung und Messung, Berlin 1978, S. 74-83, (Konferenzmaterial).

64 Zur Wirksamkeitserhöhung des Rechts bei der Bekämpfung des Rassismus. In: Ebenda, S. 170-176.

65 Recht gegen Rassismus. In: Asien, Afrika, Lateinamerika, Bd. 6, Berlin 1978, S. 983-985.

66 Jefferson and Ho Chi Minh - Shingo Shibatas conception of human rights. In: Bulletin, Berlin 1/1978, S. 53-57; auch in: The 1978 Yearbook for Marxist

Studies, Vol. 2, Tokyo 1978, S. 141-146 (jap.); auch in: Social Praxis, Vol. 6, The Hague 1979, S. 94-98.

67 Verschiedenheit, Gegensätzlichkeit und Vereinbarkeit von Rechtsphilosophien. In: Mollnau, K.A. (Hg.), Zur marxistischen Rechtskonzeption, Berlin 1979, S. 59-69, (Konferenzmaterial).

68 Menschenrechte, friedliche Koexistenz und das Völkerrecht der Gegenwart. In: Schriften und Informationen des DDR-Komitees für Menschenrechte, Berlin 2/1979, S. 17-39; auch englisch in: Bulletin, Berlin 2/1979, S. 16-37.

69 The Laywer's Responsibility for the Protection of Human Rights. In: Juergensmeyer, J.C. (Hg.), Parliamentary and Extra Administrative Forms of Protection of Citizens Rights, Florida 1979, S. 75-81.

70 Können die Prinzipien des Sozialismus aus den Menschenrechtskatalogen des 18. Jahrhunderts abgeleitet werden? In: The 1979 Yearbook for Marxist Studies, Tokyo 1979, S. 187-191 (jap.).

71 Sozialistisches Recht als Maß sozialistischer Politik. In: Das Recht als Widerspiegelung, Leipzig 1979, S. 132-141, (Schriftenreihe Methodologie der marxistisch-leninistischen Rechtswissenschaft; 7).

72 Savigny und das historische Denken in der Rechtswissenschaft. In: Savigny y la ciencia juridica del siglo XIX, Granada 1979, S. 133-170, (Annales de la cathedra Francisco Suarez, 18/19, 1978/1979).

73 Menschenrechte, friedliche Koexistenz und das Völkerrecht der Gegenwart. In: Menschenrechte im Klassenkampf, Bd. 1, Potsdam 1980, S. 152-180, (Aktuelle Beiträge der Staats- und Rechtswissenschaft; 207).

74 Mister Locke beginnt zu publizieren oder: Das Ende der Revolution. In: (Hg.): J. Locke, Bürgerliche Gesellschaft und Staatsgewalt. Sozialphilosophische Schriften, Leipzig 1980, S. 295-340.

75 Werturteilsstreit, einmal anders. In: Jürgen Kuczynski - ein universeller marxistisch-leninistischer Gesellschaftswissenschaftler, Berlin 1980, S. 42-51, (Sitzungsberichte d. Akad. D. Wiss. d. DDR; 9 G).

76 Rechtsphilosophische und strukturtheoretische Probleme juristischer Texte. In: Mollnau, K.A. (Hg.), Komponenten der Rechtsbildung und ihr Einfluß auf die gesellschaftliche Wirksamkeit des sozialistischen Rechts, Berlin 1980, S. 153-164, (Mat. d. III. Berliner rechtsth. Symposiums).

77 Rechtsnormstruktur. In: Probleme der Rechtsnormtheorie, Leipzig 1980, S. 103-111, (Schriftenreihe Methodologie der marxistisch-leninistischen Rechtswissenschaft; 8).

78 Die politisch-juristischen Auffassungen der bürgerlichen Aufklärung. In: Marxistisch-leninistische Staats- und Rechtstheorie. Lehrbuch, 3. bearb. Aufl., Berlin 1980, S. 175-178.

79 Gegenwärtige bürgerliche Rechtslehren. In: Ebenda, S. 190-197.

80 Menschenrechte - Bürgerrechte - Klassenrechte. In: Ebenda, S. 408-421.

81 Hegels Rechtsphilosophie in der Zeit. In: (Hg.): G.W.F. Hegel, Grundlinien der Philosophie des Rechts, Berlin 1981, S. 565-609.

82 Rechtswissenschaft. In: Handbuch Wirtschaftsgeschichte, Berlin 1/1981, S. 192-196.

83 Religionskritik und Rechtskritik. In: Philosophie und Religion, Weimar 1981, S. 224-231.

84 Hegels Rechtsphilosophie - Zeitgeist oder Volksgeist? In: Buhr, M./T.I. Oiserman (Hg.), Vom Mute des Erkennens, Berlin 1981, S. 260-275; auch in: D. Henrich/R.P. Horstmann (Hg.), Hegels Philosophie des Rechts, Stuttgart 1982, S. 206-222.

85 Zum heutigen Recht auf ein Leben in Frieden. In: Schriften und Informationen des DDR-Komitees für Menschenrechte, Berlin 2/1981, S. 26-41; auch englisch in: Bulletin, 2/1981, S. 24-38.

86 Zwischenstaatliche Menschenrechtskonzeptionen und wissenschaftlich-technischer Fortschritt. In: Mollnau, K.A. (Hg.), Recht als Maßstab. Rechtstheorie unter den Bedingungen der wissenschaftlich-technischen Revolution, Berlin 1981, S. 140-147, (Konferenzmaterial); auch in: Masayasu Hasegawa (Hg.), Contemporary Problems of Public Law, vol 1: Some Problems of Contemporary Human Rights, Tokyo/Najoya 1982, S. 99-111 (jap.).

87 Naturrecht und Völkerrecht als Maßstab internationaler Beziehungen. In: Mollnau, K.A. (Hg.), Recht als Maßstab [...], a.a.O., S. 18-26.

88 Zum Materialismus bei Hegel. In: Buhr, M., Der Mut der Wahrheit, Berlin 1982, S. 34-37, (Sitzungsberichte der Akad. d. Wiss. d. DDR; 8 G).

89 Interpretationstendenzen von Hegels 'Rechtsphilosophie'. In: Das philosophische Werk Hegels, Berlin 1982, S. 45-63, (Konferenzmaterial der Urania).

90 "... und das Gerede verstummt vor den ernsten Wiederholungen der Geschichte". Macht und Ohnmacht von Rechtsphilosophie und Völkerrecht im Angesicht des Krieges. In: Holz, H.H./H.J. Sandkühler (Hg.), Dialektik 4: Für den Frieden - Aufgaben der Philosophie und der Wissenschaften, Köln 1982, S. 39-51.

91 Völkerrecht als zwischenstaatliches Verfassungsrecht, am Beispiel der Menschenrechte. In: Gutiérrez Girardot R./H. Ridder/M.L. Sarin (Hg.), New directions in international law. Essays in honour of Wolfgang Abendroth. Festschrift zu seinem 75. Geburtstag, Frankfurt a. M./New York 1982, S. 479-498.

92 The Right to Self-Determination and the effects of occupation on Human Rights. In: Seminar on Violations of Human Rights in the Palestinian and other Arab Territories occupied by Israel, UN Doc St/HR/Ser A/14, New York 1982, S. 13-16.

93 Grundsatzprobleme im Vorfeld einer Rechtsbildungstheorie. In: Mollnau, K.A. (Hg.), Probleme einer Rechtsbildungstheorie, Berlin 1982, S. 20-30, (Staats- und rechtstheoretische Studien; 13).

94 Rechtswirkung als Rechtsbildung. In: Mollnau, K.A. (Hg.), Einflüsse des Wirkens des Rechts und seiner gesellschaftlichen Wirksamkeit auf den sozialistischen Rechtsbildungsprozeß, Berlin 1982, S. 161-175, (Mat. des IV. Berliner Rechtsth. Symposiums).

95 Analyse der Wechselwirkungen zwischen Rechtsanwendung und Gesetzgebung. In: Ebenda, S. 77-84.

96 "Ich spreche im Namen aller Armen" oder: Die gute alte Sache der Kommunisten. In: (Hg.): G. Winstanley, Gleichheit im Reiche der Freiheit, Leipzig 1983, S. 301-340.

97 Marx und Engels über die Rechte des Menschen und des Bürgers - Eine Anthologie. In: Schriften und Informationen des DDR-Komitees für Menschenrechte, Berlin 1/1983, S. 5-25; auch englisch in: Bulletin, Berlin 1/1983, S. 5-28.

98 Probleme in Permanenz: Menschenrechte. In: Schriften und Informationen des DDR-Komitees für Menschenrechte, Berlin 1/1983, S. 26-39; auch englisch in: Bulletin, Berlin 1/1983, S. 28-41.

99 Macht und Ohnmacht von Rechtsphilosophie und Völkerrecht im Angesicht des Krieges. In: Eichhorn, W./H. Schulze (Hg.), Philosophie im Friedenskampf, Berlin 1983, S. 52-54.

100 Recht wider Recht bei Martin Luther. In: Martin Luther. Kolloquium anläßlich der 500. Wiederkehr seines Geburtstages (10. Nov. 1983), Berlin 1983, S. 34-41, (Sitzungsberichte d. Akad. d. Wiss. d. DDR; 11 G).

101 Vom ius ad bellum zum ius ad pacem (Nutzen und Nachteil des Naturrechts). In: Mayer-Maly, D./P.M. Simons (Hg.), Das Naturrechtsdenken heute und morgen. Marcic-Gedächtnisschrift, Berlin (West) 1983, S. 57-66.

102 Sätze und Gegensätze in der deutschen Rechtsphilosophie von 1803-1843. In: Förster, W. (Hg.), Gesellschaftslehren der klassischen bürgerlichen deutschen Philosophie, Berlin 1983, S. 171-185, (Schriften zur Philosophie und ihrer Geschichte; 36).

103 Soziale Voraussetzungen der Rechtsphilosophie. In: Mollnau, K.A. (Hg.), Rechtswissenschaft als Gesellschaftswissenschaft. Beiträge zum XI. Weltkongreß der IVR, Berlin 1983, S. 88-102, (Konferenzmaterial); Resümee in: Philosophical Foundations of the Legal und Social Sciences (Abstracts of Congress Papers), Helsinki 1983, S. 153-154.

104 Verschiedenheit, Gegensätzlichkeit und Vereinbarkeit von Rechtsphilosophien. In: Trappe, P. (Hg.), Conceptions Contemporaines du droit, Wiesbaden 1983, S. 465-473, (Supplementa des Archivs für Rechts- und Sozialphilosophie, vol. 1, S. 4).

105 Philosophisches und historisches Denken in der Rechtswissenschaft als Alternative. In: Lange, E. (Hg.), Philosophie und Geschichte, Weimar 1983, S. 206-212, (Collegium philosophicum Jenense; 4).

106 Bemerkung zu Musik, Sprache und Gesellschaftsstruktur. In: Georg Knepler, Sprache und Musik unter dem Aspekt der Ästhetik, Berlin 1983, S. 46-47, (Sitzungsberichte d. Akad. d. Wiss. d. DDR; 1 G).

107 Anläßlich der mephistophelischen Frage nach dem mit uns gebornen Recht. In: Dietze, W., Goethes Tod. Goethes Leben, Berlin 1983, S. 45-68, (Sitzungsberichte d. Akad. d. Wiss. d. DDR; 17 G).

108 Widerspruch und Rechtsbruch bei Brecht. In: Brecht '83. Brecht und Marxismus, Berlin 1983, S. 290-297, 385-386.

109 Bedenken gegen eine voreilig normierte Wortwendung. In: Kuczynski, J., Die Rolle der Volksmassen in der Geschichte, Berlin 1984, S. 29-30, (Sitzungsberichte d. Akad. d. Wiss. d. DDR; 9 G).

110 Freiheit und Menschenrecht. In: Schriften und Informationen des DDR-Komitees für Menschenrechte, Berlin 1/1984, S. 13-22; auch englisch in: Bulletin, 1/1984, S. 13-22.

111 Zur 40. Tagung der UN-Menschenrechtskommission. Verlauf, Ergebnisse, Probleme. In: Schriften und Informationen des DDR-Komitees für Menschenrechte, Berlin 2/1984, S.7-22; auch englisch in: Bulletin, Berlin 2/1984, S. 7-21.

112 Souveränität als Macht durch Vernunft im England des siebzehnten Jahrhunderts. In: Beiträge zur Souveränität, Jena 1984, S. 7-17.

113 Strukturen als Gegenstand einer marxistischen Rechtstheorie. In: Mollnau, K.A. (Hg.), Struktur und Systemgestaltung des sozialistischen Rechts und ihr Einfluß auf dessen Effektivität, Berlin 1984, S. 187-195, (Mat. des V. Berliner Rechtsth. Symposiums).

114 The Apprintment of Friedrich Julius Stahl (A Chapter from the History of the Philosophy of Law). In: Peteri, Z. (Hg.), Legal Theory. Comperative Law (Studies in Honour of Professor Imre Szabó), Budapest 1984, S. 113-133.

115 Systemstrukturen als Gegenstand von Rechtstheorie und Rechtsphilosophie. In: Mollnau, K.A. (Hg.), Probleme einer Strukturtheorie des Rechts, Berlin 1985, S. 21-42, (Staats- und rechtstheoretische Studien; 15).

116 Antifaschismus ohne Antikommunismus! In: Schriften und Informationen des DDR-Komitees für Menschenrechte, Berlin 1/1985, S. 33-40; auch englisch in: Bulletin, Berlin 1/1985, S. 32-38.

117 Zum antifaschistischen Gehalt der internationalen Rechts- und Friedensordnung in der Gegenwart. (Anlage: Anti-Nazismus-Resolutionen der Vereinten Nationen). In: Mollnau, K.A. (Hg.), Von der Geschichtlichkeit des Rechts. Beiträge zum XII. Weltkongreß der IVR, Berlin 1985, S. 41-61, (Konferenzmaterial).

118 Frieden durch Vertrag? In: Graefrath, B./K.A. Mollnau (Hg.), Die Friedensfrage im Recht. Beiträge eines Kolloquiums, Berlin 1985, S. 112-122, (Konferenzmaterial).

119 Zur Menschenrechtsphilosophie des Marxismus-Leninismus. In: Sozialismus und Frieden. Humanismus in den Kämpfen unserer Zeit, Berlin 1985, S. 78-84 (VI. Philosophiekongreß der DDR).

120 Die Geschichtlichkeit von Recht und die Rechtlichkeit von Geschichte. In: Law, Man and History, Athen 1985, S. 123-125.

121 "Lex Naturae dat nobis Ius". In: Lange, E. (Hg.), Philosophie und Natur. Beiträge zur Naturphilosophie der deutschen Klassik, Weimar 1985, S. 235-243.

122 Die sanfte Gewalt der Vernunft. Humboldt zwischen Revolution und Reform. In: (Hg.): Humboldt, W. v., Individuum und Staatsgewalt, Leipzig 1985, S. 237-245.

123 Freiheit für die Erben Sandinos! In: Schriften und Informationen des DDR-Komitees für Menschenrechte, Berlin 2/1985, S. 107-108; auch englisch in: Bulletin, Berlin 2/1985, S. 100-102.

124 Antikes Recht in moderner Gesellschaft - Rezeption und Historizität von Recht als Widerspruch? In: Beiträge des Rechts zur Gestaltung des Sozialismus, Jena 1985, S. 84-96.
125 Let Reason Be to Judge. In: Buhr, M./W. Förster (Hg.), Aufklärung - Gesellschaft - Kritik, Berlin 1985, S. 48-64, (Schriften zur Philosophie und ihrer Geschichte; 38).

126 Stahls Berufung. In: Bock, H./W. Weise (Hg.), Unzeit des Biedermeiers, Leipzig 1985, S. 206-217.

127 Hinterlassenschaft des Vormärz. In: Ebenda, S. 359-369.

128 Zum Selbstbestimmungsrecht des Volkes von Afghanistan. Erklärung zum Tagesordnungspunkt 12 der 41. Tagung der UN-Menschenrechtskommission. In: Schriften und Informationen des DDR-Komitees für Menschenrechte, Berlin 3/1985, S. 199-203.

129 Zur Tagung der UN-Kommission für Menschenrechte. Bericht. In: Ebenda, S. 193-199.

130 Widerspruch und Rechtsbruch bei Brecht. In: Hecht, W. (Hg.), Brechts Kaukasischer Kreidekreis, Frankfurt a. M. 1985, S. 167-175.

131 Das Janusgesicht der Rechtsphilosophie des John Locke. In: John Locke. Wissenschaftliches Kolloquium 1984, Halle 1985, S. 37-47, (Wiss. Beiträge der Martin-Luther-Universität, Reihe A; 75); auch in: Demokratie und Recht, Köln 2/1986, S. 172-177.

132 Kants Rekonstruktion von Rechtstheorie. In: Rechtswissenschaft und Recht, Leipzig 1985, S. 93-103.

133 Frieden durch Vertrag? In: Philosophie und Frieden, Weimar 1985, S. 231-239, (Collegium philosophicum Jenense; 6).

134 Der rechtsphilosophische Denk-Einsatz von Karl Marx. In: Röder, K.-H. (Hg.), Politische Theorie und sozialer Fortschritt, Berlin 1986, S. 74-86.

135 Soziale Voraussetzungen der Rechtsphilosophie. In: Rechtstheorie, Berlin (West) 1986, S. 53-67, (Beiheft 9, Soziologische Jurisprudenz und realistische Theorien des Rechts).

136 Rechtsentwicklung durch Rechtsanwendung. In: Mollnau, K.A. (Hg.), Die eigenverantwortlich-schöpferische Komponente in der Rechtsanwendung, Berlin 1986, S. 188-194.

137 Jacob Grimm und das Forschungsprogramm der historischen Rechtsschule. In: Jacob und Wilhelm Grimm, Berlin 1986, S. 48-54, (Sitzungsberichte d. Akad. d. Wiss. d. DDR).

138 Von den Griechen lernen, was schön, von den Römern lernen, was recht ist. Marx und die Historizität des Rechts. In: Zum Problem der Geschichtlichkeit ästhetischer Normen, Berlin 1986, S. 22-30, (Sitzungsberichte d. Akad. Wiss. d. DDR).

139 Hegels Identität von Recht und Pflicht. In: Hörz, H. (Hg.), Pflicht der Vernunft, Berlin 1987, S. 22-30: auch in: Berthold, L. (Hg.), zur Architektonik der Vernunft, Berlin 1990, S. 115-126.

140 Zwischen Koexistenz, Indifferenz und Kontraexistenz. Zur Begegnung von Religionen und Rechtsphilosophien im 17. Jahrhundert. In: Krawietz, W. (Hg.), Formalismus und Phänomenologie im Rechtsdenken der Gegenwart, Berlin 1987, S. 101-119.

141 Materialismus versus Idealismus. Geschichtliches zum Determinationsproblem in der Rechtsphilosophie. In: Materialismus und Idealismus im Rechtsdenken, Stuttgart 1987, S. 27-35.

142 Toleranzideen im 17. Jahrhundert. In: Stolpe, M. (Hg.), Wege und Grenzen der Toleranz, Berlin 1987, S. 80-93; auch in: Mittenzwei, I. (Hg.), Hugenotten in Brandenburg/Preußen, Berlin 1987, S. 69-90.

143 Property oder Happiness. In: Köhn, J. (Hg.), Eigentum, Weimar 1987, S. 226-232.

144 Von irrationalen Urphänomenen und anderem Unfug. In: Heise, W. (Hg.), Brecht 89. Anregungen zum Dialog über die Vernunft am Jahrtausendende, Berlin 1987, S. 136-146, 337-338, (2. Aufl., Berlin 1989).

145 Des Menschen und der Völker Recht auf ein Leben in Frieden. In: Dialektik 13, Köln 1987, S. 146-159.

146 Die Geschichtlichkeit von Recht und die Rechtlichkeit von Geschichte. In: Panou, St. (Hg.), Philosophy of Law in the History of Human Thought, Stuttgart 1988, S. 145-149.

147 Ein Dialog zwischen John und Locke, Bürgerkrieg und Staatenkrieg betreffend. In: Losurdo, D./H.-J. Sandkühler (Hg.), Philosophie als Verteidigung des Ganzen der Vernunft, Köln 1988, S. 273-283; auch in: H. Bock (Hg.), Krieg und Frieden im Wandel der Geschichte, Berlin 1989, S. 49-57.

148 Frankreichs Revolution und Deutschlands Konservatismus. In: Heiseler, J.H. v. (Hg.), Die Französische Revolution 1789-1989, Frankfurt a. M. 1988, S. 394-404.

149 Rechtsphilosophie. In: Buhr, M. (Hg.), Enzyklopädie zur bürgerlichen Philosophie im 19. und 20. Jahrhundert, Leipzig 1988, S. 361-373.

150 Social Contract Theories in a Comparative Survey. In: Law in East and West, Tokyo 1988, S. 41-60.

151 Über Kants Krummholz-Metapher. In: Kaufmann, A./H.F. Zacher (Hg.), Rechtsstaat und Menschenwürde, Frankfurt a. M. 1988, S. 223-234.

152 Zur Theorie/Praxis-Relation in Kants Rechtsphilosophie. In: Bleiber, H. (Hg.), Demokratie, Antifaschismus und Sozialismus in der deutschen Geschichte, Berlin 1988, S. 91-98.

153 Die Macht der Vernunft in Spinozas Tractatus politicus. In: Dialektik 15, Köln 1988, S. 106-121.

154 Klassischbürgerliche Revolution in Frankreich - klassischbürgerliche Rechtsphilosophie in Deutschland. In: Kossok, M. (Hg.), 1789 - Weltwirkung einer großen Revolution, Berlin 1989, S. 185-198.

155 On the Right to Revolution - A German Dilemma. In: MacCormick, N. (Hg.), Enlightenment, Rights and Revolution, Aberdeen 1989, S. 287-296.

156 Schelling und die Rechtsphilosophie. In: Pawlowski, H.M./St. Smid/R. Specht (Hg.), Die praktische Philosophie Schellings, Stuttgart 1989, S. 273-286.

157 Hegel und die Götterdämmerung des Absolutismus. In: Germanistische Forschungsprobleme, Berlin 1989, S. 46-53, (Sitzungsberichte d. Akad. d. Wiss. d. DDR).

158 Staatsverfassungen, Menschenrechte, Völkerrecht. In: Dimmel, N./J. Noll (Hg.), Verfassung, Wien 1990, S. 357-373.

159 Gerechtigkeit. In: Europäische Enzyklopädie zu Philosophie und Wissenschaften, Bd. 2, Hamburg 1990, S. 279-282.

160 Menschenrechte. In: Ebenda, Bd. 3, S. 366-372.

161 Macht/Herrschaft/Gewalt. In: Ebenda, 114-121.

162 Revolution und Recht. In: Bock, H. (Hg.), Napoleon und nationale Unabhängigkeit, Berlin 1990, S. 82-99.

163 Die Declaration des droits de l'homme et du citoyen von 1789 und ihre Kritik von rechts und von links, Berlin 1990, S. 37-52, (Sitzungsberichte d. Akad. d. Wiss. d. DDR; 3 G).

D. *Aufsätze u.a. Beiträge in Zeitschriften/ Periodika*

1 Über unser staatswissenschaftliches Kulturerbe. In: Neue Justiz, 6 (1952) 2, S. 58-62.

2 Über das Verhältnis von juristischen zu historischen Gesetzen. Zu Stalins Arbeit 'Ökonomische Probleme des Sozialismus in der UdSSR'. In: Neue Justiz, 7 (1953) 1, S. 4-9.

3 Karl Marx und Friedrich Engels gegen Lassalles Verfassungstheorie und Realitätspolitik. In: Staat und Recht, 2 (1953) 1, S. 223-249.

4 Über die Rechtsentwicklung in der Volksrepublik China. Bericht über einen Vortrag von Ko-Pai-nien bei der Vereinigung Demokratischer Juristen [der DDR]. In: Staat und Recht, 2 (1953) 2, S. 287-291.

5 Dr. phil. Dr. jur. h.c. Lion Feuchtwanger. In: Staat und Recht, 3 (1954) 4, S. 438-442.

6 Gesetz und Richter. Bemerkungen zu einer Rede Eberhard Schmidts in Karlsruhe im Jahre 1952. In: Staat und Recht, 3 (1954) 8, S. 800-809; auch in: Wiss. Zeitschr. d. Humboldt-Univ. Berlin, 3 (1953/54) 5, S. 407-411.

7 Abdankung der Justiz. Zu dem Urteil des Bundesgerichtshofes [der BRD] vom 1. Februar 1954. In: Neue Justiz, 8 (1954) 17, S. 502-503.

8 Die normierte Lüge. In: Neue Justiz, 9 (1955) 1, S. 24-25.

9 Das Rechtsgefühl als Asyl des Naturrechts. In: Staat und Recht, 4 (1955) 2, S. 306-310.

10 Gegen die Technisierung von Recht und Rechtstheorie. Ein Beitrag zum wissenschaftlichen Meinungsstreit. In: Neue Justiz, 9 (1955) 15/16, S. 483-485.

11 Die politischen Anschauungen von Montesquieu (1689-1755). In: Staat und Recht, 4 (1955) 5, S. 731-762.

12 *[Mit] Schöneburg, K.-H.:*
Vom ewigen zum beweglichen Naturrecht. In: Staat und Recht, 5 (1956) 4, S. 485-497; Nachdruck in: Erstes Beiheft zu: Staat und Recht, 1956, S. 3-15.

13 Zur Stellung Heinrich Heines in der Geschichte der Staats- und Rechtstheorie. In: Staat und Recht, 5 (1956) 6, S. 696-710.

14 Hegel und der Klassencharakter des Staates. In: Deutsche Zeitschrift für Philosophie, 4 (1956) 5/6, S. 642-649.

15 Der junge Marx als politischer Denker. Zum Erscheinen des Bandes 1 der Werke von Karl Marx und Friedrich Engels. In: Einheit, 12 (1957) 5, S. 542-550.

16 Lenins Staatstheorie und der rote Oktober. In: Die Volkspolizei, 10 (1957) 16, S. 2-9.

17 Volk und Staat und Herr Carlo Schmidt. In: Staat und Recht, 10 (1961) 3, S. 454-493.

18 *[Mit anderen]:*
Thesen über das deutsche staats- und rechtswissenschaftliche Erbe. In: Staat und Recht, 11 (1962) 5, S. 830-837.

19 *[Mit anderen]:*
Zur Effektivität der zivilrechtlichen Verantwortlichkeit für die Erfüllung von Konstruktionsverträgen. In: Staat und Recht, 12 (1963) 6, S. 937-950.

20 *[Mit anderen]:*
Materielle Verantwortlichkeit für die Erfüllung der Entwicklungsverträge und das Gesamtsystem der materiellen Interessiertheit. In: Staat und Recht, 12 (1963) 7/8, S. 1115-1139.

21 *[Mit anderen]:*
Zur Gesetzgebungsmethodik der Kooperationsbeziehungen im Bereich Forschung und Entwicklung. In: Staat und Recht, 13 (1964) 2, S. 358-370.

22 *[Mit] Supranowitz, St.:*
Der Vertrag zur Entwicklung neuer Erzeugnisse und deren Überleitung in die Produktion. In: Vertragssystem, 8 (1964) 5, S. 166-170.

23 Fünfzehn Jahre Menschenrechtspraxis in Deutschland. In: Dt. Außenpolitik, 9 (1964) 12, S. 1155-1162; auch englisch in: German Foreign Policy, 1964, S. 413-420.

24 Der Weg zum Richter ist kein Weg zum Recht. Bemerkungen zu einem Wiedergutmachungsprozeß. In: Neue Justiz, 19 (1965) 1, S. 22-24.

25 Zwanzig Jahre Menschenrechtspraxis. In: Information, hg. vom Komitee zum Schutze der Menschenrechte (Juni/1965) 1, S. 2-28.

26 Gesetzgebung und Demokratie. In: Marxistische Blätter, Frankfurt a. M. 3 (1965) 2, S. 22-25.

27 *[Mit] Haney, G.:*
Rechtsphilosophie in Köln. Bericht. In: Staat und Recht, 15 (1966) 7, S. 1227-1230.

28 Zur logischen Struktur sozialistischer Rechtsnormen. In: Wiss. Zeitschrift d. Fr.-Schiller-Univ. Jena, Gesellschafts- und sprachwissenschaftliche Reihe, Jena 15 (1966) 3, S. 451-453.

29 Hegels Rechtsphilosophie heute. In: Einheit, 22 (1967) 1, S. 115-119.

30 'Der Grund der Grundrechte bei Hegel' (Bericht über den VI. Internationalen Hegel-Kongreß, Prag 1966). In: Schweizer Monatshefte, Zürich 47 (1967) 3, S. 252-264.

31 Sozialistischer Gesellschaftsentwurf und demokratische Staatsverfassung. Vortrag. In: Speculum, Saarbrücken 13 (1967) 2, Sonderdruck, S. I-IV.

32 Rechtsphilosoph und Humanist. Arthur Baumgarten zu rühmen. In: Neue Justiz, 21 (1967) 2, S. 37-40.

33 Der privilegierte Abgeordnete. Bemerkungen zu einer verfassungsrechtlichen Studie von W. R. Beyer. In: Neue Justiz, 21 (1967) 9, S. 287-288.

34 Lenins 'Empiriokritizismus' und die Grundfrage der Rechtstheorie. In: Staat und Recht, 16 (1967) 10., S. 1615-1629; auch ungarisch in: Allam - És jogelméleti Szerzök Müveiböl, Budapest 1968, S. 95-107.

35 *[Mit] Benjamin, M.:*
Recht und gesellschaftliche Realität (IVR-Kongreßbericht). In: Einheit, 22 (1967) 12, S. 1562-1564.

36 Zum Aufbau einer Arbeitsstelle für Rechtswissenschaft. In: Spectrum, (1969) 9, S. 357-358.

37 Verfassung: Macht und Erkenntnis. In: Spectrum, (1968) 4, S. 103-105.

38 Die Menschenrechte des Bürgers. In: Information, hg. vom Komitee zum Schutze der Menschenrechte, (Sept./1969) 4, S. 26-32.

39 Sein und Sollen in der Rechtswissenschaft. In: Arch. Rechts- und Sozialphilosophie, Wiesbaden 56 (1970) Beiheft 6, S. 145-153.

40 Die DDR ehrt große Deutsche. G.W.F. Hegel. In: DDR-Revue, Dresden 15 (1970) 7, S. 54-55; auch englisch, französisch, schwedisch, dänisch, finnisch und italienisch in: Ebenda.

41 Juristische Argumentation in Brüssel. Ein (IVR-) Kongreßbericht. In: Neue Justiz, 26 (1972) 1, S. 15-18.

42 Zur Problematik des Rechtspositivismus. Über ein Buch von Themistokles Tsatsos. In: Arch. Rechts- und Sozialphilosophie, Wiesbaden 58 (1972) 3, S. 429-432.

43 Systemimmanenz - gegen den Mißbrauch der Kybernetik in der Gesellschaft. In: Spectrum, 3 (1972) 6, S. 16-17.

44 [Mit] Rabofsky, E.:
Die 'Reine Rechtslehre'. Das Wirken von H. Kelsen in marxistischer Sicht. In: Weg und Ziel, Wien 30 (1972) 8, S. 329-332.

45 [Mit] Bauer, I.:
Verstand ohne Vernunft. Zur Rationalitätskonzeption des sozialphilosophischen Positivismus. In: Spectrum, 4 (1973) 4, S. 28-30.

46 Gegensätzliches zu den Funktionen des Rechts. Bericht über den Madrider Kongreß für Rechts- und Sozialphilosophie. In: Neue Justiz, 27 (1973) 24, S. 728-732.

47 Streitobjekt Recht. Interview. In: Spectrum, 5 (1974) 2, S. 25-27.

48 Klassenjustiz, weil Klassenherrschaft. Bemerkungen zu einer Arbeit von Rolf Geffgen. In: Neue Justiz, 28 (1974) 7, S. 207-209.

49 Recht ohne Revolution? Zur Rechtslehre der reinen Vernunft des Immanuel Kant. In: Neue Justiz, 28 (1974) 8; S. 224-229.

50 Zur Gegenwartskrise bürgerlicher Rechtsphilosophie. In: Neue Justiz, 28 (1974) 19, S. 589-595.

51 Menschenrechte und wissenschaftlich-technische Entwicklung. In: Rechtswissenschaft, Budapest (1975) 1, S. 20-25 (ungarisch).

52 Rechtsphilosophie ohne Ausweg. In: Staat und Recht, 24 (1975) 1, S. 70-78.

53 Überlegungen eines Rechtstheoretikers zur ideologiekritischen Methode des Marxismus-Leninismus. In: Staat und Recht, 24 (1975) 10, S. 1405-1414.

54 Die Macht der Ohnmacht. Zur systemstrukturellen Rechtstheorie. In: Demokratie und Recht, Köln 4 (1976) 1, S. 14-23.

55 Namibia: La Conference de Dakar. In: Revue de droit contemporain, Bruxelles (1976) 1, S. 102-104; auch englisch in: Review of Contemporary Law, ebenda.

56 De l'effectivé du droit dans la lutte contre le racisme. In: Revue de droit contemporain, Bruxelles (1976) 2, S. 49-55; auch englisch in: Review of Contemporary Law, ebenda.

57 Namibia und die Menschenrechte. In: Neue Justiz, 30 (1976) 10, S. 286-289.

58 Die widerrechtliche Okkupation Namibias durch Südafrika. In: Neue Perspektiven, Helsinki (1977) 1, S. 41-43; auch englisch, französisch und spanisch in: Ebenda.

59 Menschenrechte im Klassenkampf. In: Einheit, 32 (1977) 2, S. 156-165; Nachdr. in: Schriften und Informationen des DDR-Komitees für Menschenrechte, Berlin 2/1977, S. 6-23; auch englisch in: Bulletin, Berlin 2/1977, S. 6-21; Nachdr. in: Weg und Ziel, Wien 35 (1977) 6, S. 248-251; Nachdr. in: Konsequent, Berlin (West) 7 (1977) 28, S. 73-86 (leicht gekürzt).

60 Gleichheitsprobleme aus marxistischer Sicht. In: Mitteilungen der Österreichischen Vereinigung Demokratischer Juristen, Wien, Juni 1977, S. 12-14.

61 The Marxist Conception of Human Rights. In: Retfaerd, Aarhus (1977) 6, S. 8-20.

62 Prof. Dr. Dr. h. c. Wilhelm R. Beyer zum 75. Geburtstag. In: Neue Justiz, 31 (1977) 8; S. 246.

63 'Wenn nicht die Mathematik'. Zum revolutionären Charakter der Rechtsphilosophie des Baruch Spinoza. In: Staat und Recht, 26 (1977) 9, S. 965-974.

64 Menschenrechte - Heuchelei und Wahrheit. In: Einheit, 32 (1977) 9, S. 1036-1044.

65 Philosophies of Law - Their Diversity, Contradictions and Compatibility. In: Law and Legislation, (1978) 2, S. 5-13.

66 Human Rights: A Battle Cry for Social Changes or a Challenge to Philosophy of Law. In: Arch. Rechts- und Sozialphilosophie, Wiesbaden 64 (1978) 4, S. 465-477.

67 Les droits de l'homme. In: Connaissance de la RDA, Paris (1978) 6, S. 97-110.

68 Menschenrechte - Klassenrechte. In: Neue Justiz, 32 (1978) 7, S. 284-288.

69 Brechts Kant-Fälschung. In: Deutsche Zeitschrift für Philosophie (im folgenden: DZfPh), 26 (1978) 8, S. 1051-1052.

70 Menschenrechte und Völkerrecht. In: Einheit, 33 (1978) 11, S. 1105-1113.

71 Fragen eines Rechtswissenschaftlers an die Liebhaber der Moral unter den Juristen. In: Wiss. Zeitschrift d. Fr.-Schiller-Univ. Jena, Gesellschafts- und sprachwissenschaftliche Reihe, Jena 28 (1979) 1, A. 23-27.

72 Gerechtigkeit - eine rechtsphilosophische Kategorie? In: DZfPh, 27 (1979) 7, S. 792-802; auch ungarisch in: Magyar Filozofiai Szemels, Budapest (1979) 6, S. 798-808.

73 Menschenrechte - Geschichte und Gegenwart. In: Spectrum, 10 (1979) 8, S. 12-16.

74 Menschenrechte in der Aufklärung im Kapitalismus und im Sozialismus. In: Horitsu-Jihu, Tokyo 51 (1979) 10, S. 80-85 (jap.).

75 Menschenrechte im Kapitalismus. In: Ebenda, 51 (1979) 11, S. 80-89 (jap.).

76 Pri homaj raitoj. In: Der Esperantist, 15 (1979) 94, S. 1-3.

77 Comparative Law and Human Rights. In: Hogakushirin, Tokyo 77 (1980) 3,. S. 94-124.

78 Menschenrechte - Geschichte und Gegenwart. In: Weg und Ziel, Wien 38 (1980) 3, S. 112-113.

79 Rechtsphilosophische und strukturtheoretische Probleme juristischer Texte am Beispiel der Menschenrechte. In: Staat und Recht, 29 (1980) 5, S. 425-433.

80 Der Menschen Recht auf Frieden. In: Neue Justiz, 35 (1981) 4, S. 149-156.

81 *[Mit] Rabofsky, E.:*
Zur Rechtssoziologie Max Webers. In: Fortschr. Wissenschaft, Wien (1981) 3/4, S. 7-14.

82 Kelsens Kant. In: Revue internationale de philosophy, Bruxelles 35 (1981) 138, S. 539-546.

83 Zur Bedeutung der Hegelschen Geschichtsphilosophie für die Rechtswissenschaft. In: Theorie und Praxis. Wissenschaftl. Beiträge d. Parteihochsch. 'Karl Marx' beim ZK der SED, 30 (1981) 4, S. 56-60.

84 Menschenrechtserklärungen in der frühen Arbeiterbewegung. Für Eduard Rabofsky, zum Siebzigsten. In: Staat und Recht, 30 (1981) 6, S. 526-542.

85 Masken der Macht: Freiheit und Democracy. In: Spectrum, 12 (1981) 7, S. II-III.

86 Preußische Eule oder gallischer Hahn? Hegels Rechtsphilosophie zwischen Revolution und Reform. In: Staat und Recht, 30 (1981) 11, S. 996-1007; auch in: Preußische Reformen - Wirkungen und Grenzen. Aus Anlaß des 150. Todestages des Freiherrn vom und zum Stein (Kolloqu. vom Juni 1981). In: Sitzungsberichte d. Akad. d. Wiss. d. DDR; 1982, 1 G, S. 125-137.

87 Hegel und der Grundlagenstreit in der Rechtswissenschaft. In: Greifswalder Philos. Hefte, Greifswald (1982) 1.1 (I), S. 28-51.

88 Rechtswirkung als Rechtsbildung. In: Staat und Recht, 31 (1982) 4, S. 345-355.

89 Hegels 'Rechtsphilosophie' und ihre bürgerliche Gegenwartskritik. In: DZfPh, 30 (1982) 4, S. 470-479.

90 Jus ad bellum? Jus ad pacem! In: Spectrum, 13 (1982) 6, S. VI-VII.

91 Damit ein Inferno verhindert wird. In: Informationen, hg. vom Friedensrat der DDR, 8/1982, S. 1.

92 Die Frage von Krieg und Frieden in der weltanschaulichen Auseinandersetzung (Rundtischgespräch). In: DZfPh, 30 (1982) 9, S. 1133-1143.

93 Jahrgang 1632: Spinoza, Pufendorf, Locke. Dem Rat der Stadt Flöha und seinem Pufendorf-Komitee gewidmet. In: Staat und Recht, 31 (1982) 10, S. 909-920.

94 Zu einem angeblichen Schreibfehler in der sogenannten 'Kritik des Hegelschen Staatsrechts' von Karl Marx. In: DZfPh, 30 (1982) 10, S. 1273-1275.

95 Frieden und Menschenrechte. In: DZfPh, 30 (1982) 12, S. 1468-1480.

96 Marx gegen/für Menschenrechte. In: Nederlands Tijdschrift voor Rechtsfilosofie en Rechtstheorie, Zwolle 12 (1983) 2, S. 107-112.

97 Staat und Revolution bei Gerrard Winstanley. In: Staat und Recht, 32 (1983) 5, S. 361-370.

98 Grotius' Rechtsphilosophie im Streit der Meinungen von damals und von heute. In: Staat und Recht, 32 (1983) 6, S. 419-429.

99 Hugo Grotius und die Geburt des Bürgerlich-Rationalen Naturrechts. In: Wiss. Zeitschr. d. Wilhelm-Pieck-Univ. Rostock, 32 (1983) 10, S. 5-10; erweiterte Fassung auch: *[Mit] E. Rabofsky*. In: Fortschr. Wissenschaft, Wien (1985) 13, S. 57-67.

100 Freiheit und Menschenrecht. In: Einheit, 38 (1983) 11, S. 1055-1061.

101 Der Jurist Marx auf dem Wege zum Marxismus. In: Neue Justiz, 37 (1983) 12, S. 476-480.

102 Der rechtsphilosophische Denk-Einsatz von Karl Marx. In: Demokratie und Recht, Köln 12 (1984) 1, S. 47-54.

103 Arthur Baumgarten und die deutsche Rechtsphilosophie in der ersten Hälfte dieses Jahrhunderts. Zum 100. Geburtstag des Rechtswissenschaftlers. In: Staat und Recht, 33 (1984) 3, S. 202-210.

104 Baumgartens Erkenntnisweg zum Marxismus. In: Spectrum, 15 (1984) 3, S. 26-27.

105 Zur mephistophelischen Frage nach dem mit uns gebornen Recht. In: Impulse, Berlin/Weimar (1984) 7, S. 171-201.

106 Jacob Grimm, trotz alledem Jurist. In: Spectrum, 15 (1984) 12, S. 12-13.

107 Zur Menschenrechtsphilosophie des Marxismus-Leninismus. [Plenarvortrag, gehalten auf dem VI. Philosophiekongreß der DDR, Berlin, Okt. 1984]. In: Staat und Recht, 33 (1984) 12, S. 947-952.

108 Drei Irrtümer, Wilhelm von Humboldts frühe Staatsphilosophie betreffend. Zum 150. Todestag des Gelehrten. In: Staat und Recht, 34 (1985) 4, S. 281-288; Kurzfassung in: Spectrum, 16 (1985) 3, S. 24-25.

109 Sätze und Gegensätze in der deutschen Rechtsphilosophie von 1803-1843. In: Oikeus, Helsinki 4/1985, S. 242-256 (finnisch).

110 Rechtsmethodologie? Keine falschen Erwartungen! In: Zur Methodologie staats- und rechtswissenschaftlicher Forschung (Umfrage). In: Staat und Recht, 35 (1986) 1, S. 56-58.

111 Drei Irrtümer, Humboldts frühe Staatsphilosophie betreffend. In: Impulse, Folge 9, Berlin 1986, S. 329-338.

112 Kant und der Paradigmenwechsel beim Recht auf Widerstand. In: Ho-no-riron, Bd. 7, Tokyo 1986, S. 1-17 (jap.).

113 Das Recht zur Revolution - die sozialphilosophische Quadratur des Kreises. In: Zeitschr. f. Geschichtswissenschaft, 34 (1986), S. 771-778; auch in: Die große Französische Revolution und die Frage der revolutionären Demokratie. In: Sitzungsberichte d. Akad. d. Wiss. d. DDR, Berlin 1987, S. 35-46.

114 Das Janusgesicht der Rechtsphilosophie des John Locke. In: Demokratie und Recht, Köln 14 (1986), S. 172-177.

115 Juristenpropädeutik. In: Arch. Rechts- und Soziaphilosophie, Stuttgart 72 (1986), S. 401-403.

116 Rechtsphilosophie in Berlin, voriges Jahrhundert. In: Staat und Recht, Berlin 36 (1987), S. 101-115; auch in: Förster, W. (Hg.), Klassische deutsche Philosophie in Berlin, Berlin 1988, S. 282-316.

117 Hegel zum Nach-Denken. In: Spectrum, 18 (1987) 3, S. 27.

118 Rechtstheoretisches über System und Struktur. In: Studie prawnicze, Warschau 3-4 (1985-86), S. 117-130 (polnisch).

119 Recht auf Krieg? Recht zum Frieden! In: Neue Justiz, Berlin 41 (1987), S. 214-217.

120 Ist die Hegelsche Rechtsphilosophie aktuell? In: Filzofska istrazivanje, Zagreb 6 (1986), S. 1095-1096 [kroatisch]; auch englisch in: Synthesie philosophica, Zagreb 3 (1988), S. 249-261.

121 Als Recht und Poesie aus einem Bette aufzustehn schienen. In: Impulse, Folge 10, Berlin 1987, S. 168-185.

122 Denis Nowell Pritt und die Rechtsentwicklung von unten. In: Neue Justiz, 41 (1987), S. 346-349; nachgedruckt in: Demokratie und Recht, Köln 16 (1988), S. 423-430; auch französisch und englisch in: International Review of Contemporary Law, Bruxelles (1987) 2, S. 87-99.

123 Über Lenins Deklaration der Rechte des werktätigen und ausgebeuteten Volkes. In: Schriften und Informationen, hg. v. DDR-Komitee für Menschenrechte, Berlin 13/1987, S. 87-98.

124 The Real Rights of Man - die wirklichen Menschenrechte. In: Staat und Recht, 37 (1988) 1, S. 38-49.

125 Wider den Irrationalismus in der Rechtswissenschaft und anderswo. In: Staat und Recht, 37 (1988) 2, S. 143-152.

126 Kant zum Nach-Denken. In: Spectrum, 19 (1988) 12, S. 21.

127 Revolution in Paris. Juristenaufklärung in Berlin. In: Staat und Recht, 38 (1989) 1, S. 36-46.

128 Savigny's Research Program of the Historical School of Law and its Intellectual Impact in 19th Century Berlin. In: The American Journal of Comparative Law, Berkeley 37 (1989), S. 67-80.

129 Fehldeutungen und Nachwirkungen von Thomas Hobbes' materialistischer Rechtsphilosophie. In: Staat und Recht, 38 (1989) 5, S. 385-393.

130 Und weil der Mensch ein Mensch ist... 200 Jahre Déclaration des droits de l'homme et du citoyen. In: Schriften und Informationen , hg. v. DDR-Komitee für Menschenrechte, Berlin 15 (1989), S. 3-16; auch in: The Nairobi Law Monthly, 20 (1990), S. 40-43; DZfPh 36 (1989), S. 719-728.

131 Freiheit, Gleichheit, Brüderlichkeit. In: Einheit, 44 (1989), S. 658-663.

132 Menschenrechte zwischen Krieg und Frieden. In: Zeitschr. f. Geschichtswissenschaft, 37 (1989), S. 581-591.

133 Rechtsentwicklung in Frankreich und in Deutschland nach der Französischen Revolution. In: Neue Justiz, 43 (1989), S. 266-269.

134 Auskünfte, Ansichten, Ansprüche. In: Spectrum, 20 (1989) 11, S. 26-28.

135 Für eine Rechtswissenschaft zu neuen Ufern. In: Staat und Recht, 30 (1990) 1, S. 9-13.

136 Auch Seneca zum Nachdenken. In: Spectrum, 21 (1990) 4, S. 24.

137 Feuerbach contra Stahl. Zur Weltanschauungsfreiheit von Staat und Recht vor 150 Jahren. In: Staat und Recht, 39 (1990) 4, S. 303-311.

138 Gesetzgebung und Gesetzlichkeit [1956]. In: Staat und Recht, 39 (1990) 5, S. 372-381.

139 Kirchmanns Wertlosigkeitserklärung der Jurisprudenz als Wissenschaft und die Juristenwelt von heute. In: Staat und Recht, 39 (1990) 8, S. 616-624.

140 Rechtsstaatliches bei Humboldt. In: Staat und Recht, 39 (1990) 9, S. 691-696.

141 Marx zum Nachdenken. In: Spectrum, 21 (1990) 9, S. 38.

142 Carnots Bürgerrechtserklärung von 1793. In: Wissenschaftliche Zeitschrift der Technischen Universität Magdeburg, 34 (1990) 3, S. 99-104.

143 Verfassung statt Grundgesetz! In: Utopie-kreativ, 2 (1991) 6, S. 8-15.

E. *Rezensionen*

1 Zu: Karewa, M.P., Recht und Moral in der sozialistischen Gesellschaft, Berlin 1954. In: Staat und Recht, 3 (1954) 5, S. 664-672.

2 Zu: Wagner, W., Die preußischen Reformer und die zeitgenössische Philosophie, Köln 1956. In: Arch. Rechts- und Sozialphilosophie, Wiesbaden 43 (1957) 4, S. 600-602.

3 Zu: Wippold, W., Die Pariser Kommune. Ihre Bedeutung für die Entwicklung der Lehre von der Diktatur des Proletariats, Berlin 1961. In: Staat und Recht, 11 (1962) 4, S. 676-678.

4 *[Mit] Zimmermann, B.:*
Zu: Klaus, G., Kybernetik in philosophischer Sicht, Berlin 1962. In: Staat und Recht, 11 (1962) 7/8, S. 1392-1395.

5 Zu: Beyer, W.R., Hegel-Bilder. Kritik der Hegel-Deutungen, Berlin 1964. In: Staat und Recht, 13 (1964) 12, S. 2154-2156.

6 Zu: Flechtheim, O.K., Von Hegel zu Kelsen, Berlin (West) 1963. In: Staat und Recht, 13 (1964) 12, S. 2157-2158.

7 Zu: Barion, J., Hegel und die marxistische Staatslehre, Bonn 1963. In: Staat und Recht, 14 (1965) 4, S. 624-628.

8 Zu: Schmölz, F.M., Das Naturrecht in der politischen Theorie, Wien 1963. In: Staat und Recht, 14 (1965) 6, S. 975-978.

9 Zu: Buhr, M., Revolution und Philosophie. Die ursprüngliche Philosophie Johann Gottlieb Fichtes und die französische Revolution, Berlin 1965. In: Dt. Lit.-Ztg., 88 (1967) 10, Sp. 877-879.

10 Zu: Szabo, I. u.a., Eine marxistische Menschenrechts-Konzeption, Budapest 1966 (engl.). In: Staat und Recht, 16 (1967) 9, S. 1502-1505.

11 Zu: Buhr, M./G. Irrlitz, Der Anspruch der Vernunft. Die klassische bürgerliche deutsche Philosophie als theoretische Quelle des Marxismus, Teil I, Berlin 1968. In: Dt. Lit.-Ztg., 91 (1970) 10/11, Sp. 871-873.

12 Zu: Fetscher, I., Hegel - Größe und Grenzen, Stuttgart 1971. In: Philos. Inf.-Dienst, (1972) E/8, S. 37.

13 Zu: Riedel, M., Studien zu Hegels Rechtsphilosophie, Frankfurt a. M. 1969; ders., Bürgerliche Gesellschaft und Staat. Grundproblem und Struktur der Hegelschen Rechtsphilosophie, Neuwied/Berlin (West) 1970. In: Dt. Lit.-Ztg., 92 (1971) 12, Sp. 1006-1008.

14 Zu: Jahr, G./W. Maihofer (Hg.), Rechtstheorie. Beiträge zur Grundlagendiskussion, Frankfurt a. M. 1971. In: Dt. Lit..Ztg., 94 (1973) 3, Sp. 254-258.

15 Zu: Kaufmann, A., Rechtstheorie. Ansätze zu einem kritischen Rechtsverständnis, Karlsruhe 1971. In: Dt. Lit.-Ztg., 94 (1973) 4/5, Sp. 386-390.

16 Zu: Denzer, H., Moralphilosophie und Naturrecht bei Samuel Pufendorf, München 1972. In: Dt. Lit.-Ztg., 94 (1973) 6, Sp. 499-501.

17 Zu: Reich, N., Marxistische Rechtstheorie. Historische und aktuelle Tendenzen, Tübingen 1973. In: Arch. Rechts- und Sozialphilosophie, Wiesbaden 60 (1974) 3, S. 445-446.

18 Zu: Böckle, F./E.W. Böckenförde, Naturrecht in der Kritik, Mainz 1973. In: Dt. Lit.-Ztg, 95 (1974) 8/9, Sp. 630-632.

19 Zu: Hegel, G.W.F., Vorlesungen über Rechtsphilosophie 1818-1931; K.-H. Ilting (Hg.), Bd. I-IV, Stuttgart-Bad Cannstadt 1973/1974. In: Dt. Lit.-Ztg., 96 (1975) 5, Sp. 367-374.

20 Zu: Hart, H.L.A., Der Begriff des Rechts, Frankfurt a. M. 1973. In: Dt. Lit.-Ztg., 96 (1975) 7, Sp. 609-613.

21 Zu: Ehrenzweig, A.A., Psychoanalytische Rechtswissenschaft, Berlin (West) 1973. In: Dt. Lit.-Ztg., 96 (1975) 8/), Sp. 756-760.

22 Zu: Habermas, J., Legitimationsprobleme im Spätkapitalismus, Frankfurt a. M. 1973. In: DZfPh, 23 (1975) 6, S. 861-863.

23 Zu: Beyer, W.R., Systemtheorie im Begriff des Marxismus. Gedanken über intersystemare Relationen, Meisenheim am Glan 1976. In: Dt. Lit.-Ztg., 98 (1977) 1, Sp. 13-14.

24 Zu: Heede, R./J. Ritter (Hg.), Hegel-Bilanz, Frankfurt a. M. 1973; I. Fetscher (Hg.), Hegel in der Sicht der neueren Forschung, Darmstadt 1973; M. Riedel (Hg.), Materialien zu Hegels Rechtsphilosophie, Frankfurt a. M. 1975 [Sammelrezension]. In: Dt. Lit.-Ztg., 98 (1977) 2/3, Sp. 103-106.

25 Zu: Luhmann, N., Macht, Stuttgart 1973. In: Staat und Recht, 26 (1977) 3, S. 329-331.

26 Zu: Ellscheid, G./W. Hassemer (Hg.), Interessenjurisprudenz, Darmstadt 1974. In: Dt. Lit.-Ztg., 98 (1977) 5/6, S. 385-387.

27 Zu: Suhr, D., Bewußtseinsverfassung und Gesellschaftsverfassung. Über Hegel und Marx zu einer dialektischen Verfassungstheorie, Berlin (West) 1975. In: DZfPh, 25 (1977) 7, S. 873-875.

28 Zu: Rehbinder, M. (Hg.), Recht im sozialen Rechtsstaat, Opladen 1973. In: Dt. Lit.-Ztg., 98 (1977) 8/9, Sp. 618-621.

29 Zu: Hagen, J., Soziologie für Juristen, Stuttgart/Berlin (West)/Köln/Mainz 1977. In: DZfPh, 26 (1978) 2, S. 284-285.

30 Zu: Beyer, W.R., Denken und Bedenken. Hegel-Aufsätze, Berlin 1977. In: Dt. Lit.-Ztg., 99 (1978) 10/11, S. 766-768.

31 Zu: Krawietz, W. (Hg.), Theorie und Technik der Begriffsjurisprudenz, Darmstadt 1976. In: Dt. Lit. Ztg., 99 (1978) 10/11, S. 766-768.

32 *[Mit] Zimmermann, B.*:
Zu: Fikentscher, W., Methoden des Rechts in vergleichender Darstellung. Bd. I - V, Tübingen 1975-1977. In: Dt. Lit.-Ztg., 100 (1979) 4/5, Sp. 268-272.

33 Zu: Coing, H., Grundzüge der Rechtsphilosophie, Berlin (West)/New York 1976. In: Dt. Lit. Ztg., 100 (1979) 7/8; Sp. 480-482.

34 Zu: Höffe, O. (Hg.), Über John Rawls' Theorie der Gerechtigkeit, Frankfurt a. M. 1977. In: Dt. Lit.-Ztg., 100 (1979) 10, S. 676-679.

35 Zu: Ottmann, H., Individuum und Gemeinschaft bei Hegel, Berlin (West)/New York 1977. In: Dt. Lit.-Ztg. 101 (1980) 2, Sp. 103-105.

36 Zu: Kuczynski, J., Menschenrechte und Klassenrechte, Berlin 1978. In: DZfPh, 28 (1980) 3, S. 394-396.

37 Zu: Luf, G., Freiheit und Gleichheit. Die Aktualität im politischen Denken Kants, Wien/New York 1978. In: Dt. Lit. Ztg., 101 (1980) 5, Sp. 353-356.

38 Zu: Larenz, K., Methodenlehre der Rechtswissenschaft, Berlin (West)/Heidelberg/New York 1979. In: Dt. Lit.-Ztg., 101 (1980) 6, Sp. 502-505.

39 Zu: Christoff, D./H. Saner, Gerechtigkeit in der komplexen Gesellschaft, Basel/Stuttgart 1979. In: Dt. Lit.-Ztg., 101 (1980) 11, Sp. 982-984.

40 Zu: Perelman, Ch., Juristische Logik als Argumentationslehre, Freiburg/München 1979. In: Dt. Lit.-Ztg., 102 (1981) 1, Sp. 74-77.

41 Zu: Busch, W., Die Entstehung der kritischen Rechtsphilosophie Kants 1762-1780, Berlin (West) u. New York 1979. In: Dt. Lit.-Ztg., 102 (1981) 2, Sp. 163-164.

42 Zu: Nembach, U. (Hg.), Begründungen des Rechts, Göttingen 1979. In: Dt. Lit.-Ztg., 102 (1982) 3, Sp. 267-270.

43 Zu: Joyce, J.A., Human Rights: International Documents. I-III, Alphen 1978. In: Dt. Lit.-Ztg., 102 (1981) 4, Sp. 362-364.

44 Zu: Poppe, E. (Hg.), Grundrechte des Bürgers, Berlin 1980. In: Neue Justiz, 35 (1981) 6, S. 287-288; auch in: Schriften und Informationen des DDR-Komitees für Menschenrechte, 7 (1981) 2, S. 75-80; englisch in: Bulletin, Berlin 2/1981, S. 73-77.

45 Zu: Tielsch, E.W. (Hg.), John Milton und der Ursprung des neuzeitlichen Liberalismus, Hildesheim 1980. In: Dt. Lit.-Ztg., 103 (1982) 5, Sp. 420-422.

46 Zu: Henkin, A. (Hg.), Human Dignity. The Internationalization of Human Rights, New York 1979. In: Dt. Lit.-Ztg., 103 (1982) 9, Sp. 786-789; auch in: Schriften und Informationen des DDR-Komitees für Menschenrechte, 8 (1982) 3, S. 66-69; englisch in: Bulletin, Berlin 3/1982, S. 64-67.

47 Zu: Kelsen, H., Allgemeine Theorie der Normen, Wien 1979. In: Dt. Lit.-Ztg., 103 (1982) 11, Sp. 987-991.

48 Zu: Gans, E., Naturrecht und Universalrechtsgeschichte, Stuttgart 1981. In: Arch. Rechts- und Sozialphilosophie, Wiesbaden 68 (1982) 1, S. 118-120.

49 Zu: Höffe, O. (Hg.), Thomas Hobbes. Anthropologie und Staatsphilosophie, Freiburg (Schweiz) 1981. In: Ebenda, S. 115-118.

50 Zu: Birtsch, G. (Hg.), Grund- und Freiheitsrechte im Wandel von Gesellschaft und Geschichte, Göttingen 1981. In: Dt. Lit.-Ztg., 104 (1983) 1, Sp. 61-64.

51 Zu: Cohen, G.A., Karl Marx's Theory of History. A Defence, Oxford 1978. In: Arch. Geschichte der Philosophie, Berlin (West)/New York, 65 (1983) 1, S. 103-105.

52 Zu: Luhmann, N., Ausdifferenzierung des Rechts. Beiträge zur Rechtssoziologie und Rechtstheorie, Frankfurt a. M. 1981. In: Dt. Lit.-Ztg., 104 (1983) 3, Sp. 264-266.

53 Zu: Shaffer, G., Women in the Two Germanies, New York/Oxford/Toronto 1981. In: Dt. Lit.-Ztg., 104 (1983) 4, Sp. 356-358.

54 Zu: Fenske, H./D. Mertens/W. Reinhard/K. Rosen, Geschichte der politischen Ideen, Königstein/Ts. 1981. In: Dt. Lit.-Ztg., 104 (1983) 5, Sp. 453-454.

55 Zu: Brandt, R. (Hg.), Rechtsphilosophie der Aufklärung, Berlin (West)/New York 1982. In: Arch. Rechts- und Sozialphilosophie, Wiesbaden 69 (1983) 4, S. 563-564.

56 Zu: Ballweg, O./Th.-M. Seibert (Hg.), Rhetorische Rechtstheorie, Freiburg u. München 1982. In: Dt. Lit.-Ztg., 104 (1983) 11, Sp. 993-996.

57 Zu: Münkler, H., Machiavelli. Die Begründung des politischen Denkens der Neuzeit aus der Krise der Republik Florenz, Frankfurt a. M. 1982. In: Arch. Rechts- und Sozialphilosophie, Wiesbaden 70 (1984) 1, S. 146-148.

58 Zu: Hammen, H., Die Bedeutung Friedrich Carl v. Savigny's für die allgemeinen dogmatischen Grundlagen des Deutschen Bürgerlichen Gesetzbuches, Berlin (West) 1983. In: Z. f. Neuere Rechtsgeschichte, Wien 6 (1984) 3/4, S. 206-209.

59 Zu: Brownlie, I. (Hg.), Basic Documents on Human Rights, Oxford 1981; J. Schwartländer (Hg.), Menschenrechte und Demokratie, Kehl a. Rh./Straßburg 1981. In: Dt. Lit.-Ztg., 105 (1984) 4, Sp. 293-295.

60 Zu: Batscha, Z., Studien zur politischen Theorie des deutschen Frühliberalismus, Frankfurt a. M. 1981; Z. Batscha/J. Garber (Hg.), Von der ständischen zur bürgerlichen Gesellschaft. Politisch-soziale Theorien im Deutschland der zweiten Hälfte des 18. Jahrhunderts, Frankfurt a. M. 1981; G. Dietze, Kant und der Rechtsstaat, Tübingen 1982. In: Dt. Lit.-Ztg., 105 (1984) 7/8, Sp. 551-554.

61 Zu: Klug, U., Juristische Logik, Berlin (West)/Heidelberg/New York 1982. In: Dt. Lit.-Ztg., 105 (1984) 11, Sp. 909-912.

62 Zu: Poppe, E. (Hg.), Politische und persönliche Grundrechte in den Kämpfen unserer Zeit, Berlin 1984. In: Neue Justiz, 39 (1985) 3, S. 123-124.

63 Zu: Morison, W.L., John Austin (Jurists: Profiles in Legal Theorie), London 1982. In: Arch. Rechts- und Sozialphilosophie, Wiesbaden 71 (1985) 2, S. 287-290.

64 Zu: Spendel, G., Josef Kohler. Bild eines Universaljuristen, Heidelberg 1983. In: Arch. Rechts- und Sozialphilosophie, Wiesbaden 71 (1985) 2. S. 290-292.

65 Zu: Wagner, H., Normenbegründungen, Köln 1982. In: Demokratie und Recht, Köln 13 (1985) 2, S. 355-356.

66 Zu: Hegel, G.W.F., Die Philosophie des Rechts. Mitschriften Wannemann: 1817/1818, Heidelberg; Homeyer: 1818/1819, Berlin. K.-H. Ilting (Hg.), Stuttgart 1983; G.W.F. Hegel, Philosophie des Rechts. Vorles.-Nachschrift von 1818/1820. D. Henrich (Hg.), Frankfurt a. M. 1983. In: DZfPh, 33 (1985) 3, S. 284-286.

67 Zu: Muscheler, K.-H., Relativismus und Freiheit. Ein Versuch über Hermann Kantorowicz, Heidelberg 1984. In: Arch. Rechts- und Sozialphilosophie, Wiesbaden 71 (1985) 3, S. 427-430.

68 Rottleuthner, H. (Hg.), Recht, Rechtsphilosophie und Nationalsozialismus, Wiesbaden 1983, (Arch. Rechts- und Sozialphilosophie, Beiheft 18). In: Dt. Lit.-Ztg., 106 (1985) 5/6, Sp. 436-439.

69 Zu: Röder, K.-H. (Hg.), Das politische System der BRD, Berlin 1985. In: Neues Deutschland, B-Ausg., 40 (1985-08-03/04) 180.

70 Zu: Breuer, St., Sozialgeschichte des Naturrechts, Opladen 1983. In: Dt. Lit.-Ztg., 106 (1985) 7/8, Sp. 588-591.

71 Zu: Peczenik, Grundlagen der juristischen Argumentation, Wien/New York 1983. In: Dt. Lit.-Ztg., 106 (1985) 10/11, Sp. 882-885.

72 Zu: Losano, M.G. (Hg.), Der Briefwechsel zwischen Jhering und Gerber. Studien zu Jhering und Gerber, 2 Bde., Ebelsbach 1984. In: Dt. Lit.-Ztg., 106 (1985) 12, Sp. 1018-1021.

73 Zu: Fischer, M.W./E. Mock/H. Schreiner (Hg.), Hermeneutik und Strukturtheorie des Rechts, Wiesbaden 1984, (Arch. Rechts- und Sozialphilosophie, Beiheft 20). In: Dt. Lit.-Ztg., 107 (1986) 1, Sp. 84-86.

74 Zu: Rückert, J., Idealismus, Jurisprudenz und Politik bei F.C. v. Savigny, Ebelsbach 1984. In: Arch. Rechts- und Sozialphilosophie, Wiesbaden 72 (1986) 1, S. 140-141.

75 Zu: Pitlo, A., Der Floh im Recht und andere Curiosa aus alter Rechtsliteratur, Baden-Baden 1982. In: Ebenda, S. 151-152.

76 Zu: Badestein, H./G. Pflicke/R. Streich, Wirtschaftsverhältnisse - Funktion, Gestaltung und Entwicklung in der volkswirtschaftlichen Planung und Kooperation, Berlin 1985. In: Staat und Recht, 35 (1986) 3., S. 245-247.

77 Zu: Rabofsky, E./G. Oberkofler, Verborgene Wurzeln der NS-Justiz, Wien/München/Zürich 1985. In: Dt. Lit.-Ztg., 107 (1986) 4, Sp. 313-316.

78 Zu: Rückert, J., Idealismus, Jurisprudenz und Politik bei Savigny, Ebelsbach 1984. In: Arch. Rechts- und Sozialphilosophie, Stuttgart 72(1986), S. 140-141.

79 Zu: Rabofsky, E./G. Oberkofler, Verborgene Wurzeln der NS-Justiz, Wien 1986. In: Dt. Lit.-Ztg., 107 (1986), Sp. 313-316.

80 Zu: Hegel, Vorlesungen über Naturrecht, Hamburg 1983. In: Arch. Rechts- und Sozialphilosophie, Stuttgart 72 (1986), S. 200-283.

81 Zu: Verdross, A./B. Simma, Universelles Völkerrecht, Berlin 1984. In: Ebenda, S. 411-413.

82 Zu: Fischer, M.W. (Hg.), Hermeneutik und Strukturtheorie des Rechts, Stuttgart 1984. In: Dt. Lit.-Ztg., 107 (1986), Sp. 64-86.

83 Zu: Ramcharan, B.G., The Right to Life in International Law, Dordrecht 1985; R. Alexy, Theorie der Grundrechte, Baden-Baden 1985. In: Ebenda, Sp. 774-777.

84 Zu: Delbrück, J. (Hg.), Friedensdokumente aus fünf Jahrhunderten, Kehl a. Rh. 1984. In: Ebenda, Sp. 878-880.

85 Zu: Sieghart, P., The International Law of Human Rights, Oxford 1985. In: Arch. Rechts- und Sozialphilosophie, Stuttgart 72 (1986), S. 547-548.

86 Zu: Wesel. U., Frühformen des Rechts, Frankfurt a. M. 1985. In: Arch. Rechts- und Sozialphilosophie, Stuttgart 73 (1987), S. 280-282.

87 Zu: Haakonssen, K., The Science of a Legislator. The Natural Jurisprudence of David Hume and Adam Smith, Cambridge 1981. In: Ebenda, S. 278-280.

88 Zu: Lucas, H.Ch./O. Pöggeler (Hg.), Hegels Rechtsphilosophie im Zusammenhang der europäischen Verfassungsgeschichte, Stuttgart 1986. In: Dt. Lit.-Ztg., 108 (1987), Sp. 578-580.

89 Zu: Sachregister zu den Werken von Marx/Engels, Köln 1983. In: Arch. Geschichte der Philosophie, Berlin/New York 109 (1987), S. 226-228.

90 Zu: Kant, Metaphysische Anfangsgründe der Rechtslehre, 1986. In: Dt. Lit.-Ztg., 109 (1988), Sp. 87-89.

91 Zu: Langer, C., Reform nach Prinzipien. Untersuchungen zur politischen Theorie Immanuel Kants, Stuttgart 1986. In: Ebenda, Sp. 348-350.

92 Zu: Hegeliana I. In: Arch. Rechts- und Sozialphilosophie, Stuttgart 72 (1986), S. 565-567.

93 Zu: Hegeliana II. In: Ebenda, Stuttgart 74 (1988), S. 262-264.

94 Zu: Coing, H., Europäisches Privatrecht 1500-1600, München 1985. In: Dt. Lit.-Ztg., 109 (1988), Sp. 563-565.

95 Zu: Radbruch, G., Gesamtausgabe, Bd. 1 (Rechtsphilosophie), Karlsruhe 1987. In: DZfPh, Berlin 36 (1988), S. 870-871.

96 Zu: Ernst, W.W., Legitimationswandel und Revolution, Berlin/München 1986. In: Arch. Rechts- und Sozialphilosophie, Stuttgart 74 (1988), S. 434-435.

97 Zu: Kelsen, H., Die Illusion der Gerechtigkeit. Eine kritische Untersuchung der Sozialphilosophie Platons, Wien 1985. In: Dt. Lit.-Ztg., 109 (1988), Sp. 612-615.

98 Zu: Radbruch, G., Gesamtausgabe, Bd. 16 (Biographische Schriften), Heidelberg 1988. In: Staat und Recht, 37 (1988) 10, S. 879-880.

99 Zu: Weiß, W., Vom Tagebuch bis zum Todesurteil, Berlin 1988. In: Neue Justiz, 42 (1988), S. 475-476.

100 Zu: Kitzler, A., Die Auslegungslehre des Anton Friedrich Justus Thibaut, Berlin 1986. In: Arch. Rechts- und Sozialphilosophie, Stuttgart 74 (1988), S. 556-557.

101 Zu: Grabitz, E. (Hg.), Grundrechte in Europa und USA, Kehl a. Rh. 1986. In: Dt. Lit.-Ztg., 109 (1989), Sp. 961-963.

102 Zu: Oberkofler, G./E. Rabofsky, Hans Kelsen im Kriegseinsatz, Frankfurt a. M. 1985. In: Staat und Recht, 38 (1989) 3, S. 271-272.

103 Zu: Birtsch, G., Grund- und Freiheitsrechte von der ständischen zur spätbürgerlichen Gesellschaft, Göttingen 1987. In: Dt. Lit.-Ztg., 110 (1989), Sp. 197-199.

104 Zu: Singh, Ch., Law from Anarchy to Utopia, Delhi 1986. In: Arch. Rechts- und Sozialphilosophie, Stuttgart 75 (1989), S. 129-131.

105 Zu: Böckenförde, E.W./R. Spaemann (Hg.), Menschenrechte und Menschenwürde, Stuttgart 1987. In: Dt. Lit.-Ztg., 110 (1989), Sp. 330-331.

106 Zu: Dahm, K.W. (Hg.), Politische Theorie des Johannes Althusius, Berlin 1988. In: Arch. Rechts- und Sozialphilosophie, Wiesbaden 75 (1989), S. 261-263.

107 Zu: Schnur, R. (Hg.), Die Rolle des Juristen bei der Entstehung des modernen Staates, Berlin 1986. In: Jahrbuch für die Geschichte des Feudalismus, Berlin 12 (1989), S. 411-415.

108 Zu: Ludwig, B., Kants Rechtslehre, Hamburg 1988. In: Dt. Lit.-Ztg., 110 (1989), Sp. 371-374.

109 Zu: Strähl, W., Briefe eines Schweizers aus Paris 1835-1836, Berlin 1988. In: Staat und Recht, 38 (1989) 11, S. 959-960.

110 Zu: Scheel, H./D. Schmidt (Hg.), Von Stein zu Hardenberg, Berlin 1986. In: Jahrbuch für Regionalgeschichte, Weimar 16 (1989), S. 280-281.

111 Zu: Blanke, Th., Streibare Juristen, Baden-Baden 1988. In: Dt. Lit.-Ztg., 110 (1989), Sp. 884-886.

112 Zu: Losurdo, D., Hegel und das deutsche Erbe, Köln 1989. In: DZfPh, 38 (1990), S. 391-393.

113 Zu: Kirchmann, J.H.V., Die Wertlosigkeit der Jurisprudenz als Wissenschaft, Heidelberg 1988. In: Arch. Rechts- und Sozialwissenschaft, Stuttgart 76 (1990), S. 130-132.

114 Zu: Saage, R., Vertragsdenken und Utopie, Frankfurt a. M. 1989. In: Dt. Lit.-Ztg., 111 (1990) Sp. 91-93.

115 Zu: Stolleis, M., Geschichte des öffentlichen Rechts in Deutschland, Bd. 1 (1600-1800), München 1988. In: Demokratie und Recht, Köln 18 (1990), S. 204-206.

116 Zu: Klug, U./M. Kriele (Hg.), Menschen und Bürgerrechte, Stuttgart 1988; M. Nowak, Politische Grundrechte, Wien 1988. In: Dt. Lit.-Ztg., 111 (1990), Sp. 362-365.

117 Zu: Bruhlmeier, D., Die Rechts- und Staatslehre von Adam Smith, Berlin 1988. In: Arch. Rechts- und Sozialphilosophie, Stuttgart 76 (1990), S. 267-269.

118 Zu: Roellecke, G. (Hg.), Rechtsphilosophie oder Rechtstheorie, Darmstadt 1988. In: Dt. Lit.-Ztg., 111 (1990), Sp. 595-598.

PHILOSOPHIE UND GESCHICHTE DER WISSENSCHAFTEN

Studien und Quellen

Band 1 Roland Daniels: Mikrokosmos. Entwurf einer physiologischen Anthropologie. Erstveröffentlichung des Manuskripts von 1850/51, hg. vom Karl-Marx-Haus, Trier. 1988.

Band 2 V.A. Lektorskij: Subjekt - Objekt - Erkenntnis. Grundlegung einer Theorie des Wissens. 1985.

Band 4 Lothar Knatz: Utopie und Wissenschaft im frühen deutschen Sozialismus. Theoriebildung und Wissenschaftsbegriff bei Wilhelm Weitling. 1984.

Band 5 Ferdinando Vidoni: Ignorabimus! Emil du Bois-Reymond und die Debatte über die Grenzen wissenschaftlicher Erkenntnis im 19. Jahrhundert. Mit einem Vorwort von Ludovico Geymonat. 1991.

Band 7 Lars Lambrecht: Intellektuelle Subjektivität und Gesellschaftsgeschichte. Grundzüge eines Forschungsprogramms zur Biographik und Fallstudie zu F. Nietzsche und F. Mehring. 1985.

Band 8 Frank Unger: Politische Ökonomie und Subjekt der Geschichte. Empirie und Humanismus als Voraussetzung materialistischer Geschichtstheorie. 1985.

Band 9 Bernhard Delfgaauw, Hans Heinz Holz, Lolle Nauta (Hrsg.): Philosophische Rede vom Menschen. Studien zur Anthropologie Helmuth Plessners. 1985.

Band 10 Christfried Tögel (Hrsg.): Struktur und Dynamik wissenschaftlicher Theorien. Beiträge zur Wissenschaftsgeschichte und Wissenschaftstheorie aus der bulgarischen Forschung. 1986.

Band 11 Gerhard Pasternack (Hrsg.): Philosophie und Wissenschaften. Das Problem des Apriorismus. Materialien des Symposiums Philosophie und Wissenschaften: Das Problem des Apriorismus vom 12. bis 14.2.1986 an der Universität Bremen. 1987.

Band 12 Gerhard Pasternack (Hrsg.): Philosophie und Wissenschaften. Zum Verhältnis von ontologischen, epistemologischen und methodologischen Voraussetzungen der Einzelwissenschaften. Beiträge des Symposiums "Philosophie und Wissenschaften" in Bremen vom 4. bis 7. Oktober 1988. 1990.

Band 13 Wilhelm Weitling: Grundzüge einer allgemeinen Denk- und Sprachlehre. Herausgegeben und eingeleitet von Lothar Knatz. 1991.

Band 14 Hans Jörg Sandkühler (Hrsg.): Geschichtlichkeit der Philosophie. Theorie, Methodologie und Methode der Historiographie der Philosophie. 1991.

Band 16 Volkmar Schöneburg (Hrsg.): Philosophie des Rechts und das Recht der Philosophie. Festschrift für Hermann Klenner. 1992.

www.ingramcontent.com/pod-product-compliance
Ingram Content Group UK Ltd.
Pitfield, Milton Keynes, MK11 3LW, UK
UKHW020712041026
15590UKWH00002B/613

9 783631 445464